종교개혁자들의 삶과 신학

종교개혁자들의
삶과 신학

- 존 위클리프
- 얀 후스
- 마르틴 루터
- 울리히 쯔빙글리
- 존 칼빈
- 존 낙스

오주철 지음

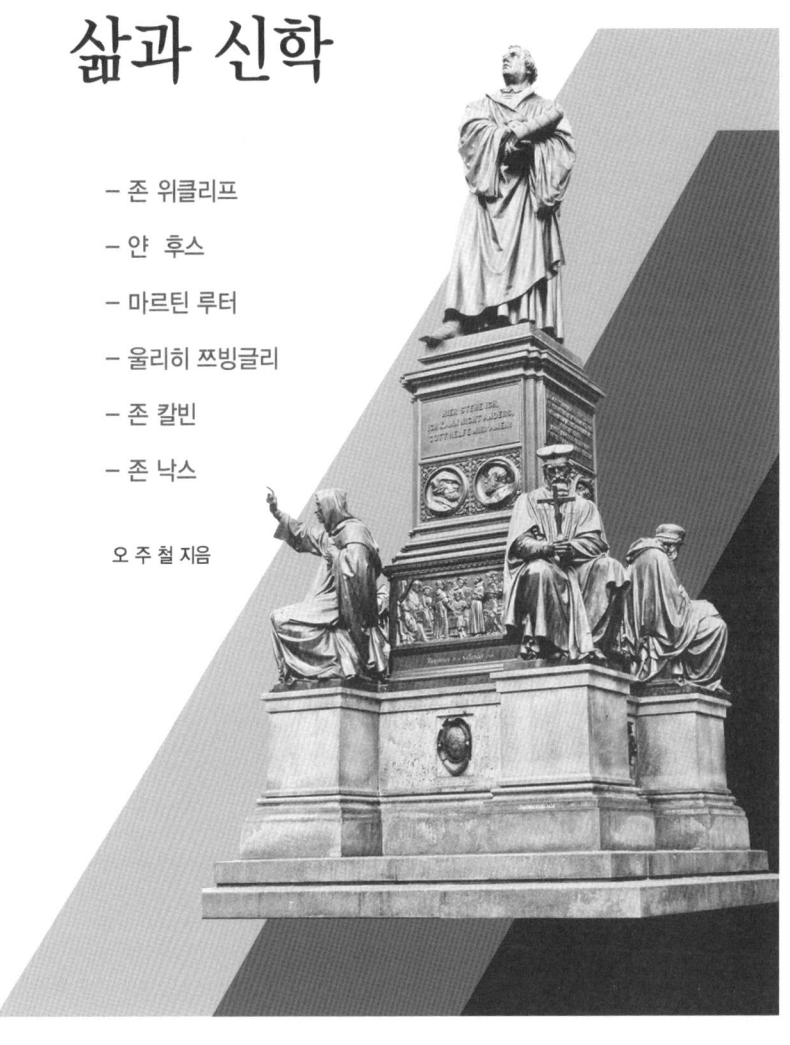

하드출판사

추천사

개혁자들의 생애, 역사와 신학을 성찰한 연구서

이상규

(고신대학교 교수, 개혁신학회 회장)

이번에 오주철 박사의 《종교개혁자들의 삶과 신학》이 출판된 것을 축하하고 기쁨으로 이 책을 추천합니다. 오 박사는 신실한 목회자이자 사려 깊은 조직신학 및 교회사학자로 한국교회사와 서양교회사를 공부하셨고, 또 여러 권의 저술을 남기신 탁월한 저술가이기도 합니다.

금년은 종교개혁 500주년을 기념하는 해라는 점에서 종교개혁에 관한 여러 작품들이 출간되고 있습니다. 서양학자들의 많은 책들이 역간되었고 국내 학자들의 책 또한 출간되고 있습니다. '종교개혁 르네상스'라고 불릴 만큼 다양한 종교개혁 관련 서적들이 출간되고 있습니다. 이런 상황에서 또 하나의 종교개혁에 관한 책이 필요할까요?

그런데 오주철 박사의 책을 보면 종교개혁에 관한 또 하나의 책을 쓸 수밖에 없는 이유를 알게 됩니다. 이 책은 기존의 책과 다른 두 가지 특징이 있습니다. 첫째는 종교개혁 이야기만이 아니라 종교개혁이 일어날 수밖에 없었던 사상사적 배경을 해설하고 있다는 점입니다. 역사상의 모든 사건은 그 사건이 일어날 수밖에 없는 불가피한 환경이 있는데, 종교개혁도 마찬가지입니다. 오 박사는 후기 중세사의 문제를 꼼꼼히 성찰하면서 종교개혁이 일어날 수밖에 없었던 배경을 해명하고 있다는 점이 이 책의 특징이자 장점입니다. 흔히 중세는 로마가톨릭의 역사라고 하여 무시하거나 간과하기 쉬운데, 오 박사는 후기 중세시대가 종교개혁의 배경이 된다는 점을 다각도로 분석하여 종교개혁의 본질을 명쾌하게 해설하고 있습니다.

두 번째는 이 책은 중세 하에서도 개혁을 추진했던 중세의 개혁자들에 대해서도 소개하고 있다는 점입니다. 이 책에서는 영국 옥스퍼드의 교수였던 위클리프, 그리고 보헤미아 프라하대학 교수였던 얀 후스, 두 사람의 생애와 신학을 분석하고 이들의 개혁이 16세기 종교개혁의 선구임을 해설하고 있습니다. 이런 사상사적 배경을 제시한 후 주된 개혁자들인 독일의 루터, 스위스의 츠빙글리, 제네바의 칼빈, 그리고 스코틀랜드의 낙스에 대해 소개하고 있습니다. 그래서 종교개혁을 원시적(遠視的)인 안목(the larger perspectives on the Reformation)으로 안내하고 있습니다.

이 책은 비록 '종교개혁자들의 삶과 신학'은 평이한 책이라기보다는 개혁자들의 생애와 역사, 그리고 신학을 깊이 연구하고 성찰하여 쓴 연구서라고 할 수 있습니다. 물론 평이하게 누구나 읽을 수 있도록 정리했으나 내용은 평범하지 않다는 뜻입니다. 저자의 오랜 연학(研學)과 성찰이 이 책의 가치를 더해 줍니다. 저는 이 책이 널리 읽혀지고 종교개혁이 무엇이며, 왜 일어났고, 그것이 후대 교회에 어떤 의미를 주었는가를 헤아리는 기회가 되기를 바랍니다.

2017년 8월 1일

추천사

종교개혁자들의 활동과 신학사상을 잘 정리한 개설서

황 재 범

(계명대학교 교목실장 겸 기독교학교수)

먼저 오주철 목사께서 금번에 《종교개혁자들의 삶과 신학》을 출판하게 됨을 진심으로 기뻐하며 축하드립니다. 목회현장에서 목사로 교회를 섬기며, 학교에서는 후학들을 가르칠 뿐만 아니라 지역에서 연합활동에서 적극 참여하시는 등 지극히 바쁜 시간임에도 불구하고 이처럼 소중한 책을 썼다는 것이 참으로 자랑스럽게 생각을 합니다.

금년에는 우리 모두가 잘 알고 있듯이 루터가 종교개혁을 일으킨 지 500주년이 되는 해가 됩니다. 그리고 여러 곳에서 종교개혁 기념행사를 준비할 뿐만 아니라 다양한 연구서 및 책들이 출판되어 나오기도 합니다. 그러나 오 목사께서 쓴 《종교개혁자들의 삶과 신학》은 지금까지 출판된 여타의 책들과는 확연하게 구별될 뿐만 아니라 풍성한 내용을 담고 있다고 할 수가 있습니다. 즉, 이 책에는 루터와 칼빈뿐만 아니라, 비교적 덜 알려져 있는 위클리프, 후스, 낙스 등의 종교개혁자들에 대하여 그들의 개혁 활동과 더불어 신학사상을 잘 정리하여, 이해하기 쉽게 제시한 아주 좋은 개설서입니다. 시중에 종교개혁 역사 관련 책들이 많이 나와 있지만, 대부분은 서구의 학자들이 쓴 것을 번역한 것이기 때문에 한 편으로는 너무 학문적이고, 다른 한 편으로는 일목요연한 정리가 부족한 부분이 많이 있다고 봅니다.

그러나 금번에 오 목사께서 쓰신 이 책은 주요 종교개혁자들의 시대적 배경, 그들의 삶과 개혁 과정, 그리고 그들의 신학사상을 잘 정리를 해주고 있습니다. 특별히 각 종교개혁자의 신학사상의 정리는 매우 어려운 과제임에도 불구하고, 잘 요약했을 뿐만 아니라, 인용의 출처를 잘 밝혀주어서 연구를 계속하는데 좋은 도움을 줄 수 있다고 봅니다. 나아가서 상당히 많은 그림 자료도 제시해 주셔서 일반 독자들이 이해를 하는데 많은 도움을 줄 수 있습니다. 또한 기존의 책에서는 잘 다루지 않는 종교개혁의 배경으로서 르네상스와 더불어 위클리프, 후스를 비롯하여 낙스를 잘 다루고 있는 것 역시 이 책의 장점이라고 봅니다.

특별히 올해는 종교개혁 500주년이므로 이 책의 출판은 시의가 적절하다고 봅니다. 아무쪼록 일독하시어 교회 역사와 더불어 신학사상에 대하여 깊이를 더하시게 되기를 간절히 기원합니다.

머리글

일반 독자와 전문가를 위한 개혁자들의 삶과 사상

중세 말기에서 근대로 넘어가는 시기에 인쇄술을 비롯한 기술 발달로 르네상스 인문주의가 활발하게 일어나면서 당시의 사람들은 교회와 사제들이 생각했던 과거의 무지했던 그 사람들이 아니었다. 인문주의는 그동안 교회가 무시해왔던 인간의 이성과 존엄성을 회복하고, 그것을 위해서 "원전에로 돌아가라"(*ad fontes*)는 주장을 펼치기 시작했다. 그리하여 인문주의자들을 비롯한 당시의 많은 사람들에게 아리스토텔레스의 사상을 비롯한 초대 교부들의 글들과 같은 고전 문헌들이 보급되기 시작하면서 현재 교회의 가르침과 모습이 전혀 성경적이지도 않을 뿐만 아니라 초대 교부들이 가르쳤던 그 교회가 아니라는 비판적인 인식이 확산되고 있었다.

한 마디로 말해서 일반 신자들의 지적 수준과 욕구는 높아졌음에도 불구하고 로마 교황청과 사제들은 무식하고 무능했을 뿐만 아니라 성직 매매와 면죄부 판매, 축첩 등 온갖 타락과 부패의 모습을 보여 주었다. 그리고 이것을 지적하고 비판하는 사람들을 종교재판이라는 이름으로 억눌렀다. 초기 교회사에서는 이방민족이 교회를 핍박하고 억압하려고 했다면, 중세시대에는 자신들의 기득권을 지키고자 교회가 교인들을 핍박하고 억압했다.

그러나 밤이 깊을수록 새벽은 가까워오듯이 부패하고 타락한 교회를 향한 교회의 개혁을 부르짖는 소리를 힘과 권력으로 잠재울 수 없었다. 그리고 존 위클리프와 얀 후스를 비롯한 많은 신실한 개혁자들이 일어나 교회의 갱신을 외치기 시작했고, 오직 성경으로 돌아가기를 호소했다. 그리고 그들의 순교 터전 위에 마침내 루터에 의해 종교개혁의 불꽃이 점화되고 확산되어나갔다. 그러나 루터를 비롯한 종교개혁자들에 의해 확산된 종교개혁은 새로운 또 다른 종교의 탄생을 의미하는 것은 아니었다. 그것은 오랜 관습에 묻혀 타락하고 부패한 교회를 개혁하고, 초대교회가 받아들였던 성경에 근거한 신앙의 본질로 돌아가자는 운동이었다.

금년은 1517년에 루터가 비텐베르크에서 종교개혁을 일으킨 지 500주년이 되는 해이다. 때문에 한국교회는 각 교단이나 교회들마다 그에 맞는 다양한 행사와 글들을 발표하면서 어느 때보다 종교개혁에 많은 관심을 갖게 하고 있다. 뿐만 아니라 많은 교회들이 중심이 되어 종교개혁이 일어났던 유럽으로 역사 탐방을 하고 있기도 하다. 그렇지만 안타까운 것은 정작 많은 사람들이 종교개혁이 일어났던 원인과 종교개혁자들의 삶을 올바로 이해하지 못하고 즉흥적인 일회적 행사로 끝나버리고 있다는 점이다.

그리고 정작 중요한 종교개혁자들이 우리에게 말하고자 했던 본질은 외면하고 있다는 것이다. 그런 점에서 본인은 종교개혁의 올바른 의미를 깨닫고 이해함으로써 오늘의 한국교회가 하나님의 기뻐하심을 입은 교회다움을 회복하고 세상으로부터 신뢰를 회복하는데 미약하나마 도움이 되기를 바라면서 조심스럽게 이 책을 쓰게 되었다.

특별히 이 책은 그동안 본인이 대학교에서 "개신교회사"라는 과목으로 강의한 내용을 중심으로 종교개혁 500주년에 맞추어 다음과 같은 내용에 중점을 두고 썼음을 밝힌다.

첫째는, 종교개혁이 일어날 수밖에 없었던 시대적 상황을 다루었다. 사실 한 사람의 신학적 사상은 우연히 만들어진 것이 아니라 그 시대의 모순과 부패를 보면서 고뇌하고 아파하는 가운데 정립된 것이다. 따라서 종교개혁자들의 삶과 사상을 이야기하기 이전에 먼저 그 당시의 시대적 상황을 살펴봄으로써 종교개혁이 필연적으로 일어날 수밖에 없었던 이유를 깨닫게 될 것이다. 그래서 제1장에서는 종교개혁자들을 다루기에 앞서 먼저 중세의 종말과 함께 시작되었던 종교개혁이 일어날 수밖에 없었던 당시의 시대적 특징들을 먼저 다루었다.

둘째는, 종교개혁자들의 생애를 시간별로 정리해서 독자들이 이해하기 쉽도록 쓰고자 했다. 무엇보다 종교개혁자들은 그 시대의 기득권 세력에 속했던 로마 교황청과 사제들을 단순히 비난만 하고, 백성들을 충동질했던 소피스트(말쟁이)들이 아니었다. 그들은 스스로 하나님이 바라시는 성경에 바탕을 둔 개혁적인 삶을 살아 당시의 많은 사람들에게 존경과 지지를 받았던 실천적인 사람들이었다. 중세시대에 로마의 교황청과 사제들이 비록 지배적 권위를 가지고 부패하고 타락함으로써 존경과 사랑의 대상이 되지를 못했다고 할지라도 당시의 종교개혁자들이 일반 대중들과 함께 아파하는 가운데 그들로부터 존경과 지지를 받지 못했다고 한다면 종교개혁을 성공적으로 이끌 수는 없었을 것이다. 그런 점에서 우리는 종교개혁자들의 생애를 살펴보면서 이 시대의 그리스도인으로서 어떻게 살아드려야 하는지에 대한 삶의 도전을 받아야 할 것이다.

셋째는, 종교개혁자들의 신학적 사상을 가급적이면 같은 주제를 가지고 살펴봄으로써 종교개혁자들의 신학 사상과 그들의 차이점을 조금이나마 쉽게 이해를 할 수 있도록 쓰려고 했다. 앞에서도 밝혔듯이 종교개혁자들은 같은 주제를 가지고서도 주장하는 내용이 확연하게 차이가 날 수밖에 없었던 것은 그들이 살았던 삶의 자리가 달랐기 때문이다. 따라서 우리는 종교개혁자들의 신학사상을 서로 비교하며 이해를 하는 가운데 오늘의 한국에 맞는 한국적 신학이 무엇이어야 하는지에 대한 고민을 하게 될 것이라고 생각해 보게 된다.

넷째는, 이 책을 두 가지의 관점에서 글을 썼는데, 그것은 일반 평신도들과 전문적으로 신학을 알아가고자 하는 사람들이다. 따라서 일반 평신도들은 그림 자료들을 제시하면서 좀 더 쉽게 이해를 할 수 있도록 도움을 주려고 했다면, 학문을 연구하는 사람들에게는 종교개혁자들에 관하여 각각의 논쟁이 되고 있는 것들을 각주에서 상세하게 다룸으로써 학문적으로 도움을 주려고 했다. 그런 점에서 이 책은 누구나가 읽을 수 있을 뿐만 아니라 종교개혁자들에 관하여 많은 정보를 얻을 수 있을 것이라고 생각을 한다.

무엇보다 이 책에서는 일반인들에게 잘 알려져 있지 않은 존 위클리프와 얀 후스, 그리고 장로교의 아버지라고 불리는 존 낙스에 대해서도 다루고 있다. 사실 위클리프의 영향을 받았던 후스가 교회의 개혁을 주장했고, 후스의 영향을 받아 그가 죽은 지 100년 후에 루터가 종교개혁의 횃불을 높이 들었다. 그리고 칼빈의 영향을 받았던 낙스에 의해 오늘의 장로교회가 확립되었다. 그럼에도 불구하고 오늘 한국 개신교계의 약 70%를 차지하고 있는 장로교회의 교인들조차도 낙스에 대해 알지 못하고 있는 것이 현실이다. 따라서 이 책에서는 그동안 한국교회가 무관심해 왔던 이들 종교개혁자들을 살펴봄으로써 오늘의 한국교회가 나아가야 할 방향을 제시하는데 작은 도움이 되기를 기도하며 이 책을 내놓는다.

특별히 이 책이 나오기까지 많은 분들의 기도와 도움이 있었음을 밝히면서 감사를 드리지 않을 수 없다. 먼저 종교개혁 500주년을 맞이하여 이 글을 쓸 수 있도록 도전을 주시고, 바쁘신 가운데서도 필요한 자료들을 제공해 주셨을 뿐만 아니라 책의 완성도를 높이는데 심혈을 쏟아주신 한들출판사 대표이신 정덕주 목사님께 깊은 감사를 드린다.

그리고 이 책이 나오게 됨을 기뻐하시며 추천사를 보내주신 고신대학교 이상규 교수님과 계명대학교 황재범 교수님께도 제자로서 감사드린다. 끝으로 기도로 함께해 주신 사랑하는 가족과 언양영신교회 교우들에게도 감사를 드린다.

2017년 8월 15일
가지산 자락 목양실에서 더운 여름을 보내며
오주철

차 례

추천사 / 이상규
추천사 / 황재범
머리글 / 오주철

제1장
중세의 종말과 함께 시작된 종교개혁 —————————— 017

제2장
종교개혁의 새벽별, 존 위클리프 —————————————— 039

제3장
개혁의 불씨가 되었던 보헤미아의 순교자 얀 후스 ———— 069

제4장
종교개혁을 일으킨 마르틴 루터 ————————————— 103

제5장
조국의 구원만을 바랐던 울리히 쯔빙글리 ————————— 151

제6장
종교개혁의 꽃을 피웠던 존 칼빈 ————————————— 183

제7장
진리를 외친 하나님의 나팔수, 존 낙스 —————————— 251

제 1 장
종교개혁 당시 유럽의 상황

인류 역사는 지난 천년동안 지속되어왔던 중세시대가 끝나고 새로운 근대시대에로 나아가야 할 필연성을 전제로 한 시기가 15세기 마지막과 16세기 시작에 해당된다. 그런데 이보다 앞선 14세기와 15세기 중반까지 서유럽은 무시무시하고도 끈질긴 재앙에 시달려야만 했는데, 그것은 엄청난 숫자의 서유럽 인구를 앗아간 '흑사병'이었다. 이것만으로는 충분하지 못하다는 듯, 민족주의에 바탕을 둔 중앙집권적 왕정국가가 일어나면서 전쟁이 끊이지 않았다. 이러한 상황에서 가장 고통을 많이 받는 자들은 평민들이었다. 이들은 군인이나 조직적인 약탈 집단들에게 강간당하며, 칼에 찔리거나 강탈과 방화를 당할 수밖에 없는 처지에 있었다. 상황이 이러했음에도 교회는 역할을 감당하지 못했고, 로마 가톨릭의 교황을 비롯한 사제들은 부패하고 타락했으며 무능했다.

특히 중세 시대 이탈리아를 중심으로 일어난 르네상스 인문주의 부흥은 그동안 교회가 가르쳐 온 것들이 잘못되었다는 것을 확신하게 되었다. 중세는 성경의 모국어 번역이나 이번역 성경을 평신도들이나 제대로 교육

받지 못한 사제들이 읽는 것을 제한했다. 이것은 성경을 '개인적'으로 사용하는 것은 이단이 생기는 주된 원인이라고 판단했기 때문이다. 그래서 종교개혁 이전 반세기 동안 성경 읽기를 둘러싼 주요 현안은, 성경 권위 자체 문제가 아니라 성경 해석의 문제였다. 중세 교회는 그리스도인의 믿음과 생활에 있어서 성경의 규범적 권위를 부인하지 않았다. 그렇지만 이런 권위는 교부들과 공의회, 해박한 박사들, 교황의 공식 칙령에 의해 해석된 것으로서의 성경에 부여된 것이었다. 요컨대, 성경의 권위는 교회 가르침의 전통과 성경을 '올바로' 해석하고 사용할 수 있는 권위자로서의 교회 자체 권위와 결합되어 있었던 것이다. 다시 말하면, 중세 교회는 성경 그 자체가 갖는 권위보다 그 성경을 해석하는 교회의 권위가 더 우위에 있다고 가르쳤다. 그런데 사람들이 성경에 점차 친숙하게 되자 "교회가 가르쳐 온 모든 전통들이 성경 자체에 충실한가?"라는 문제가 불가피하게 나타났다.

이에 기독교 인문주의자들은 성경의 문자적-역사적 해석과 '옛날 교부들'로 되돌아갈 것을 지속적으로 요구하면서 스콜라 박사들과 중세의 '유비적' 주석들의 해석에 대한 권위를 효과적으로 무너뜨렸다. 루터를 비롯한 종교개혁자들은 여전히 교회의 가르침의 전통이 잘못되었을 수 있으며, 실제로 성경의 가르침에 비추어 잘못되었다는 결론을 내렸다. 그래서 '오직 성경'(sola scriptura)이라는 종교개혁자들의 주장은 성경과 전통, 즉 성경과 오래된 교회의 권위 있는 해석이 일치하고 모순이 없다는 가정을 파괴하는 것이었다. 은총에 의해 믿음을 통해서만 구원된다는 그 중심적 메시지가 명료한 성경은 그 자체가 성경 해석자라고 주장하게 되었다.

무엇보다 중세를 무너뜨리는데 작용한 요인들은 너무나 많기 때문에 한 가닥씩 풀어 나가기란 거의 불가능한 일이다.[1] 그럼에도 이 장에서 중

---

1) 김홍기는 종교개혁이 일어난 배경에 대해서 인문주의, 민족주의의 등장, 인쇄술의 발전과 당시의 종교적인 상황이 있었다고 기술하고 있다. 김홍기,《종교개혁사》(서울: 지와 사랑, 2004).

세가 끝나는 무렵의 유럽 상황을 살펴보는 것은 종교개혁이 일어날 수밖에 없었던 요인들이었기 때문이다.

> **중세 말기의 시대적 특징**
> ① 르네상스 인문주의 운동
> ② 기술의 발달
> ③ 민족주의적 감정의 성장
> ④ 교회의 타락과 종교적 갈망으로서의 신비주의

1. 르네상스 인문주의 운동

1350년경에 이탈리아에서는 르네상스(Renaissance)라는 새로운 문화 운동이 일어나고, 이것이 1500년경에 북유럽으로 확산되면서 기독교적 인문주의라는 지극히 중요한 운동을 산출했다.[2] 여기에서 '르네상스'라는 말은 문자 그대로 '재생'(再生, rebirth)을 의미하는 것으로, 쥘 미슐레에 의하면 그것은 바로 세계와 인간이 재발견되는 것이라고 할 수 있다. 즉, 르네상스는 아테네 델포이의 신전에 새겨져 있는 "너 자신을 알라"는 글에서 인간에 대한 성찰을 다루고 있듯이 인간의 존엄성과 탁월성을 찾으려

---

2) 오늘날의 학자들은 르네상스라는 용어가 대략 1350년에서 1550년까지 이탈리아에서 등장하여 그 후 16세기 전반기 동안 북유럽으로 확산된 사상과 문학과 예술 분야에서의 주목할 만한 경향을 표현한 것이라는 데 대체로 동의하고 있다. 따라서 '르네상스 시기'는 이와 같은 견해를 따라 '지성사와 문학사의 한 시대'를 지칭하는 의미로 국한된다. E. M. 번즈, R. 러너, S. 미첨, 《서양문명의 역사(상)》, 박상익 옮김 (서울: 소나무, 2011), 504; 그런데 이 르네상스라는 용어는 프랑스 역사가인 쥘 미슐레(Jules Michelet, 1798-1874)가 프랑스어인 Renaissance라는 말로 확립시켰으며, 이것이 영어에서도 사용되어 현재에 이르게 되었다.

했을 뿐만 아니라 유럽만의 시선을 넘어 더 넓은 세계에로 나아가게 만들었다.

한편, 르네상스 문화의 근본정신은 인문주의, 즉 휴머니즘(humanism)이다. '휴머니즘'이라는 말은 그리스·로마의 고전에서 "보다 인간답게 만드는 일"을 뜻하는 '후마니오라'(humaniora)에서 시작된 말로, 인간이 지니는 가치, 즉 인간의 창조성에서 만들어지는 모든 것들을 존중하는 사상이다. 이것은 신의 모든 창조물 가운데 천사 다음으로 뛰어난 존재로서 인간의 '존엄성'을 강조한다. 기독교를 국교로 받아들인 이후 1,000년 이상 이어진 중세의 유럽은 신 중심의 세계관이 지배한 사회로, 인간의 개성과 창의성은 자유롭게 표현될 수 없었다. 그러나 단테를 시작으로 페트라르카,[3] 보카치오 등 이탈리아 문학가들이 그리스·로마의 고전문화에서 휴머니즘을 발견하여, 인간 본연의 개성과 자유를 존중해야 한다고 주장했다. 이러한 사상은 이탈리아 사회의 여러 분야에 큰 영향을 미쳤는데 가장 두드러진 것은 미술 분야로, 예술가들은 인간의 얼굴 표정과 육체의 아름다움을 표현하고 자연을 연구하여 그 모습을 정확하게 묘사했다.[4]

---

[3] 페트라르카(Francesco Petrarca, 1304-1374)를 최초의 휴머니스트라고 평가한다. 그는 신앙심이 돈독한 기독교인으로서 스콜라 신학이 사람들에게 올바르게 행하는 방법과 구원에 이르는 방법을 가르치기보다는 추상적인 사고에만 치중함으로써 일을 그르치고 있다고 믿었다. 그는 기독교 저술가들이 무엇보다도 문학적 수사법을 배양하여 사람들에게 선행을 행하도록 고무할 수 있어야 한다고 생각했다. 따라서 아직 발견되지 않은 고대 라틴 문헌을 찾아내는 작업에 몰두했으며, 고전 문체를 모방하고 고전 문구를 인용한 도덕적 논고를 작성하는데 전념했다. 그렇게 함으로써 그는 향후 수세기 동안 영향을 미치게 될 '인문학' 연구의 프로그램을 창시했다. Ibid., 509.
[4] 이 시기의 대표적인 미술가로는 레오나르도 다 빈치와 미켈란젤로, 라파엘로를 이야기할 수 있다. 다 빈치는 전형적인 '르네상스적 인물' 혹은 '만능 인간'으로서 사실주의를 넘어서 르네상스 전성기의 자연의 이상화를 표현했다. 그는 「암굴의 성모」에서 인물들을 기하학적으로 묘사하는가 하면, 자연을 정밀하게 그렸다. 「최후의 만찬」과 「모나리자」에서는 인간의 심리를 그렸다. 미켈란젤로는 신플라톤주의를

그런데 200년 동안 영광스러운 시기를 누리던 이탈리아의 르네상스는 1550년경부터 기울기 시작했다. 쇠퇴의 원인은 여러 가지인데, 가장 중요한 원인은 1494년에 있었던 프랑스의 침입과 그 후에 계속된 전쟁이었을 것이다.[5] 또 하나는 1500년경 지리상의 발견으로 통상로가 기존의 지중해로부터 대서양 지역으로 옮겨감에 따라 이탈리아는 세계 교역의 중심지로서 우월한 지위를 잃으면서 경제도 기울었다. 그리고 르네상스가 쇠퇴하게 된 마지막 원인은 반(反) 종교개혁(Counter-Reformation)이었다. 16세기에 로마 가톨릭은 세속성의 팽배와 프로테스탄티즘의 확산을 막기 위해 사상과 예술에 대한 통제의 고삐를 바짝 조였다.[6] 그리하여 1542년에는 로마 종교재판소가 설치되었고, 1564년 트렌트 종교회의가 금서목록을 처음으로 발표했다.[7]

이탈리아에서 시작된 르네상스가 1500년경 이후 유럽 국가들로 확산된다는 것은 필연적이었다. 대부분의 북유럽 국가들이 예술과 문학의 광범위한 전파를 지원할 만큼 경제 번영과 정치 안정을 누리게 된 것은 1500년경 이후였다. 15세기를 거치는 동안 북유럽의 대학생들은 볼로냐대학, 파

수용하여 영속적이고 추상적인 진리를 표현하려고 했다. 그의 그림에는 인간-남성-이 중심을 차지하고 있지만, 이 인간은 신적인 성격을 반영하고 있다. 이점에 있어서 그는 전형적인 르네상스 예술가였다고 할 수 있다. 라파엘로는 르네상스 전성기의 전형적인 이상적인 미를 표현하려고 했다. 균형, 조화, 순결미, 질서(이는 그리스, 로마 예술의 원리였음)를 드러내려고 했다.
5) 프랑스의 이탈리아 침입 및 전쟁에 관한 내용은 "제6장 종교개혁의 꽃을 피웠던 요한 칼빈"에서 프랑스의 시대적 상황을 참고하라.
6) 대표적으로는 로마 베드로대성당의 시스티나예배당에 있는 미켈란젤로의 걸작인 「최후의 심판」을 보고 고지식한 광신자들은 매음굴처럼 보인다고 비판했다. 벌거벗은 사람들이 너무 많다는 이유에서였다. 그러므로 반종교개혁의 시기에 가장 무서운 정치를 펼쳤던 교황 바오로 4세(Paulus IV, 1476-1559)는 이류 예술가를 시켜 가능한 모든 곳에 옷을 그려 넣도록 명령했다. 이 일로 그 불행한 예술가는 '기저귀를 만드는 사람'이라는 별명을 얻었다. E. M. 번즈, R. 러너, S. 미첨, 526.
7) Ibid., 525-526.

도바대학 등지에서 공부하기 위해 끊임없이 이탈리아로 유학을 떠났으며, 이탈리아 저술가와 예술가들도 잠깐씩 알프스 이북으로 여행하였다. 이러한 교류는 사상의 확산을 촉진했다. 그리고 이 사상 및 지적 교류는 특히 1494년 이후 프랑스와 스페인이 이탈리아에서 전쟁을 시작하면서 한층 활발해졌다. 그 결과 북유럽인들은 이탈리아인들이 이룩한 업적을 더 많이 배우기 시작했다. 따라서 르네상스는 본고장인 이탈리아에서 쇠퇴하기 시작한 이후에도 북유럽에서는 고스란히 그 활력이 유지되었다.[8]

이탈리아가 도시를 중심으로 상업이 발달되었다면, 북유럽은 어떤 도시도 도시 인근 지역에 대한 정치적 지배권을 장악하지 못했다. 오히려 북유럽의 정치 권력은 민족국가(독일의 경우에는 제후)를 중심으로 집중되었고, 그 지배력은 1500년경에 이르기까지 사제들의 교육·문화적 주도권을 기꺼이 인정해 주었다. 그 결과 북유럽의 대학들은 신학 연구에 몰두하는 경향이 있었고, 주요 도시들에서 가장 활발한 건물은 대부분 성당이었다. 그러므로 북유럽의 르네상스는 기존의 북유럽적 전통 위에 이탈리아 르네상스의 이상을 접목시킴으로써 이룩되었다. 이것은 북유럽의 가장 두드러진 지적 운동인 기독교적 휴머니즘에서 분명히 볼 수 있다. 북유럽 인문주의자들은 이탈리아 인문주의자들과 마찬가지로 고대로부터 지혜를 구했지만 이들이 염두에 둔 고대는 이교적인 것이 아니라 기독교적인 것, 즉 신약성경과 초대 기독교 교부들의 고전들이었다.

> **이탈리아와 북유럽 르네상스의 차이점**
> 지극히 세속적이다.
> 순수한 성경에 바탕을 둔 종교적이다.
> 그리스-로마의 고전들에 관심을 가졌다.
> 신약성경과 초대교부들의 문헌에 관심을 가졌다.

---

8) Ibid., 528.

한편, 르네상스 시대의 인문주의자는 문학적 형식, 인간성에 대한 통찰 등을 배우기 위해 고전의 본문을 있는 그대로 해석하려고 했다. 그들은 "근본으로 돌아가라"(ad fontes)는 모토를 가지고 인간 회복운동과 나아가 교회갱신 운동을 펼쳤다. 실상 중세인들은 고전의 내용을 교회와 사제 중심의 질서를 밝히고 강화하는 도구로 사용해 왔다. 그렇지만 인문주의자들은 그들 스스로 '만능인간'(universal man)이 되려고 했으며, 인간의 고유한 창조정신과 더불어, 신분 및 교회 중심의 질서로부터 개인 해방을 강조했다. 뿐만 아니라 인문주의자들은 고대 그리스 및 로마시대를 인간의 창조적 정신의 전성기로 보고 그 시대의 글들(특히 플라톤, 아리스토텔레스를 비롯한 그리스 철학자들과 키케로 및 베르길리우스 등 고전 라틴어를 사용한 로마 사상가들)을 연구하였다. 이 과정에서 '본문비평'(textual criticism)이라는 연구 방법이 성립되었는데, 이것이 성경연구에 지대한 영향을 미쳤다. 이로써 16세기 신학자들, 특히 루터와 쯔빙글리, 칼빈과 같은 종교개혁자들은 성경을 있는 그대로 읽고, 성경을 교회 전통이 세운 특정한 교리의 빛 아래서가 아니라, 있는 그대로 해석할 수 있었다. 그리고 결국 중세 로마 가톨릭이 지금까지 주장하고 가르쳐왔던 많은 부분들이 성경과 어긋난다는 것을 알게 되었다. 더구나 초대교회 교부들의 글을 읽으면서 이러한 확신은 더욱 분명해졌다.

2. 기술의 발달

중세 말에 이루어진 업적 가운데 가장 획기적이면서도 유럽사회에 엄청난 변화를 가져온 것은 기술의 발달이라고 할 수 있는데, 이것은 유럽인들의 삶의 가치를 고양시키는데 크게 기여했다. 특별히 중세 말에 발명되어 유럽사회에 엄청난 변화를 가져온 기술로는 네 가지를 들 수 있다.

첫째, 안경의 발명이다.

1280년대에 처음 발명된 안경은 14세기에 완성되었다. 안경의 발명으로 노인들과 시력이 약해진 사람들도 책을 읽을 수 있게 되었다. 예를 들면, 14세기 이탈리아 최초의 휴머니스트로 불리워지는 페트라르카는 젊은 시절에는 뛰어난 시력을 자랑했지만 나이가 들면서 약화되었다. 만약에 안경이 없었다면 그의 학문 연구는 일찍 멈추었을 것이다. 그런데 그는 안경이 있음으로 60대에 접어들어서도 가장 중요한 몇몇 업적들을 완성시켰다.[9] 결국 안경의 발명은 노안으로 인해 책을 읽지 못하는 사람의 고충을 해결했을 뿐만 아니라 끊임없이 학문에 증진할 수 있게 만들었다.

1352년 토마소 다 모데나의 작품[10]

둘째, 나침반이다.

1300년경에 나침반이 사용되자 선박들이 육지를 떠나 멀리 있는 지역에까지 해상 교역을 할 수 있게 되었다. 그 후 선박 건조, 지도 제작, 항해 장치 등에서 이루어진 수많은 계량에 힘입어 유럽은 식민지 건설을 위한 해외 팽창을 시작할 수 있었다. 14세기 초에는 유럽 선박들이 아조레스 제

---

9) Ibid., 492-493.
10) 이 그림은 트레비소(Treviso)의 산 니콜로수도원(San Niccolò)에 적을 두고 있었던 토마소 다 모데나(Tommaso da Moena)가 1352년에 안경을 쓴 우고 디 프로벤차 추기경을 그린 것이다. 그는 1352년 40명에 달하는 도미니크 수도사의 모습을 그린 후 각각의 신원을 명시해 놓았다. 그림에서 볼 수 있듯이 책과 안경은 14세기 중엽의 도미니크 수도사들에게는 거의 필수품이었다.

도(Azores 諸島, 포르투갈령의 섬)와 카보베르데 제도(Cabo Verde 諸島)에 도달했으며, 1487년에는 아프리카의 희망봉(喜望峯, Cape of Good Hope)을 돌았다. 그리고 1492년에는 서인도 제도를 발견했으며, 1498년에는 해로를 통해 인도에 도달했고, 1500년에는 브라질을 발견했다. 기술 발달의 결과로 세계는 갑자기 좁아지게 되었다.[11]

셋째, 시계이다.

중세 말에 유럽인이 발명하여 오늘까지 없어서는 안 될 만큼 중요하게 사용되는 것은 바로 시계일 것이다. 시계의 발명은 유럽 사회에 궁극적으로 두 가지 의미심장한 결과를 가져왔다. 첫째, 유럽인들로 하여금 온갖 종류의 복잡한 기계 장치에 관심을 갖게 하였다. 둘째, 더욱 중요한 것은 유럽인들의 생활을 합리적으로 만들기 시작했다. 사람들은 하루 중 지금이 언제쯤인지에 대한 막연한 개념만 있어서 해가 뜨면 일어나고, 지면 집에 들어가는 생활을 했다. 그러나 14세기에 접어들면서 발명된 시계는 밤낮 구분 없이 엄격하게 동일한 시간을 알려주기 시작했다. 사람들은 '정시에' 작업을 시작하고 끝내야 했으며, 대부분은 '시간이 돈'이라고 믿게 되었다. 시간 엄수에 대한 이와 같은 강조로 효율성을 높이기는 했지만 동시에 새로운 긴장을 초래했다. 루이스 캐럴의 작품 《이상한 나라의 엘리스》에 등장하는 흰 토끼는 항상 회중시계를 바라보면서 "얼마나 늦었을까?"를 내내 중얼거리는데, 이것은 시간에 집착하는 유럽인들의 특성을 잘 요약해 주는 것이다.[12]

넷째, 활판 인쇄술의 발명이다.

인쇄술이 발명된 중요한 계기는 1200년에서 1400년 사이에 유럽에서 책을 만드는 재료가 양피지에서 종이로 바뀌었다는 것이다. 당시 가죽으로 만들었던 양피지는 값이 비쌌다. 가축 한 마리에서 품질 좋은 양피지를 넉

---

11) E. M. 번즈, R. 러너, S. 미첨, 493.
12) E. M. 번즈, R. 러너, S. 미첨, 494.

중세 인쇄술

장밖에 얻을 수 없으니 성경 한 권을 만들기 위해서는 200-300마리의 양이나 송아지를 도살해야만 했다. 그러나 펄프로부터 얻어지는 종이는 가격을 획기적으로 하락시켰다. 그러므로 읽고 쓰는 법을 배우는 데 드는 비용이 저렴하게 되었다. 특별히 르네상스를 통해 문자 해독률이 높아지면서 더욱 저렴한 서적을 요구하는 시장 규모가 커지게 되었고, 1450년경의 활판 인쇄술 발명은 이러한 수요에 충분히 부응했다. 1500년경 이후 유럽인은 모든 종류의 책들—종교 팸플렛 뿐만 아니라 교본, 가벼운 읽을거리, 그리고 18세기에는 신문—을 구입해서 읽을 수 있게 되었다. 더구나 당시에 혁명적 사상은 일단 수백 권의 책으로 출간되기만 하면 더 이상 쉽게 근절될 수 없었다. 그 결과 16세기의 가장 위대한 종교개혁자인 루터는 팸플렛을 인쇄함으로 즉각 전 독일에서 추종 세력을 확보할 수 있었다. 어쩌면 활판 인쇄술이 없었더라면 루터는 후스처럼 죽임을 당하고 말았을는지 모른다. 무엇보다 인쇄술 발명 이전에는 대부분의 유럽 국가들 내부에 지역 방언이 극심하여 같은 언어를 말하는 국민들 사이에서도 의사소통이 잘 안 될 정도였다. 이런 상황에서 정부의 중앙 집권화는 방해 받을 수밖에 없었다. 왜냐하면 국왕의 신하가 지방의 주민들과 전혀 의사소통을 할 수 없었기 때문이다. 그러나 인쇄술이 발명된 후에 유럽 각국은 나름대로 표준어를 발전시키기 시작했는데, 표준어는 책에 의해서 균일하게 유포되었다. 그 결과 의사소통이 향상되었으며, 정부 기능의 수행은 좀 더 효율적으로 될 수 있었다.

결론적으로 안경과 나침반, 시계, 그리고 인쇄술의 발명은 유럽인들의 생활에 획기적인 변화를 가져왔다. 그리고 이것은 유럽인들의 세계관을 변화시켰다. 수평선을 넘어 새로운 세계들이 발견되고, 지구는 평평하고 그 주위를 태양과 별들이 회전하고 있다는 천동설은 과거의 것이 되었다. 시계에 의해 습관이 길들여진 유럽인들은 작업을 효율적으로 수행하고 정밀한 계획을 수립할 수 있었다. 이러한 기술의 발명은 다양한 지식과 정보를 여러 방면의 학자들에 의해 신속하게 더 빨리, 더 넓게 펼칠 수 있었다. 결국 전(前) 종교개혁자들이 16세기 종교개혁자들보다 훨씬 온건한 주장을 펼쳤음에도 순교를 당한 것은 이러한 기술 발달이 없었기 때문이라고 보아야 할 것이다. 역으로 말한다면, 기술의 진보가 있었기 때문에 백성들의 의식 수준이 현저하게 향상되었고, 유럽 전역으로 종교개혁이 확산될 수 있었던 것이다.

3. 민족주의적 감정의 성장

16세기 초에 들어서서 가장 두드러지게 눈에 띄는 정치적인 현상은 민족주의에 바탕을 둔 근대 국가 탄생이다. 이 시기는 진정한 의미에서 중세 봉건주의에서 벗어나 근대시대의 중앙집권적 왕정국가로 전환하는 분기점이었다. 특별히 1450년부터 1500년까지 반세기 동안, 서부 유럽 왕국들에서 왕권과 민족의식이 놀랄만하게 성장했다.

프랑스는 16세기에 서부 유럽에서 가장 중앙집권적인 왕정국가로 부상했다. 특별히 스페인과 잉글랜드에서는 왕의 권위를 제한하는 조치를 수 차례 취했으나 프랑스에는 이러한 제한 조치가 없었다. 잉글랜드와의 백년전쟁[13]은 프랑스 국민의 민족성을 불러일으키는 열쇠가 되었고, 크게 강화된 군주정치를 가지고 나타났다. 루이 11세(1461-1483)는 봉건 귀족들의 세력을 무너뜨리고, 그때까지는 누구도 가져보지 못한 왕권을 차지했다. 그의 아들 샤를 8세(1483-1489)는 이제 막 중앙집권화된 국가를 유럽 정치에서 신기원을 열 이탈리아 원정으로 이끌었고, 전체 종교개혁 시대의 정치적 배경을 결정하게 될 경쟁들의 기원이 될 수 있었다. 무엇보다 종교개혁 여명기까지 프랑스 교회는 여러 관점에서 하나의 국가교회였다.

그런가 하면, 잉글랜드는 15세기부터 합병국가로 서서히 등장했다. 요크 가(York)와 랭카스터 가문(Lancaster) 사이의 장미전쟁(1455-1485)이 왕권에 유리하게 작용하면서 전통 귀족 세력의 몰락을 가져왔고, 잉글랜드 국민들 안에 시민전쟁에 대한 두려움과 강력한 정부에의 열망을 퍼뜨렸다. 15세기가 바뀌면서 헨리 7세(1457-1509)는 마지막까지 강하게 버티던 요크가의 반대를 이겨냈다. 1509년 그의 아들 헨리 8세(1491-1547)가 계승하면서 그는 랭카스터와 요크의 상속자로 자처했다. 이러한 정치적 연합은 민족감정의 성장과 함께 진전했다. 14세기와 15세기에 일어난 백년전쟁 동안에 아비뇽의 교황권이 프랑스 이익과 긴밀하게 연결되었음을 깨닫게 된 잉글랜드의 민족주의는 아비뇽 교황청에 대해 섭섭함을 넘어 강하게 반발하기 시작했다. 그 결과, 잉글랜드의 재정이 교황청에 들어가는 것을 금지하는 법들이 제정되면서 교황과의 결속을 단절시키고 잉글랜드 교회 독립을 가져오게 했다. 따라서 잉글랜드 교회는 프랑스 교회처럼 15세기의 말에는 대체로 국가적이었다.

스페인에서의 종교적 각성은 유럽의 절반을 정화된 로마 가톨릭에 충성하게 할 개혁 방식의 전형을 만들게 했으며, 이것을 흔히 반(反) 종교개

---

13) '백년전쟁'(the Hundred Yaer's War, 1337-1453)에 관한 내용은 "제2장 종교개혁의 새벽별, 존 위클리프"를 참조하기 바람.

혁이라고 불렸다. 특히 이베리아 반도의 역사는 711년에 지워진 무슬림의 멍에를 벗어 던지려는 길고 험난한 십자군의 역사였다. 이 전쟁의 결과 13세기에 무어족들[14]은 그라나다 왕국에 한정되었고, 네 개의 기독교 왕국 — 카스틸(Castile), 아라곤(Aragon), 포르투갈(Portugal), 나바르(Navarre) — 을 세웠다. 그런데 이들 국가들은 1469년에 아라곤의 상속자 페르디난드(1479-1516)와 카스틸의 상속녀 이사벨라(1474-1516)의 결혼으로 합쳐졌다. 그리고 1492년에 페르디난드가 무어인들의 최후 보루인 그라나다를 정복하고, 1512년에 포르투갈과 나바르를 정복했다. 1492년에 콜럼버스(?-1506)는 이사벨라의 도움으로 신세계를 발견했다. 이것은 곧 왕의 금고에 매우 상당한 수입원이 되었다. 이러한 상황에서 1494년 프랑스가 이탈리아릴 침공했을 때 스페인의 간섭을 가져왔으며, 1503년까지 나폴리에 주둔하면서 이탈리아 전체에 스페인의 영향력을 미쳤다. 1516년 페르디난드가 죽자 그의 손자 찰스 1세(1500-1558)가 물려받았으며, 그는 이후에 오스트리아와 네덜란드의 계승자로써 찰스 5세(재위, 1516-1556)로 황제가 된다.

한편, 독일은 16세기 시작 무렵 — 그리고 16세기가 끝날 때까지 — 실제적인 주권 국가들이 복잡하게 뒤섞인 상태였다. 신성로마제국이 이들 국가들에 대한 명목상의 통치권을 갖고 있었지만 강력한 제후들의 이권 다툼에서 힘을 발휘하지 못하는 형편이었다. 이러한 정치적인 분열에도 독일에는 두 가지 방향으로 민족주의가 침투해 있었다. 첫째, 민족주의적인 정신이 봉건 영주들의 저지를 뛰어넘어서 전체적인 감정으로 발전했다. 둘째, 독립 국가들 — 예를 들면, 스위스, 네덜란드, 보헤미아 — 이 전통적으로 독일이라고 불러왔던 연합체에서 떨어져 나갔다. 어찌되었던 지금까지 신성로마제

---

14) 무어인(Moors)이란, 이슬람계인으로서 이베리아 반도와 북아프리카에 살았던 사람들을 지칭하는 용어로 사용되었으며, 그들은 아랍계나 베르베르족의 후손들이다. 현재까지 스페인의 이슬람계인들은 무어인들의 흔적을 닮아 있다.

국의 중심 세력이라고 자처하던 이들 사이에 민족주의가 새로운 면모로 등장한 것이다. 그리고 민족주의는 교황의 세속적인 권한을 약화시키는 결과를 가져 왔으며, 권력자들은 민족주의를 바탕으로 교황의 세력에서 벗어나 서서히 독자적인 힘을 형성하는데 활용하였다.

요약하면, 이미 16세기의 시작 즈음에 서방 유럽은 단일제국이 아니었다. 그런가 하면 새로운 민족들이 곳곳에서 일어나 자신들의 주권적인 국가를 주장했으며, 이러한 요구들이 황제와 교황의 권한에 맞서서 충돌하였다. 이렇게 볼 때 근대 민족주의는 중세를 무너뜨리고 근대시대를 여는 결정적인 요소가 되었으며 동시에 종교개혁으로 표출되는 종교적인 균열의 길을 열어 놓았다.

여기에 첨가해서 상업과 화폐경제의 발달도 변화를 촉진시켰다. 특히 이 요소는 도시 성장과 긴밀한 연관이 있는데, 도시를 중심으로 정치적이며 경제적인 힘들이 모여 지주 계급의 귀족들보다 강력한 힘을 갖게 되었다. 특히 경제적인 부가 농업이 아닌 상업으로부터 유래되었음이 더욱더 주목할 만했다. 새로운 상황에서 더 이상 교황과 황제, 고위 사제들과 지주들은 지금까지 누려왔던 통치력을 보전할 수 없었다. 특히 경제적인 부가 도시로 집중되면서 불만을 품은 농민들은 혁명을 일으키기에 좋은 토양을 만났고, 힘을 잃은 귀족들은 자기들의 지도력을 주장할 새로운 돌파구를 찾고 있었다. 한 마디로 말해서 서유럽은 변화를 맞이하기에 충분하게 무르익어 있었다. 루터가 독일에서 종교개혁을 유리하게 만들 수 있었던 것도 프리드리히 3세(1486-1525)가 민족국가들이 등장하는 분위기 속에서 교황의 지배와 신성로마제국 황제의 지배로부터 어느 정도 자유로울 수 있었기 때문이다.

4. 교회의 타락과 종교적 갈망으로서의 신비주의

교황권을 강화시키고 신성로마제국을 비롯한 세속 권력을 약화시키려는 의도에서 시작된 십자군 전쟁이 약 200여 년간 계속되면서 오히려 교황권을 약화시켰다.[15] 그리고 프랑스의 국왕 필립 4세(1268-1314)가 대외 전쟁 비용을 충당하기 위해 사제들에게 세금을 부과하자 교황 보니파키우스 8세(1235-1303)가 반발하였다. 그러자 필립 4세가 교황의 별궁인 아나니를 습격하여 교황을 납치한 후에 3일간 유폐시키고 퇴위를 강요하였다. 풀려난 교황은 한 달 후에 죽자, 그 후 프랑스 국왕의 간섭 하에 새로운 교황인 클레멘스 5세를 세웠다. 그리고 교황청을 자신의 영지에서 가까운 프로방스 백작의 영지인 아비뇽(Avignon)으로 옮겨 사실상 로마 가톨릭은 프랑스 국왕의 보호 아래 놓이게 되었다. 우리는 이것을 교황의 바벨론 '유수시기'(1305-1378)[16]와 대립 교황에 의한 '대분열 시기'(1378-1417)로 나누어 설명할 수 있다.

70년의 바벨론 유수기 동안 교황은 아비뇽에 머물면서 프랑스 국왕의 세력에 종속되어 있었다. 여기에는 여러 이유가 있었는데, 가장 분명한 것은 세력이 강해진 프랑스 국왕의 노여움을 사기보다, 오히려 환심을 얻음으로 상당한 이익을 챙길 수 있었기 때문이다. 무엇보다 이들은 소란스러

---

15) 잃어버린 성지의 회복을 기치로 내걸고 이슬람 세력에 대항하여 200년간 7차례에 걸쳐서 일어났던 십자군 전쟁은 유럽 사회에 많은 변화를 가져왔다. 무엇보다 동방지역과의 무역과 교역이 활발해지면서 상업이 중요한 산업으로 등장하였고, 도시로서의 인구 집중이 가속화되어 대형도시들이 출현하였다. 뿐만 아니라 농촌 중심의 노동집약적 사회가터 도시 중심의 자본집약적 사회로 변하면서 전통적 중세 봉건사회가 무너지는 결과를 가져왔다.
16) '아비뇽 유수'(Avignonese Captivity)라고 부르는 것은 고대 유대인들이 바빌론으로 끌려간 사건에 빗댄 것이다. 여기에서 '유수'(幽囚)라는 말은 "잡아 가둔다"는 뜻이다.

운 로마를 떠나 비교적 안전한 남프랑스에 근거지를 마련할 수 있었다. 실질적으로 14세기 중부 이탈리아와 로마는 정치적으로 매우 혼란스럽고 반란적이어서 교황의 신변마저 보장할 수 없는 불안한 상황이었다. 그렇지만 가장 중요한 것으로는 양자 간에 맺어진 '볼로냐 조약'[17]에 의해 프랑스 국왕이 주교와 수도원장 후보자를 천거하면 교황이 임명함으로써 상당한 금전적 대가를 얻을 수 있었다. 그 결과 1305년 이후에는 친프랑스적 체계가 확립되었으며, 1378년까지 대부분의 추기경과 교황 모두 프랑스인이었다.[18]

역설적으로 아비뇽에서의 교황은 이전보다 한층 성공적으로 교회 정부의 중앙집권화를 도입할 수 있었다. 처음으로 전유럽 사제들로부터 '성직록'이라는 명목으로 세금 징수를 체계화했고, 그 바탕 위에서 건실한 교황청 재무제도를 확립했다. 뿐만 아니라 교황들은 전보다 더 많은 후보자를 공석중인 성직에 임명하고 성직록을 받았다. 그러나 교황들이 권력을 얻을수록 존경과 충성심을 잃게 되었다. 지나치게 많은 성직록을 요구받은 사제들은 교황으로부터 멀어지고, 평신도들은 교황청에서 벌이는 엄청난 사치와 타락에 경악했다. 교황청에서는 추기경들이 세속 영주들 이상으로 화려한 생활을 누리고 있었다.

그런데 시간이 흐를수록 여론의 압력이 거세지면서 교황청은 로마로 복귀하게 된다. 그리고 이탈리아 출신의 교황 우르바누스 6세(1318-1389)를 선출하였다. 그러나 대부분이 프랑스인들이었던 추기경들이 아비뇽으로 돌아와 우르바누스 6세를 거부하고 클레멘스 7세(재위, 1378-1394)를 대립 교황으로 선출하였다.[19] 이러한 대분열은 1417년 콘스탄츠 종교회의

---

17) '볼로냐 조약'(Concordat of Bologna)에 관하여는 "제6장 종교개혁의 꽃을 피웠던 요한 칼빈"에서 시대적 상황을 참조하라.
18) E. M. 번즈, R. 러너, S. 미첨, 461-462.
19) 아비뇽 기간 동안 프랑스 출신이 전체 추기경의 82%, 이탈리아 출신은 12%, 그 외

에 의해 종식되었다. 규모 면에서 중세 사상 최대였던 이 종교회의는 '종교회의 중심'의 교회 정부를 구성함으로써 널리 일반화된 중세적 교황 군주국가 이론을 거부했다. 이들은 고위 사제들로 구성된 종교회의 권위가 교황보다 우위에 놓이며, 종교회의는 교회의 통치를 위해 정기적으로 소집되어야 한다고 결정했다. 그러나 이러한 결정에 대해 교황들이 집요하게 방해하여, 1449년 바젤 종교회의에서 콘스탄츠 종교회의의 결정을 무효화시켰다. 그러자 교회 내에 입헌 정부를 설치하려던 시도는 완전히 좌절되었다. 따라서 15세기 교황들은 제후들과 같이 군대를 거느리고 동맹을 위해서라면 비열한 짓도 서슴지 않았을 뿐만 아니라 거대한 궁성을 축조했다.[20]

교황권이 이렇듯 성쇠를 거듭하는 동안 전 유럽에 걸쳐 지방 사제들의 위신도 끝없이 실추되고 있었다. 그 하나는 교황의 재정적 요구가 커지면서 사제들이 평신도들에게 더 많은 금전을 요구하지 않을 수 없었다. 그러나 이러한 요구는 경제 위기가 팽배했을 때에는 심한 불만을 사게 마련이었다. 다음으로, 흑사병 등의 전염병이 창궐하자 사제들은 자신들의 직무를 버리고 도망치기도 했다. 이러한 행동으로 사제들은 도덕적 우위를 상실하게 되었다. 무엇보다도 사제들에 대한 불만이 증가한 가장 중요한 원인은 르네상스를 통한 평신도들의 문자 해독률 증가이다. 즉, 인쇄술 발달로 저렴한 책들이 출판되고, 평신도들이 글을 알게 되면서 성경 일부나 대중적인 신앙 입문서들을 읽기 시작했다. 그 결과 사제들이 예수 그리스도와 사도들이 설정한 기준에 합당한 생활을 하지 않는다는 것을 알기 시작했다.

그렇지만 이 당시에 자주 일어났던 반란과 흑사병 같은 전염병으로 사람들은 전보다 더욱 종교적 위안을 갈망하게 만들었다. 특히 흑사병은 중세 유럽인들의 심성에 커다란 흔적을 남겼는데, 삶에 대한 비관주의와 우

의 출신의 추기경들이 5%를 차지하였다.
20) E. M. 번즈, R. 러너, S. 미첨, 464-465.

바젤 지방의 1440년 작. "죽음의 춤"[21]

울증, 그리고 정신적인 공허감 등이었다. 즉, 이 시기의 유럽인들은 어디에서나 비참하게 죽어 가는 이들이나 이미 죽은 이들을 볼 수 있었다. 그리고 자신들 역시 언제 죽을지 모른다는 위기감을 겪어야만 했다. 그러다 보니 자연히 흑사병으로부터 목숨을 건진 유럽인들은 자신들 곁에 항상 존재하고 있는 죽음이라는 존재의 힘과 그에 대한 두려움을 느낄 수밖에 없었다. 이러한 정신적인 불안과 공허감을 메우기 위해 이들의 대응은 여러 가지 모순된 형태로 표출되었다. 한편으로는 종교적인 열정이 부활하여 곳곳에서 교회가 들어섰고, 이에 대한 기부가 활발하게 이루어졌다. 다른 한편으로는 마술과 마법, 이단, 신비주의에 대한 사람들의 관심이 크게 높아졌다. 무엇보다 인습적으로 행해 오던 교회 출석과 고해, 그리고 성직자의 권위

---

21) 이 그림은 흑사병이 유행한 이후 중세 유럽인들의 정신적인 방황과 우울증, 죽음에 대한 강박관념을 가장 잘 보여주는 작품이다. 이 그림에서 볼 수 있듯이 벌거벗고 썩어가는 해골이 춤을 추면서 다양한 신분과 계층의 사람들을 둘러싸고 희롱하는 모습을 통해서 당시의 상황을 보여주고 있다.

에 대한 복종만으로 만족할 수 없게 된 평신도들이 신앙적 대안을 찾기 시작했다. 이것은 신비주의였다.

특별히 14세기와 15세기는 신비적 경건이 널리 부흥했던 시기였다. 신비적 운동이 끼친 가장 의미 있는 결과는 '공동생활형제회'(the Brethren of the Common Life)의 창설이라고 볼 수 있다. 형제회는 깊숙한 헌신의 삶을 영위하면서 교회에서의 보다 높은 직분을 차지하는데 시간을 허비하지 않고 배움과 가르치는 일을 자신들의 고유한 목회의 모습으로 삼았다. '공동생활형제회'가 끼친 두 가지 특이할 만한 기여는 필사본의 대량 생산과 당시 젊은이들에게 가장 좋은 배움을 베풀 수 있는 학교 설립이었다. 인문주의자인 로테르담의 에라스무스(Erasmus of Rotterdam)도 이러한 학교에서 교육을 받았는데, 이들이 주장한 '현대적 경건'(modern devotion)이 그에게 커다란 영향을 미치게 되었다. 에라스무스는 이러한 경건에 인문주의적 정신을 가미시켜 기독교를 무엇보다 온건하고 중용을 지키는 균형된 생활로 묘사하였다.[22]

---

22) 에라스무스는 진정한 그리스도의 병사는 인간들의 생활 한복판에서 봉사하기 위한 실질적 훈련을 받아야 한다고 강조하면서 진정한 개혁을 위해 교회가 필요로 하는 것은 기독교 신자들이 절제를 생활화하고 이교도들의 각종 악덕을 포기하는 것이라고 했다. 그리하여 그는 당시 일반적 교회의 모습이라고 할 수 있었던 세속적 영광의 추구와 사치를 거부하고, 소박하고 단순한 생활을 부르짖었다. 무엇보다 그는 교리를 중요하다고 생각하였음에도 순종을 더 중요시하였다. 그렇지만 그는 동시에 의로운 생활이 정통(orthodoxy)보다 더 중요하다고 주장했으며, 추상적인 신학 토론에는 뛰어나지만 생활은 엉망인 수도자들에 대해서는 호된 비판을 멈추지 않았다. 결론적으로 그가 추구했던 것은 전통과 관습의 개혁이었으며, 온건하고 절제할 줄 아는 생활, 학문과 명상을 통해 형성된 내면적 경건, 그리고 이러한 사항들을 고무하는 교회였다. 따라서 그는 열정이 이성을 대치하는 듯한 투쟁에 휘말려들기를 원치 않았는데, 이것이 루터를 비롯한 종교개혁자들과 결별하게 만들었다. 후스토 L. 곤잘레스, 《종교개혁사》, 서영일(서울: 도서출판 은성, 1995), 18-22.

5. 나가는 글

중세시대가 막을 내리고 근대로 접어드는 시점에서 유럽사회는 모든 면에서 변하고 있었다. 무엇보다 종교개혁은 그 시대의 역사적 상황에서 르네상스 인문주의, 민족주의, 인쇄술과 같은 기술의 발명 등의 영향을 강하게 받으며 교회를 개혁시켰을 뿐 아니라 역사를 변혁시킨 운동이었다. 이런 점에서 리차드 니버(Helmut Richard Niebuhr, 1894-1962)가 《그리스도와 문화》(Christ and Culture)에서 지적한 것처럼 종교개혁은 역사와 문화의 변혁운동이었던 것이다. 그러므로 종교개혁은 어느 날 우연히 시작된 운동이 아니라 오래 전부터 발아하여 서서히 꽃을 피우던 교회 개혁이었다.

중세 말의 유럽은 영적인 암흑기였다. 그런데 "밤이 깊을수록 새벽은 가깝다"는 말이 있듯이 당시 로마 가톨릭의 교황을 비롯하여 사제들은 부요함 가운데 타락하였다. 특히 15세기 말과 16세기 초에는 사제들의 영적·도덕적·성적 타락이 극에 달하였다. 결혼이 금지된 사제들이 은밀하게 애첩을 두는가 하면, 수도원 지하실에는 수녀들이 출산한 아이들의 뼈가 발견되기도 했다. 무엇보다 사제들이 과다하게 배출되자 사역지에 부임하기 위해 성직매매가 성행했다.

이처럼 타락하고 부패한 사제들을 향한 도덕적 개혁의 소리를 높인 것이 바로 종교개혁자들이었다. 루터는 교황이 자신의 돈을 가지고 증축공사를 하고도 남는데 가난한 양들의 피를 짜내는 헌금을 강요하는 것에 대해 부당하다고 하였다. 교회에서 미사를 통해 신앙적 갈증을 해소하지 못한 교인들은 기독교 신앙의 생동감과 신선함을 상실한 것을 비판하면서, 생동감과 신선함의 회복에 대한 강한 요청이 일어나고 있었다. 뿐만 아니라 르네상스 시대를 거치면서 인쇄술 발달로 지적 수준이 높아진 일반 교인들은 교회가 잘못 가르치고 있는 부분을 알았으며 오직 성경으로 돌아가 바른 신학을 회복하기를 요청하였다. 그럼에도 불구하고 교회와 사제들은 일반 교인들의 부르짖음에 귀를 막았을 뿐만 아니라 영적 갈증을 해결해 주지도 못했다.

 따라서 중세 종교개혁의 이야기는 오늘의 교회가 나아가야 할 방향과 필요성을 다시 한 번 생각하게 한다. 평신도들의 지적 수준에 따라가지 못하는 목사들의 신학적 내지는 학문적 수준, 거기에 무허가신학교의 난립과 과다하게 배출되는 목사들의 사역지에 대한 갈등, 그리고 대형교회를 향한 세속적 성공주의와 목사들의 도덕적 우위성의 상실은 오늘의 교회가 성경으로 돌아가 개혁되어야 한다는 요청을 받고 있다.

참고문헌

곤잘레스, 후스토 L.《종교개혁사》. 서영일. 서울: 도서출판 은성, 1995.
김홍기.《종교개혁사》. 서울: 지와 사랑, 2004.
번즈, E. M. R. 러너, S. 미첨.《서양문명의 역사(상)》. 박상익 옮김. 서울: 소나무, 2011.

제 2 장
종교개혁의 새벽별, 존 위클리프

14세기 중세교회는 기독교 역사상 가장 타락하고 복잡한 교회적 상황에 직면해 있었다. 이러한 상황에서 로마 가톨릭은 기득권을 지키기 위해 종교재판이라는 기구를 만들어 교회개혁을 부르짖는 수많은 사람들을 이단이라는 죄목으로 처형했다. 그럼에도 교회개혁을 위해 자신의 삶과 생명을 바쳤던 위대한 인물들이 있었다. 우리는 이들을 가리켜 '전(前) 종교개혁자들'(Pre-Refomer)이라고 부른다. 이들은 마르틴 루터가 종교개혁을 하기 이전, 즉 중세 말기에 순교하면서까지 교회의 개혁을 주장한 분들이다. 그리고 로마 가톨릭의 탄압으로 완전하게 교회를 개혁하지는 못했어도 이후의 종교개혁자들에게 직·간접적으로 영향을 끼친 분들이었다. 따라서 종교개혁을 할 수 있는 신앙적·사상적 배경과 토양을 제공한 전(前) 종교개혁자들 가운데 14세기 말 잉글랜드의 시대적 상황 속에서 교회 개혁을 외친 존 위클리프에 대해 살펴보자.

1. 존 위클리프 당시 잉글랜드의 상황

1300년경을 지나며 중세 시대 말기로 접어들던 시기에 유럽인들의 삶은 매우 힘들었다. 그 가운데 하나가 경제적 불황이었다. 당시에는 유럽의 날씨가 추워지고 습도가 높아졌다. 더구나 1315년에 유럽 서북부를 휩쓸어 버린 가공할 대홍수는 장기간에 걸친 치명적인 기근을 초래했다. 농민들은 3년간 계속된 굶주림에 시달리자 끝내는 곡식 종자까지 먹는 바람에 이듬해의 회복 기회마저 없애버렸고, 절망에 빠진 이들은 고양이, 개, 심지어는 쥐까지 잡아먹었다. 이로 인해 비위생적인 환경과 영양실조로 저항력이 약해져 사망률이 급격히 치솟았다. 플랑드르의 한 도시에서는 1316년의 6개월 동안 인구의 십분의 일이 땅 속에 묻혔다. 그런데 또 하나의 재앙이 덮쳤는데, 1348년과 1349년에 일어난 흑사병이었다. 흑사병의 창궐은 엄청난 위력으로 경제와 백성들의 삶을 황폐화시키면서 완전히 붕괴시켰다. 이 후에 나타난 전염병의 빈번한 재발과 계속된 전쟁은 15세기까지 유럽 경제의 대부분을 불황의 늪으로 밀어 넣었으며, 백성들의 삶을 피폐하게 만들었다.

> **중세 말기 잉글랜드의 상황**
> ① 극심한 기근으로 인한 농업의 황폐화
> ② 흑사병으로 인한 대(大) 재앙
> ③ 성직자 임명권을 둘러싼 갈등
> ④ 아비뇽과 로마 교황청 사이에서의 갈등
> ⑤ 프랑스와의 백년전쟁으로 인한 경제적 고통

중세 말에 이르면서 사회, 정치, 종교적으로 문제가 된 것은 사제들을 임명하는 교황의 '서임권' 제도였다.[1] 이 제도는 사제들의 임명권을 놓고 로마 교황과 황제가 다투는 과정에서 세속 권력의 개입을 차단하려는 의도에서 출발하였다. 그런데 인노켄티우스 3세(1161-1216) 이후 사제 임명권을 장악한 교황들은 사제가 되기를 원하는 사람들에게 과도한 성직록(세금)을 받으면서 사제직을 매매하거나 자신과 가까운 친인척들에게 좋은 교구의 자리에 앉혔다. 이러한 상황은 잉글랜드에서도 예외가 아니었다. 실제로 1344년에 잉글랜드 중동부에 위치한 링컨 교구의 참사회원직(ecclesiastical chapter)[2]을 얻은 사람들 가운데 대부분이 교황청 사람들이거나 그들의 친척들이었고, 잉글랜드에서의 중요한 자리는 프랑스나 이탈리아 출신 추기경들이었다.[3]

이처럼 교황의 통제권을 확대하려던 계획은 세속 권력들로부터 강력한 반발을 받았으며, 수준 낮은 사제들의 임명은 교회 타락과 함께 개혁 대상으로 인식되기 시작했다. 더구나 민족국가 의식이 형성되면서 국가와 교황 간의 정치적 갈등이 심화되는 가운데 세속 권력들과의 충돌은 피할 수 없게 되었다. 이러한 경향은 잉글랜드와 프랑스에서 더 심했다. 대표적인 예가 잉글랜드의 헨리 2세(1133-1189)가 1164년에 제정한 "클라렌던 헌장"(Constitutions of Clarendon)이다. 이것은 교회적 사건들에 있어서 로

---

1) R. W. 서던, 177. 사제의 임명권을 놓고 대립한 가장 널리 알려진 사건(서임권 투쟁)은 신성로마제국 황제 하인리히 4세와 교황 그레고리 7세의 대립이다. 당시 곡창지대이자 상업적으로도 성장하기 시작한 북부 이탈리아 지역은 황제권과 교황권 사이에 위치한 지정학적·경제적 요충지였다. 여기에서도 특히 주교의 권력이 시정 전체에 영향을 미치고 있던 밀라노(Milano) 시가 분쟁 중심지로 떠올랐다. 즉, 밀라노 주교를 어느 편에서 선출하는가는 밀라노 시는 물론 인근 지역에 대한 지배권 장악의 문제와 연결되었다. 이에 황제가 기존 권한을 내세우며 측근을 주교로 삼으려 하자, 교황이 개혁을 내세우며 주교 선출을 강력히 주장하여 일어난 사건이 카노사의 굴욕(Humiliation at Canossa, 1076년)이다.
2) 참사회원은 주교나 수도원장의 자문에 응하여 행정에 관한 모든 안건을 심의하는 자문기구로서 교구의 경우 사제평의회 회원 중 주교로부터 임명된 6-12명의 사제들로 구성이 된다.
3) R. W. 서던,《중세교회사》, 이길상(고양: 크리스챤다이제스트, 2006), 172.

마 교황측에 호소하는 권리를 제한하고, 사제의 범죄를 교회 법원뿐만 아니라 세속 법원에서도 가능하게 함으로써 사제들을 지배 아래 두게 한 것이다.[4]

한편, 위클리프 당시 유럽의 정세는 교황청이 아비뇽 유수기간을 거쳐 로마와 아비뇽으로 양분된 상태였다.[5] 그리고 양분된 상태에 있던 이들이 서로 정통성을 주장하자 유럽은 자신들의 이해관계와 정치적 밀착관계에 따라 양분되어 있었다. 즉, 로마 교황은 북부와 중부 이탈리아, 독일의 대다수 지역, 보헤미아, 폴란드, 헝가리, 스칸디나비아와 잉글랜드로부터 인정을 받았다. 반면에 아비뇽의 교황은 프랑스, 스페인, 스코틀랜드, 나폴리, 시칠리아와 독일의 일부 지역에서 지지를 받았다. 문제는 이들 두 곳의 교황청이 사치와 호화로운 생활을 유지하기 위한 막대한 세금으로 교황청의 악폐가 증가되는 반면, 서유럽의 시민들은 고통을 당하면서 분개해야만 했다는 것이다.

그런데 교황의 아비뇽 유수 기간에 잉글랜드와 프랑스 사이에는 백년전쟁이 계속되고 있었다.[6] 백년전쟁의 원인 가운데 하나는 왕위 계승에 관한 문제였다. 즉, 프랑스 카페왕조(Capétiens, 987-1328)의 마지막 왕인 샤를 4세(1294-1328)가 아들 없이 죽자 사촌 발루아 백작을 필립 6세(1293-1350)로 왕위에 오르게 하였다. 그런데 잉글랜드의 에드워드 3세(1312-1377)는 어머니인 이사벨라가 샤를 4세의 누나로서 카페왕조 직계이기 때문에 왕위 계승권은 자신에게 있다고 주장했다. 그리고 백년전쟁이

---

4) 윌리스턴 워커,《기독교회사》, 송인설(고양: 크리스챤다이제스트, 2004), 418.
5) '아나니 사건'과 '아비뇽 교황'에 관한 내용은 앞의 "제1장 종교개혁 당시 유럽의 상황 / 4. 교회의 타락과 종교적 갈망으로서의 신비주의"를 참조하라.
6) 백년전쟁(Hundred Years War)은 잉글랜드와 프랑스가 1337년부터 1453년까지 116년 동안 각국의 상황에 따라 휴전과 개전을 반복하면서 계속된 전쟁을 말한다. 긴 기간의 전쟁이었기 때문에 전쟁 전과 이후 두 나라는 크게 달라졌으며, 봉건적 중세 모습이 사라지고 근대 모습을 드러내기 시작했다.

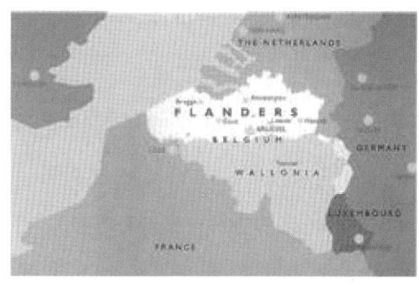
백년전쟁의 원인이었던 플랑드르 지방[7]

일어나게 된 또 다른 요인으로는 지금의 벨기에 지역인 플랑드르 지방의 소유권에 관한 문제였다. 당시 유명한 모직물을 생산하고 있던 잉글랜드가 최대 고객이었던 플랑드르 지방의 통치권을 주장하면서 갈등이 심화되고 있었다. 더구나 당시 잉글랜드는 스코틀랜드와 전쟁 중에 있었는데 필립 6세가 스코틀랜드에 무기와 재정을 지원함으로써 잉글랜드를 자극하였다.

한편, 에드워드 3세는 1366년에 잉글랜드의 국왕은 교황과 동격이라고 선언하고 교황청과 대립하며 잉글랜드 정치에 간섭하지 못하게 했다. 그러나 1366년에 즉위했던 프랑스의 샤를 5세(1338-1380)에 의해 패배한 에드워드 3세가 전쟁의 비용을 위해 아비뇽의 교황청에 도움을 요청했지만, 프랑스의 지원을 받고 있었던 아비뇽 교황청으로부터 도움을 받지 못했다.[8]

이와 같은 상황에서 1377년 아비뇽의 교황측에서는 교황 통치에 대한 십일조와 세금의 명목, 그리고 잉글랜드에 있는 추기경들이 받는 성직록에서 나오는 수익에 대한 종교세를 보내줄 것을 잉글랜드 왕실에 요청한다.[9]

---

7) 당시 플랑드르 상인들은 잉글랜드에서 수입한 양모로 모직을 생산하여 잉글랜드에 판매하면서 번영하고 있었지만, 정치적으로는 프랑스의 지배를 받으면서 세금을 내고 있었다. 따라서 프랑스로부터 자유로워지기를 바랐던 플랑드르의 상인들은 잉글랜드에게 프랑스와 전쟁하기를 부추겼다.
8) 이동희,《꺼지지 않는 종교개혁가들》(서울: ㈜ 넥서스, 2015), 30.
9) 교황청의 강압적인 징세는 13세기에 악평이 자자할 정도였는데, 교황청은 종교 세금으로 과도한 사치와 호화로운 생활을 유지했다. 그런데 아비뇽의 교황청은 중부 이탈리아 교황령으로부터의 세금이 대부분 끊어지면서 상황이 악화되었다. 따라서 교황의 수입을 늘리기 위해 사용했던 주된 수단이 '성직록'(annates)이었다.

그러나 경제적으로 심각한 어려움을 겪고 있던 잉글랜드의 왕실은 종교세를 교황에게 보내지 않기로 결정했다. 그렇지만 당시 잉글랜드의 고위 사제들은 대부분 아비뇽 교황청과 연줄이 있는 프랑스와 이탈리아 가문의 사람들이 차지하고 있었다. 그렇기 때문에 이들은 거의 다 아비뇽 교황청을 절대적으로 따르는 사람들이었다.[10] 따라서 이들은 잉글랜드 국왕의 결정이 잘못된 것이라고 강하게 비판하는 입장에 섰다. 이때 등장한 인물이 존 위클리프였다. 즉, 프랑스의 지원을 받고 있던 아비뇽 교황청과의 관계 뿐만 아니라, 왕실의 권력을 유지하기 위해서 경제력을 유지하는 것이 반드시 필요했던 잉글랜드는 이 문제에 대한 자문을 위클리프에게 요청하였다. 한 마디로, 잉글랜드에서 당시에 만연해 있었던 반교권주의적 사상은 민족주의적이고 애국주의적인 정서와 결합하여 나타난 것으로 보아야 한다.

2. 존 위클리프의 생애

"종교개혁의 새벽별"(The Morning Star of the Reformation)이라고 불리는 위클리프(John Wycliffe, 약 1320-1384)는 존경받는 사제요, 옥스퍼드대학의 유명한 교수요, 철학 대가로 명성을 얻었다. 그럼에도 그의 출생년도와 어린 시절에 대해서는 거의 알려져 있지 않다. 그 이유는 위클리프가 로마 가톨릭에서 이단으로 정죄당한 후 친척들이 당하게 될 피해 때

이것은 새로 임명된 사제는 자신이 받는 첫 해 수입 전부를 세금으로 내는 제도였다. 따라서 같은 시기에 교황의 배타적인 임명을 위한 직위들의 '임명 보류'가 매우 늘었고, 공석중인 성직에도 세금을 부과했다. 때문에 교황의 징세가 사제들에게, 그리고 그들을 통하여 대중들에게 심각한 부담을 안겨주었다. 윌리스턴 워커, 426.

10) R. W. 서던, 178.

문에 위클리프와 관련된 자료를 없앴기 때문이라고 한다. 남겨진 자료에 의하면, 그는 에드워드 2세(1284-1327)가 통치하던 1324년경 영국 요크셔의 소영주 가문에서 태어났다.[11] 부모는 위클리프를 교회의 일꾼으로 세우려고 여왕 필리피(Philippi)의 고해신부인 로버트 이글즈필드(Robert Eaglesfield)가 옥스퍼드에 설립한 왕립 대학에 입학시켰다. 그러나 학문적 유익이 기대에 미치지 못하자 머턴대학(Merton College)으로 옮겼다.

위클리프는 16살 전후로 옥스퍼드대학에 진학했으며 아버지가 죽은 후 고향에 돌아와 가정을 돌보다가 1356년에 학사학위를, 1361년에는 문학석사학위를 받았다.[12] 1361년에 사제가 되어 필링햄 교구 사제로 임명되었으며, 1365년에 캔터베리 대주교였던 시몬 이슬립(Simon Islip)에 의해 '캔터베리 홀'의 관장이 되었다. 1366년에 이슬립이 사망하자 후임자인

---

11) 위클리프의 어린 시절에 관한 자료가 거의 없기 때문에 출생에 대해서도 차이가 있다. 즉, 윌리스턴 워커는 《기독교회사》에서 위클리프가 1320년과 1330년 사이에 요크셔에서 태어났다고 하면서 정확한 출생연도에 대해서는 밝히지 않는다. 윌리스턴 워커, 428; 반면에 존 폭스는 《순교자 열전》에서 위클리프가 1324년경에 태어났다고 했다. 존 폭스, 《순교자 열전》, 홍병룡 옮김, 최상도 해설(서울: 포이에마, 2014), 189; 마이클 윌크스(Michael J. Wilks)는 위클리프의 출생 연도를 1327년 혹은 1328년으로 추정하고, 라르센(Andrew E. Larsen)은 1331에 출생했다고 밝히고 있다. Michael J. Wilks, "John Wyclif, Reformer, c. 1327-1384," Wyclif: Political Ideas and Practice (Oxford: Oxford University Press, 2000), 1-15; Andrew E. Larsen, "John Wyclif, c. 1331-1384," *A Companion to John Wyclif: Late Medieval Theologian* (Leiden: E. J. Brill, 2006), 10; 조재석도 "종교개혁가들을 만나다 2: 종교개혁의 새벽별 위클리프"에서 위클리프가 1320년대 중후반에 태어났다고 밝히고 있다. 조재석, "종교개혁가들을 만나다 2: 종교개혁의 새벽별 위클리프," 〈활천〉 vol. 759 (2017), 16.

12) 윌리스턴 워커, 429. 위클리프는 1348년 여름 잉글랜드 전역을 강타한 흑사병에 깊은 충격을 받고 인간에 대한 회의를 갖게 되었다. 특히 그는 흑사병을 보면서 14세기의 끝은 세상의 종말을 고할 것이라고 생각하였고, 흑사병을 부당한 사제들에 대한 하나님의 심판으로 간주하였다(조병수, "위클리프," 〈종교개혁 498주년 기념 강좌〉(미간행, 2015), 51).

위클리프(John Wycliffe, 약 1320-1384)

시몬 랭함이 대학의 관장을 수도사로 바꾸었다. 위클리프가 교황청에 항의했지만 1370년 5월 13일 교황청의 결정이 불리하게 나오자, 실망한 그는 왕을 위한 신학적 조언자가 되었다. 그리하여 그는 1368년에 필링햄을 떠나 옥스퍼드 근교 러저샬에서 교구를 맡았다. 그리고 1374년에 에드워드 3세에 의해 루터워스 주임 사제로 교구가 맡겨지자 이곳에서 죽을 때까지 교구를 섬겼다.[13]

1369년에 신학사를 취득한 그는 1372년에 피터 롬바르드(Peter Lombard, 1095-1169)의 성육신 해석을 주석한 *De Benedicta Incarnatione*를 완성한 후에 신학박사를 받았다.[14] 그는 16살 전후로 옥스퍼드에 입학한 이후 평생 동안 밀접한 관계를 갖고 있었다. 당시 옥스퍼드대학은 근대 과학의 선구자로 평가되는 로저 베이컨(Roger Bacon, 1214-1294), 옥캄의 윌리엄(Ockham, 1285-1349) 등의 영향이 남아 있었다. 베이컨과 옥캄 등은 강의를 하며 추상적인 스콜라 철학에 대항하여 경험과 관찰에 근거한 새로운 학문을 주장했다. 더구나 교황청의 사치와 부패를 비판하고 반기를 든 프란체스코 수도사이기도 했던[15] 옥캄은 신의 존재를 비롯한 수많은 신

---

13) 위클리프가 죽을 때까지 루터워스 교구를 맡았던 것은 브뤼주(Bruges) 논쟁에서의 성과급에 따른 것이었다. Ibid., 52.
14) 윌리스턴 워커, 429; 그런데 위클리프가 신학박사 학위를 받은 시기에 대해 조재석은 1374년으로 서술하고 있다. 조재석, 17; 마르틴 리터, 베른하르트 로제, 폴커 렙핀이 편역한 《중세교회》에서는 1372년으로 밝히고 있다. 마르틴 리터, 베른하르트 로제, 폴커 렙핀 편역, 《중세교회》, 공성철 옮김(서울: 한국신학연구소, 2010), 497.

학적인 문제들이 성경의 계시를 떠나서 입증될 수 있다는 입장을 거부하고, 원하는 것이라면 어떠한 일도 임의로 하실 수 있는 '신의 자유와 절대권능'을 강조했다. 그리고 초자연적인 것을 이해할 수 있는 인간의 이성적 능력에 대해 의심을 품고 있었던 옥캄은 인간의 인식 영역에서 단순한 이론 대신 절대적인 확실성을 추구했다. 그리하여 그는 현세적 문제들을 탐구하면서 '유명론'(nominalism)이라고 알려진 입장을 전개했다. 즉, 보편이 아닌 개별적인 것들만이 실재하며, 따라서 하나의 사물은 다른 사물을 통해서는 이해할 수 없다는 주장이다.[16]

그러나 위클리프는 특별히 옥스퍼드에서 로버트 그로스테스트(1175-1253), 토마스 브래드워딘(1290-1349), 그리고 랄프(1295?-1360)에 의해 소개되었던 어거스틴적 플라톤 전통에 깊은 영향을 받아 하나님의 주권적 은혜 사상을 지지했다.[17] 따라서 위클리프는 당시 옥스퍼드대학에 영향을 미치고 있었던 옥캄의 '유명론'을 거부하고 옛길(*via antiqua*)의 '실재론'을 주장했다.[18] 그는 신적 지식의 실재성을 기초로 삼는 가운데 물리적 행위이든 정신적 행위이든 모든 행위들은 '행위'라는 공통의 유로부터 정의될 수 있으며, 이 공통의 유는 하나님의 존재라는 일차적인 필연의 진리에

---

15) 이동희, 28.
16) 예를 들면, 어떤 의자를 알기 위해서는 다른 비슷한 의자들을 알기보다는 직접 그 의자를 눈으로 보고 손으로 만져야만 한다는 것이다. 그런데 옥캄은 신의 자유와 초월성을 찬양하면서 신의 전능에 대한 강조로 이어졌지만, 신은 자유롭게 결정된 의무들을 성취하기 위해 자신을 묶어 놓았다면서 신의 자유를 제한했다. 한편, 르네상스 인문주의의 영향을 받았던 유명론은 개인의 경건과 영성을 강조했다.
17) 어거스틴적 플라톤 전통이라는 것은 어거스틴의 은혜론 정신으로부터 신학적인 갱신을 모색하려는 경건신학을 의미한다. 즉, 모든 공로는 단순히 그리고 절대적으로 평가되지 않는다는 것이다. 이것은 당시 모든 신앙적인 삶을 외적인 것으로 만들 뿐만 아니라 죄와 사면을 수학적으로 계산하려는 경향들을 거부하고 오직 하나님의 은혜의 사건으로 생각하고자 했던 신학적 흐름이라고 할 수 있다.
18) 윌리스턴 워커, 429.

의해 그 실재성을 부여받는다. 그 결과 보편자들은 개별자들에 대해 존재론적인 우선권을 가지고 있으며 각 보편자들이 상응하는 개별자들과 인과관계에 있어 지배적이라고 볼 수 있다.[19] 이런 실재론을 통해 그는 피조된 세계의 모든 실재들과 사건들은 하나님의 예정에 따라 이루어지며, 특히 인간의 구원은 일시적이며 개별적인 피조물의 판단에 따른 것이 아니라 보편적이며 불변하는 하나님의 은혜의 결과임을 강조하려고 했다.[20] 위클리프의 실재론에 따른 학문적인 방법론은 보헤미아의 얀 후스(1371-1415)에게 영향을 미쳤다.

위클리프가 옥스퍼드에서 주목받게 된 것은 탁발 수도사들에 관한 문제 때문이었다. 당시 옥스퍼드에서는 수도사와 사제들이 학생보다 더 많다고 할 정도였는데, 탁발 수도사들이 수시로 나타나 구걸했기 때문에 큰 골칫거리가 되었다.[21] 당국에서 이들을 제재하려고 하면 교황청에 호소하여 무산시켰다. 이런 분위기를 용납하지 못한 위클리프는 일도 하지 않고 게으른 삶을 살면서 구걸하는 탁발 수도사들을 경멸의 눈초리로 바라보면서 그들에게 인류 사회에 치욕을 안겨 주는 존재라고 비난하면서 논문을 발표했다. 이 사건으로 그는 옥스퍼드대학의 첫째 가는 대변자들 가운데 한 사람으로 여겨졌고, 이어서 발리올대학 학장이 되었다.

특별히 학자였던 그가 정치에 나서면서 잉글랜드에서 주목을 받게 된 것은 1370년대 초 발생한 종교세 때문이었다.[22] 잉글랜드 왕실은 경제적인

---

19) Stephen E. Lahey, *John Wyclif* (Oxford: Oxford University Press, 2009), 12.
20) 김요섭, "중세시대 개혁의 선구자 위클리프의 개혁적 교회론," 〈개혁논총〉, 40 (2016), 206-207.
21) 당시 탁발 수도사들은 예수 그리스도도 흔히 볼 수 있는 구걸자였고, 그의 제자들도 구걸자들이었기 때문에 구걸하는 것을 복음이 규정하고 있다는 교리를 설교단과 기회 닿는 모든 곳에서 역설했다.
22) 여기에 관한 자세한 내용은 앞의 절인 "1. 존 위클리프 당시 잉글랜드의 상황"을 참조하라.

어려움을 당하고 있었기 때문에 1374년에 위클리프를 종교세와 교황의 고위직 임명권 등의 문제를 협의하기 위한 사절단의 한 사람으로 당시 네덜란드(현, 벨기에) 브뤼주(Bruges)에 파송했다. 그는 일정한 조건을 채우면 국가가 교회 재산을 몰수하는 것이 가능하다는 입장을 주장하면서 왕권을 중시하는 입장을 취하였다. 그러나 이 만남에서 "성직임명법" 문제와 교황의 봉토로서의 잉글랜드 지위에 대해 해결하려는 것은 쓸데없는 시도임을 깨달았다. 잉글랜드로 돌아온 그는 루터워스 교구를 책임진 이후부터 로마 교회의 부패와 문제점을 본격적으로 비판하기 시작했다.[23]

당시 잉글랜드의 정치적인 상황에서 위클리프의 주장은 국왕과 귀족들로부터 환영을 받았다. 그들 가운데에서도 유력한 귀족인 랭커스터 공작의 후원을 받았다. 그는 1374년에 쓴 《하나님의 통치에 관하여》(*De Dominio Divino*)에서 모든 통치가 하나님의 통치로부터 나오며 은혜에 기인한다고 했다. 그리고 1377년에 쓴 《세속 정권에 관하여》(*De Civili Dominio*)에서는 왕이 교황보다 우위에 있다고 주장하면서, 교회의 재산 박탈을 요구하였다. 뿐만 아니라 교회가 범죄에 빠져 있으므로 교회 재산을 포기하고 사제는 완전히 청빈하게 살아야 한다고 주장하였다. 이러한 연설은 과중한 세금 부담에 시달리고 있었던 국민들과 교회 재산을 몰수함으로써 이익을 보게 될 귀족들의 지지를 받았다. 무엇보다 위클리프는 대중들을 향해 로마 가톨릭의 오류들과 수도원 사제들의 야비함과 부도덕함을 거세게 비난했다. 이 때문에 사제들의 항의가 빗발쳤고, 캔터베리 대주교의 힘을 빌어 교수 직위를 박탈했다.

그러나 위클리프는 이후에 지위를 회복하자 강의를 통해 교황의 횡령,

---

23) 위클리프가 1374년부터 1384년 죽는 날까지 10여 년 목회한 루터워스 교회는 당시에는 지역을 관할하는 교회였지만 지금은 작은 시골마을의 교회이다. 대중교통으로는 런던에서 2시간 넘게 달려 레스터(Leichester)에 도착한 후 버스로 다시 40여 분 달려야 도착할 수 있다. 조재석, 19.

자신의 견해를 표명하는 위클리프[24]

교황의 무오성, 그의 오만과 탐욕, 폭정에 대해 거센 공격을 가했다.[25] 심지어는 주교들의 허식과 사치, 장식 달린 예복들로 화제를 돌려 이것들을 초기 감독들의 소박함과 비교하면서 비판했다. 위클리프의 주장이 귀족들과 백성들로부터 지지를 받을수록 위기감을 느낀 적들과 주교들이 가혹하게 박해하기 시작했다. 그렇지만 공작이 친구가 되어 주었고, 그에게는 영국 문장원(紋章院) 총재(현재는 Norfolk 공작의 세습직)인 퍼시(Percy) 경이 함께 하고 있었기에 박해들을 피해갈 수 있었다.

그러나 에드워드 3세가 죽자 손자 리처드 2세(1367-1400)[26]가 열한 살의 나이에 왕위를 계승할 때 독점적 섭정 자리를 차지 하지 못한 랭커스터 공작의 권세가 추락하면서 위클리프 대적들은 그에 대한 고소 항목들을 새로 다듬었다. 그리고 교황의 권위에 힘입은 주교들은 위클리프의 재판 회부를 주장하였고, 결국 1377년 2월 19일에 그는 런던의 주교인 윌리엄 코티나이(William Courtenay)로부터 소환을 받았다. 이제 위클리프는 랭커스터 공작을 반대하는 귀족과 사제들의 표적이 되었다.

1377년 5월 22일 교황 그레고리 11세는 캔터베리대주교, 런던주교, 에드워드 3세, 그리고 옥스퍼드대학교에 위클리프가 교회와 국가에 오류를 저지르는 위험한 인물이라는 칙서를 보냈다. 그러나 1377년 6월 21일에

---

24) http://www.exclassics.com/foxe/foxe058.gif. 2017년 6월 5일 검색.
25) 한승용, "존 위클리프의 생애와 박해," 〈성경대로 믿는 사람들〉(2012. 8), 66-67.
26) 흑태자 에드워드(Edward, the Black Prince, 1330-1376)의 아들인 그는 추방하였던 헨리 볼링브로크(Henry Bolingbroke, 1366-1413, 후에 헨리 4세가 됨)가 일으킨 반란군에 의해 1399년 9월 30일에 폐위당하고, 폰티프랙트 성에 감금되었다가 약 4개월 후에 죽었다. 일설에 그는 음식을 먹지 않고 굶어 죽었다고 한다.

에드워드 3세가 사망하자 위클리프를 비난하는 칙서는 12월까지 잉글랜드에 도착하지 못하였다. 오히려 옥스퍼드대학교 학장은 캔터베리 대주교로부터 위클리프를 조사하라는 지시를 받고 잠시 구금하였지만 그의 사상은 바르다고 보고하였다.

1378년 3월 위클리프는 람베스 궁에 출두하여 변증하라는 소환을 받았다. 그렇지만 민중들이 금방이라도 폭동을 일으킬 것처럼 어수선했고, 리처드 2세의 모후(母后)인 요안나 켄트가 위클리프를 옹호하는 루이스 클리포드(Lewis Clifford) 경을 보냈다. 클리포드 경은 주교들이 위클리프의 행동과 견해에 최종적인 선고를 내려서는 안 된다며 모후 이름으로 엄포성 명령을 내리자 판사들 위클리프에게 교황의 미움을 사는 교리들을 설교하지 말라는 금지령만 내리고 사건을 매듭지었다. 그러나 위클리프는 판사들의 선고를 따르지 않고 맨발과 두터운 모직으로 된 프리즈 가운을 걸치고 이전보다 더 열정적으로 설교하였다. 그에게 비난의 칙서를 보냈던 교황 그레고리 11세는 1378년 3월 27일에 사망하였다.

1378년이 지나갈 무렵 위클리프는 지칠 줄 모르는 저술 활동으로 몸과 마음의 기능에 심한 이상이 생기자 죽을지도 모른다는 걱정이 퍼져 나갔다. 그때 옥스퍼드에서 구걸하러 다니던 탁발수도사들이 위클리프에게 자신들을 비난한 내용들을 그의 혼을 위해서라도 철회해 줄 것을 간절히 요청했다. 그러나 위클리프는 침상에서 몸을 일으키며 엄한 얼굴로, "나는 죽지 않을 것이다. 기필코 살아서 수사들의 악행을 만천하에 폭로할 것이다!"라고 말했다.

병상에서 일어나자 위클리프는 성경을 영어로 번역하는 중대한 작업에 들어갔다.[27] 먼저 성경 소책자를 발간하여 성경 번역의 필요성을 제시하

---

27) 최초의 작업은 옥스퍼드 퀸스 칼리지의 교원이며, 1382년에 위클리프와 함께 정죄 받은 히어포드의 니콜라스(Nicholas of Hereford)에 의해 이루어졌다. 그도 화형에 처해질지 모른다는 두려움 때문에 피신한 후 존 퍼비(John Purvet)가 이어받아

2. 존 위클리프의 생애   51

자, 성경 발매를 금지시키려는 주교들이 거세게 반발했다. 이것은 오히려 성경 판매량을 치솟게 하는 결과를 낳았고, 인쇄본을 확보할 수 없는 사람들은 특정 복음서나 서신서들의 사본이라도 손에 넣으려고 했다. 그런가 하면, 위클리프는 1381년에 옥스퍼드대학 강연에서 '성찬론'에 대한 로마 가톨릭의 화체설을 비판하고 "예배에서 중요한 것은 형식이 아니라 신실한 믿음과 지성적 이해"라면서 화려하고 복잡한 예배 절차가 참된 예배를 방해한다고 하였다. 이에 옥스퍼드 부학장으로 있던 바턴 박사(Barton)는 대학 수뇌들을 소집하여 위클리프 교리들을 이단으로 정죄하고, 파문을 거론하며 그에게 위협을 가했다.

한편, 1348년과 1350년 사이에 일어난 흑사병은 심각한 경제적 혼란을 가져왔으며 그 피해는 하층 계급에 극심했다. 이런 가운데 잉글랜드 교회의 부패와 탐욕에 실망한 사람들은 위클리프의 청빈한 설교에 열광했다. 그러나 문제는 위클리프의 기성교회에 대한 비판이 극심한 경제적인 어려움으로 고통 받고 있던 당시 농민들에게 지배 체제에 대한 비판 의식을 갖게 했다는 것이다. 그리고 실제로 1381년에 농민반란이 일어났고, 이 반란으로 캔터베리 대주교였던 서드베리가 살해당했다. 더구나 농민반란의 지도자이자 순회 설교자였던 존 볼(John ball, ?-1381)이 위클리프의 제자로 자처했다. 이에 위클리프는 농민반란과 자신은 직접적인 연관이 없다고 해명하며 농민반란을 비난했다.[28] 그렇지만 랭커스터 공작과 지지자들은 이 사건을 겪으면서 위클리프의 사상에서 혁명성을 인식하고 거리를 두기 시작했다. 더구나 위클리프의 이단적 사상이 농민반란을 일어나게 했다고 고

서 1384년 위클리프가 죽을 때까지 루터워스에서 작업을 계속하였다. 그러나 윌리스턴 워커는 위클리프가 불가타 성경(라틴어)을 영어로 번역하기 위한 영감과 추진력을 제공했을 뿐 직접적으로 번역 작업에는 기여하지 않았다고 하였다. 이것은 위클리프가 죽은 후 히어포드의 니콜라스와 존 퍼비를 포함하는 옥스퍼드와 루터워스의 제자 그룹에서 이루어졌고 완성되었다고 보았다. 윌리스턴 워커, 432.

발한 반대자들은 이 사건을 계기로 교회와 국가가 화해하는 역설적인 결과를 가져왔다.

1382년 그는 든든한 후원자였던 랭커스터 공작으로부터 더 이상 지원을 받을 수 없는데다가 캔터베리 대주교가 된 적수인 윌리엄 코티나이 앞으로 출두하라는 법정 소환 명령을 받아 난관에 부딪혔다. 그러자 자신이 대학 직원으로서 주교 관할권에서 면제됨을 구실로 스스로를 보호했다. 5월 21일 소집된 법정은 최소한 그의 견해들에 대한 판결이라도 내리자는 결론을 내리고 위클리프를 대항하는 24조항을 결정하였는데, 10개 조항은 이단적인 것으로, 14개 조항은 오류로 선언하였다. 전자는 화체설에 관한 것이고, 후자는 교회 질서와 제도에 관한 것이었다. 이것은 위클리프가 화체설을 부인하고, 고해성사에서 사제의 중보의 필요성을 거절하며, 사제의 재산 소유를 반대한 것에 대한 결정이었다.[29] 위클리프는 화체설의 주제를 출판하여 재판 결과에 즉각 반응을 보였다.

위클리프는 현존하는 성직제도를 없애는 대신, 청빈하게 살면서 백성에게 복음을 전하는 가난한 사제들로 대치하는 것을 목적으로 삼았는데, 그의 가르침을 순회 설교자들이 널리 퍼뜨렸다. 이렇게 교회 개혁을 위한 씨앗은 뿌려졌고, 그가 한 이야기들은 잉글랜드의 여러 지역으로 퍼져 나갔다. 이에 대해 그레고리 11세가 1377년 5월 22일에 보낸 칙서에는 모욕을 주기 위하여 그들에게 롤라드(Lallard)라는 별명을 붙였다.[30] 그렇지만

---

28) 이동희, 34.
29) 조병수, 57.
30) 김기련은 '롤라드' 란 '중얼거리는 자들' (mumblers)이라는 뜻으로 네덜란드에서 유래된 비웃는 말로써 네덜란드에서는 오랫동안 베긴회(Beguines)와 베가드회(Beghards)에게 적용되었다고 했다(김기련, 《세계교회사》(서울: 도서출판 근화, 2005), 282-283); 이에 대해 《중세의 이단》을 쓴 말콤 램버트(Mal-colrn Lambert)는 롤라드 운동을 14세기 말엽 위클리프의 신학사상에 영향을 받아 형성된 잉글랜드 역사상 첫 광범위한 이단운동이라고 평가했다(M. Lambert, Medieval Heresy:

이것은 도리어 명예로운 이름이 되었다. 그의 견해들은 길을 걷다 두 사람을 만나면 그 중 한 명이 '위클리프파' 라고 확신해도 될 정도로 널리 받아들여지고 있었다.

1382년 11월 17일 위클리프는 옥스퍼드 회의에 소환되었다. 그러나 그는 법정과 의회의 동정을 불러일으킴으로써 파문되거나 목숨을 빼앗기지 않았다. 한편, 1382년 11월에 뇌졸중으로 쓰러진 그는 자신의 교구인 루터워스에서 교구 사제로 지내다가 1384년 12월 28일 '유아순교축일'(Holy Innocent's Day)에 미사에 참석하는 중 심장마비가 왔고, 12월 31일 라터워스 사제관에서 죽음을 맞았다. 그는 루터워스의 교회 묘지에 묻혔는데, 아직까지 공식적인 파문을 당하지 않았기 때문에 가능했다.

1380년과 1382년에 로마 가톨릭에 의해 두 차례 이단자로 정죄 받았지만 그는 잔인한 종교재판을 피할 수 있었다. 이것은 위클리프가 비록 교황에게 사상적인 탄핵을 받았지만, 위클리프라는 한 개인에게 내려진 것이 아니라 그가 주장한 사상에 가해진 것이었기 때문이다. 그렇지만 로마 가톨릭과 박해자들은 교회 대분열을 종식시키기 위해 1415년에 소집된 콘스탄츠 종교회의에서 이단으로 정죄했다. 그리고 위클리프가 죽은 지 44년 되던 해인 1428년 12월 16일, 런던 대교구 리처드 플레밍 주교는 로마 교황 마르티노 5세(1369-1431)의 명령에 의해 이미 흙이 된 위클리프의 시신을 무덤에서 꺼내어 재로 만들었고, 그 재를 담아 루터워스 인근에 흐르는 스위프트(Swift) 강에 던졌다. 그러나 이들이 위클리프 시신을 파내어 뼈를 불사르고 재를 물속에 가라앉게 하였어도, 하나님의 말씀과 이 말씀

Popular Movements from Bogomil to Hus (New York, 1977), 217); 반면에 앤 허드슨(Anne Hudson)에 따르면 롤라드 운동은 1380년대 말 옥스퍼드 대학에서 당시 교회와 세속 간의 정치적인 충돌로 야기된 정치적인 운동에서 출발했다(Anne Hudson, *Premature Reformation* (Oxford, 1988), 60-119); 어찌했던 위클리프와 롤라드의 직, 간접적인 연관성을 인정하고 있다고 해야 할 것이다.

위클리프의 유해를 무덤에서 꺼내어
불태우는 모습[33]

으로 얻은 열매와 교리에 담긴 진리는 불태울 수 없었다.

토마스 풀러(Thomas Fuller)는 그의 죽음에 대해 이렇게 말했다.

> 그들은 위클리프의 뼈를 불살라 근처에 있는 시내의 급류에 던졌다. 그 시냇물은 그의 재를 아본 강으로, 아본 강은 그것을 세버른 강으로, 세버른 강은 그것을 좁은 바다로, 좁은 바다는 다시 큰 대양으로 흘러가게 하였다. 그리하여 그의 신조(信條)의 상징인 재는 이제 온 세상에 퍼지게 되었다.[31]

3. 존 위클리프의 신학사상

1) 교회론

위클리프는 14세기 말 조국인 잉글랜드가 직면한 시대적 상황 속에서 교회 개혁을 위한 사상을 제시하고 그 실천을 주도했다. 특히 위클리프의

---

31) http://www.gndaily.kr/news/articleView.html〉idxno=20234. 2017년 6월 5일 검색.
32) 김요섭, 197-198.

비판은 어거스틴 전통을 따른 교회론에서 두드러졌다.[32] 그러나 위클리프의 교회론은 잉글랜드라는 시대적 상황의 고뇌 속에서 나왔다는 사실을 유념해야 할 것이다. 즉, 왕권과 교황권의 대립이라는 국내적 상황과 교황청의 대분열이라는 국외적 상황이 그로 하여금 교회론을 쓰게 하였다. 이것은 당시 왕실과 교회는 교회 재산에 대한 권한이 자신들에게 있다고 주장하며 대립하는 가운데 위클리프는 특정한 상황들 아래에서는 국가가 교회 재산을 몰수할 수 있다는 생각으로 왕실을 대변하는 과정에서 체계화된 것이다.

위클리프는 종교세와 사제 임명에 관한 문제로 교황측과 대화하기 위해 브리쥐에 다녀온 이후 옥스퍼드에서 한 강의들에 기초하여 쓴 두 논문인 《하나님의 통치권에 대하여》(*On Divine Lordship*)와 《시민 통치권에 대하여》(*On Civil Lordship*)에서 충분히 입장을 발전시켰는데 그는 다음과 같이 주장했다.

> 하나님은 최고의 지배자이시며, 그의 통치권에 모든 인간적 통치권이 의존한다. 하나님은 은혜로 모든 소유와 권력을 청지기로서의 시민과 교회에 주신다. 이것들은 영구적 '재산'이 아니라 신실한 봉사의 조건에서만 유지되는 임시적인 '대여'이다. 옳은 자들만이 통치권을 정당하게 사용할 수 있기 때문에 죽을 죄를 지으며 살아가는 사제들은 세속적 재산에 대한 모든 권리주장을 상실한다. 이것들은 시민 지배자들이 그 악한 사제들로부터 정당하게 빼앗을 것이다. 하나님께서 시민 지배자들에게는 세속적인 것들에 대한 통치권을 주셨고, 반면에 교회에는 영적인 것들에 대한 통치권만 주셨다.[34]

---

33) http://www.exclassics.com/foxe/foxe069.gif. 2017년 6월 5일 검색.
34) 월리스턴 워커, 430.

이러한 위클리프의 주장은 랭커스터 공작과 귀족들을 기쁘게 했다. 당시 잉글랜드 귀족들은 오랜 전쟁 등으로 부를 축적할 방편들이 필요했는데 그것은 교회가 가지고 있는 재산들이었다. 그런가 하면 탐욕스러운 교권주의와 사제들의 타락에 대해 거리낌 없이 비판하여 평민들로부터 지지를 받았다. 위클리프는 자신이 1377년에 람베스에서 이단사상과 관련한 재판을 받은 직후부터 본격적으로 자신만의 교회론을 발표하기 시작했다. 즉, 1377년 2월 19일 랭커스터 공작과 대립 중이던 캔터베리 대주교 서드베리와 런던 대주교 코트나이는 위클리프를 반(反) 교회적 사상을 유포한다는 혐의로 세인트 폴 대성당으로 소환했다. 그렇지만 런던 시민들이 폭동을 일으키자 시민들을 진정시키기 위해 공작은 고위 사제들과 타협하였다. 이에 위클리프는 왕실이 자신을 정치적으로 이용하려고 했다는 사실을 깨닫고 이제까지의 개혁적 주장이 성경의 가르침에 충실한 것임을 증명하려고 했다. 이때부터 위클리프가 집중한 신학적인 주제들은 성경의 권위와 교회의 권위 문제, 교회 정체성에 대한 문제, 그리고 교황청을 비롯한 교회제도의 정당성 등이었다.[35]

위클리프가 옥스퍼드에서 박사과정을 이수하던 1370년대 초 강의 내용을 취합하여 1378년에 출판한 《성경의 진리에 관하여》(De veritate Sacrae Scripturae)에서 그는 절대적인 성경의 권위와 상대적이며 잠정적인 교회 권위를 대조하고 있다. 그리고 더 나아가 세속 권세와 교회 권세 사이에 대한 새로운 이해로부터 구체적인 교회개혁 방안까지 제안하고 있다. 뿐만 아니라 그는 교회 개혁과 관련하여 성경의 진리를 잘 가르치는 것이 사제의 본래 직무이므로 이 직무에 실패한 자들은 고위 사제일지라도 반드시 축출해야 한다고 주장했다.

《성경의 진리에 관하여》와 비슷한 시기인 1378년 말에 완성된 《교회

---

[35] Stephen E. Lahey, *John Wyclif* (Oxford: Oxford University Press, 2009), 17.

에 관하여》(*De ecclesia*)[36]에서 그는 참된 교회를 다음과 같이 정의하고 있다.

> 성경 안에서 교회는 여러 가지 방식으로 말해지고 있지만 나는 우리가 교회를 더 잘 알려진 개념으로, 즉 선택된 모든 사람들의 회합이라고 말할 수 있다고 생각한다.[37]

여기에서 그는 참된 교회의 근거를 하나님의 예정의 은혜로 선택된 사람들의 회합이라면서, 궁극적으로는 구원받기로 예정된 사람들의 '보이지 않는 교회'라고 했다. 따라서 구원받지 못한 유기된 자들은 비록 제도 교회에 소속되어 있어도 참된 교회인 보이지 않는 교회에는 속하지 못한다. 이 보이지 않는 교회는 무시간적이며 영적인 신자들의 모임으로 그리스도의 몸이며 그리스도만이 이 몸의 머리가 되신다. 그러므로 제도 교회인 보이는 교회에 형식적으로 가입했더라도 그것만으로 구원의 증거가 될 수는 없다. 아무리 세속적으로 높은 지위에 있거나 교회의 어떤 직도 구원을 보증해 주지 못한다. 그렇기 때문에 교황이나 추기경들도 단순히 자신의 직무만으로는 보이지 않는 교회의 일원이 되지는 못한다.[38] 위클리프의 이와

---

36) 이 책은 위클리프가 자신의 교회론을 종합한 것으로 전체 23장으로 구성되어 있다. 이 책은 1377년 전후 잉글랜드 국내외의 급박한 상황 속에서 위클리프의 개혁적 교회론이 어떻게 발전했는지를 파악하게 한다. 그리고 이 책은 후에 보헤미아의 후스가 1413년에 저술한 《교회에 관하여》(*De ecclesia*)에 직접적인 영향을 준 것으로 추정된다. 특히 후스가 1412년에 쓴 《교황의 면죄부에 반대하여》(*Adversus indulgencias papales*)는 위클리프의 《교회에 관하여》의 23장의 문장들을 그대로 사용했다. H. B. Workman, *John Wyclif: A Study in the English Medieval Church*, 2 vols (Oxford: Oxford University Press, 1926), 2:7; 김요섭, 200.

37) *De ecclesia*, i. 2:25-28.

38) 백충현, 김봉수, 《개혁의 주창자들: 위클리프부터 에라스무스까지》(서울: 두란노 아카데미, 2011), 39.

같은 구원받기로 예정된 사람들로 이루어진 '보이지 않는 교회'에 대한 주장은 당시 제도 교회인 로마 가톨릭의 가르침과는 배치된다.

위클리프는 성직 서임이 사제를 만드는 것이 아니라, 경건한 삶과 하나님의 가르침에 신실한 자만이 사제가 될 수 있다고 하였다. 그러므로 교황, 추기경, 주교, 사제, 탁발수도사 등 기존 교회의 사제들이 하나님의 가르침을 따르지 않는다면 현세의 권위를 주장할 수 없다는 것이다. 그의 주장에 의하면, 교회의 진정한 중심은 '사람'이나 '제도'가 아니라 '하나님'이시다. 구원도 하나님의 일에 속한 것이지, 사람이나 제도에 달린 것이 아니다.[39] 따라서 하나님의 주권적 은혜에 따른 선택은 불변하기 때문에 진정한 교회 지체들은 구원과 관련한 교회의 보증을 필요로 하지 않는다면서 다음과 같이 주장했다.

> 그 누구도 자신의 예정을 위한 공로를 세울 수 없기 때문에 예정은 하나님께서 자유롭게 주신 최고의 선물이다. … 한 번 주어지면 잃을 수 없는데, 이는 이것이 결코 일어버릴 수 없는 영광이나 지복의 원천이기 때문이다.[40]

위의 글과 같이 위클리프는 진정한 교회의 구성원이 되는 것은 하나님의 예정의 은혜에 속해 있기 때문에 교회가 규정한 각종 오류와 죄에 의해 취소되지 않는다. 그러므로 어떤 교황도 성도의 연합인 교회 머리가 된다고 주장할 권한이 없으며, 교황은 단지 가시적 교회 중에서도 로마 가톨릭에서 부분의 머리가 될 뿐이다. 그는 참된 교회의 기초가 교황을 비롯한 사제들의 서열에 따른 위계가 아닌 하나님의 선택의 은혜라고 이해했다.

1378년에 일어난 아비뇽과 로마 간의 교황권의 분열로 큰 충격을 받은

---

39) 이동희, 33.
40) *De ecclesia*, vi, 139.

위클리프는 1379년 가을에 발표한 《교황의 권세에 관하여》(*De potestate pape*)에서는 두 작품에서 다루었던 개혁적 교회론을 교황의 권세와 관련하여 보다 구체적으로 적용하고 있다. 이 글에서는 참된 교황과 거짓 교황의 차이를 비교하면서 거짓 교황이 출현하게 된 원인과 해결 방안을 주장하면서 로마 가톨릭의 주춧돌 입장인 교황직의 신적 제정설을 부인하였다. 위클리프는 리차드 피츠랄프(1300-1360)를 따라서 사도들 중에서 베드로의 수위권을 인정했지만 이것은 베드로 개인의 탁월한 특질들, 무엇보다도 그리스도를 향한 그의 뜨거운 사랑 때문이라고 여겼다. 그런데 교황에 선출된다고 해서 이러한 특질이 생기는 것은 아니다. 베드로의 승계자는 헌신, 믿음, 사랑과 같은 베드로의 동일한 특질을 갖추지 못한다면 그의 권위를 누리지 못한다. 즉, 수위권은 자질의 문제이지 직임의 문제가 아니라는 것이다. 그리고 탁월성은 성령의 현저한 은사에 의존한다. 이와 같은 주장을 뒷받침하기 위해 위클리프는 열두 가지 증거들을 열거하고, 단순함과 청빈에서 그리스도를 따르지 않는 교황은 적그리스도라고 주장했다. 그러므로 교황을 적그리스도라고 부른 '최초의 인물'이 위클리프였다. 무엇보다 위클리프는 교황의 교회 행정은 영적인 문제들로 제한된다고 선언하면서 그리스도께서는 교황에게 세속의 재판권을 부여하지 않으셨다고 주장했다.[41]

---

41) 백충현, 김봉수 옮김, 39-40. 위클리프의 교회 개혁과 관련한 저술 활동은 그가 1382년 종교재판을 거쳐 옥스퍼드에서 물러나 루스워스에 머무는 기간에도 계속되었다. 《성직 매매에 관하여》(*De symonia*, 1380년 초), 《배교에 관하여》(*De apostasia*, 1380년 말), 《신성모독에 관하여》(*De blasphemia*, 1381년 중반) 등은 모두 자신을 이단일 뿐만 아니라 1381년에 일어난 농민폭동의 배후라면서 정죄하려는 교권에 맞서 발표한 작품들이다. 그리고 그의 말년에 쓰여진 《교황들의 불일치에 관하여》(*De dissensione paparum*, 1382년 말)와 《십자군에 관하여》(*De cruciata*, 1382년 말)와 같은 글들을 각각 교황청의 분열로 인한 문제들과 로마 교황청의 옹호 아래 대립교황에 맞서 노르위치 주교가 일으킨 소위 '플란더스 십자군' 운동을 비판하는 내용을 담고 있다. 김요섭, 200-201.

이와 같은 위클리프의 교회에 대한 이해는 얀 후스를 비롯한 종교개혁자들에게 지대한 영향을 미쳤다. 루터는《교회의 바벨론 포로》(De Captiviate Babylonica Ecclesiae, 1520)에서 위클리프의 견해를 지지하면서 "만약 위클리프가 이단자였다면 그들은 열 배나 이단자들이다"[42]라고 하였다. 칼빈도 교황을 적그리스도라고 불렀을 뿐만 아니라《기독교 강요》제4권 "5장 고대교회의 정치 형태가 교황제의 횡포로 인하여 완전히 붕괴됨"에서 당시 교황의 실상을 다음과 같이 지적했다.

> 만일 그들의 도덕성을 평가한다면 … 술주정뱅이가 아니면 음행하는 자였고, 이런 범죄가 없는 자는 도박꾼이든가 사냥꾼이든가 아니면 생활의 어떤 부분에 방종이 있는 자였다. … 그런데 그야말로 어처구니없는 일은 아직 열 살도 채 되지 않은 소년들이 교황의 배려로 주교 직분을 받는다는 사실이다.[43]

위클리프의 교회론에 대한 개혁적인 사상은 이후에 잉글랜드에서는 롤라드 운동과 틴데일(William Tyndale, 1494-1536)의 개혁사상에 영향을 주었고, 국외로는 15세기 초 보헤미아의 개혁자 얀 후스의 교회 개혁 사상과 더 나아가 16세기 마르틴 루터에게까지 영향을 주었다.

2) 성경론

위클리프는 교회론을 주장하면서 근거를 성경에 두었다. 즉, 그에게 성경은 교회의 권위나 전통보다 우월한 권위였던 것이다. 그에 의하면 구

---

42) John Dillenberger, *Martin Luter Selection From His Writing*, 이형기 역(고양: 크리스챤다이제스트, 1994), 333.
43) 존 칼빈,《기독교 강요 (하)》, 원광연 옮김(고양: 크리스챤다이제스트, 2010), 97.

원은 불가사의한 하나님의 영역이기 때문에 구원받기로 예정된 사람들의 모임인 '참된 교회'를 판별하는 근거는 성경이다. 그리고 교회가 준수해야 할 모든 신령한 메시지의 핵심은 성경에 있다. 그러므로 사제 역할은 미사를 집전하는 것이 아니라 하나님의 말씀을 설교하고 가르치는 것이어야 한다. 그는 1378년에 쓴 《성경의 진리에 관하여》에서 다음과 같이 주장했다.

> 성경은 모든 그리스도인을 위한 지고의 권위이며 신앙의 기준이고 모든 인간적 완전함의 기준이다.[44]

위의 글과 같이 위클리프는 신앙과 생활의 모든 문제에서 성경의 절대적 우월성을 주장했다. 즉, 성경만이 하나님의 계시의 최고 기관이다. 따라서 교회의 전통, 공의회의 선언들, 교황의 칙령들, 그리고 모든 교리들의 해설은 성경이라는 시금석으로 검증받아야 한다. 모든 진리는 성경에 담겨 있다. 성경의 모든 부분들이 신적 영감을 받았고, 그래서 동일한 권위를 지닌다. 성경만이 그 자체로서 종교적이든 세속적이든 모든 문제들에 관해 충분한 지침이 된다.[45] 그렇지만 그는 교회의 교부들과 고대 박사들의 해석적 권위마저 부인하지는 않았다. 그런 의미에서 윌리스턴 워커는 위클리프가 "'오직 성경'(Sola Scriptura)이라는 종교개혁의 선구자는 아니었다"[46]고 평가하였다.

당시 로마 가톨릭은 평신도들에게 성경을 읽지 못하게 했으며, 성경을 자국어로 번역하는 것도 금하였다. 그러나 위클리프는 평신도들도 성경을 소지하고 읽을 권리가 있으며, 성경이 고유의 언어로 읽혀지고 해석되어야 한다. 더구나 성경은 대중이 알기 쉽고 편하게 접할 수 있어야 한다. 따라

---

44) 윌리스턴 워커, 430.
45) 백충현, 김봉수 옮김, 38.
46) 윌리스턴 워커, 430.

서 그는 성경의 진리를 사람들에게 알리기 위해 1380년 8월부터 1381년 여름까지 라틴어 번역본인 '불가타 성경'을 번역하는 계획을 세웠다. 그리하여 1382년에 영어로 번역된 신약성경을 완성했고, 1384년에 그를 따르던 제자들에 의해 구약성경이 완성되었다. 그렇지만 이 번역은 번역상의 오류를 가진 불가타 성경을 번역한 것이었기 때문에 문제가 있었다. 그럼에도 위클리의 영어판 성경은 잉글랜드인들의 영적인 눈을 뜨게 하는데 큰 기여를 하였다. 이 번역 성경은 인쇄술이 발명되기 전에 완성되었기 때문에 170여 부가 필사되었다고 한다. 그리고 위클리프를 추종하던 사람들은 잉글랜드 여러 지역을 다니면서 필사본 성경을 나누어주며 복음을 전했다. 그러나 그가 번역한 성경은 이단으로 정죄된 후 불태워졌고, 후대에 필사한 성경만이 전해지고 있다. 그렇지만 위클리프의 성경 번역은 이후 윌리엄 틴데일과 마일즈 커버데일(Myles Coverdale, 1488-1569)이 번역한 성경(Coverdale Bible, 1535)의 기초가 되었고, 루터의 독일어 성경 번역에 많은 영향을 주었다.

3) 성찬론

위클리프는 1380년에 쓴 《성찬에 관하여》(On the Eucharist)에서 고대 교회의 가르침에 따라 로마 가톨릭의 중요한 성찬 교리인 화체설(化體說, doctrine of transubstantiation)을 비논리적이고 비성경적이며 비신앙적이라고 거부했다. 화체설은 집전하는 사제가 떡과 포도즙을 축성할 때 실제로 형이상학적인 변화가 발생한다는 교리이다. 다시 말해 미사 중에 사제가 떡과 포도즙을 높이 들어 축사하는데, 사제가 "이는 나의 몸(피)이니라"고 말을 함과 동시에 떡과 포도즙의 본질—즉, 그것들이 실제로 존재하고 있는 것—이 각각 그리스도의 살과 피로 변화된다는 것이다.[47] 결국 사

---

47) 오주철, 《조직신학개론 개정판》(서울: 한들출판사, 2016), 470. 로마 가톨릭교회

제의 개입 없이는 화체설에 입각한 미사가 이루어질 수 없었기 때문에 이 교리는 로마 가톨릭과 사제들의 권위를 드높이는데 활용되었다.

위클리프는 이와 같은 화체설이 미신을 부추기는 결과가 된다고 주장하며 비판하였다. 그는 그리스도의 몸과 피는 비유적으로, 성례적으로, 효과적으로 임재하는 것이지 물질적으로, 육적으로 임재하는 것이 아니라고 하였다. 그는 성례에서 그리스도의 몸을 육신의 눈으로 보지 않고 마음의 눈인 신앙으로, 즉 거울을 통해 희미하게 본다는 점에서 일치한다면서 다음과 같이 주장했다.

> 우리는 성체를 볼 때 이것 자체가 그리스도의 몸이 아니라 그리스도의 몸이 (성례적으로) 성체 안에 감추어져 있다고 믿어야 한다. 그러므로 신자는 성만찬의 성례가 실제로 떡과 포도주라고 추측하든지, 또는 성례는 떡과 포도주의 본체와 그리스도의 몸의 집합체라고 추측할 수 있다. 이 집합체는 하나님의 축복 또는 권능에 의해서 효력을 지니며, 그래서 떡과 포도주는 파괴되지 않는다.[48]

위클리프의 이와 같은 성찬에 대한 이해는 근본적으로 '실재론'에 근거를 두고 있다. 실재론은 본체의 어떤 우연도 그 본체와 떠나서는 자체로 존재하지 않는다고 상정한다. 그런데 위클리프의 성찬에 대한 이해는 그 자신이 이 용어를 사용한 적이 없지만 루터의 공재설(共在說, doctrine of consubstantiation)과 맥락을 같이 한다고 해야 할 것이다.[49] 따라서 화체

의 성찬의 전통적인 집례에서 잔은 평신도들에게는 보류되었고 오직 사제들만 받았다. 그렇게 한 중요한 이유는 피를 흘릴 수도 있다는 위험 때문이었다. 그런데 제2차 바티칸 종교회의(1962-1965) 이후로 떡과 포도즙이 평신도들에게도 허락되었다. 그렇지만 언제나 떡과 포도즙을 평신도들에게 주는 것은 아니다.

48) 백충현, 김봉수 옮김, 42.
49) 루터의 공재설은 "제4장 종교개혁을 일으킨 마르틴 루터"의 성찬론을 참조하기

설을 거부했던 위클리프는 "돼지, 개, 쥐가 우리의 주님을 먹을 수 있다"는 이교적인 견해를 논박하면서 다음과 같이 선언한다.

> 그와 같은 짐승들은 봉헌된 성체를 먹을 수 있지만 그리스도의 몸과 피는 아니다. 사자가 사람을 삼킬 수는 있어도 그 사람의 몸이 도처에 존재하는 영혼을 먹을 수는 없다. 그러므로 제단의 성례 속에 그리스도의 몸이 현존함을 믿어야 한다. 그리고 그리스도의 몸 전체는 영혼이 몸 안에 존재하는 것과 같이 봉헌된 성체의 모든 부분에 성례적으로, 영적으로, 실재적으로 존재한다.[50]

성찬에 대한 위클리프의 주장은 당시 로마 가톨릭의 정통교리에서 과격하게 이탈했기 때문에 많은 지지자들이 떨어져 나갔다. 그 중에서도 신학의 개혁을 시작하기 이전에 그를 지지했던 수도사들이 떨어져 나갔다. 그리고 옥스퍼드 친구들 뿐만 아니라 든든한 후원자였던 랭커스터 공작과 왕당파도 관계를 끊었다. 결국 이러한 주장이 잉글랜드 내의 교구장에게는 물론 교황청에까지 보고되었다. 그리하여 대주교 코티나이는 1382년에 런던의 도미니크 수도회에서 회의를 소집하여 위클리프의 성찬론의 세 가지 견해를 포함하여 열 가지 견해들을 이단적이라고 정죄했던 것이다. 그러나 위클리프 자신은 소환되거나 그의 이름이 인용되지 않았다. 그 대신 옥스퍼드 제자들이 소환되었으며, 이들은 각각 자신의 입장을 철회했다. 이들 중의 한 사람인 리핑던(Repyngdon)은 후에 추기경이 되었다.[51]

바람.
50) 백충현, 김봉수 옮김, 43.
51) Ibid.

4. 나가는 글

당시 잉글랜드 역시 유럽 전역이 그러했듯이 교회가 타락하고 부패하여 국가 전체가 깊은 어둠에 덮여 있었다. 많은 사람들은 이름만 기독교인이었다. 하나님이 보시는 죄, 참된 회개, 율법의 목적, 값없이 주어지는 은혜, 의롭게 됨과 거듭남, 그리스도인의 자유 등에 대해서 설교하는 사람은 거의 없었다. 복음의 능력을 버린 교회는 겉치레뿐인 의식(儀式)들과 인간으로 말미암은 전승(傳承)에 따라 움직이고 있었고, 사람들은 그 안에서 구원을 얻는다는 교리에 사로잡혀 있었다. 성경을 보지 못하고, 알지도 못하는 사람들은 사제들이 전해주는 것만 알면 된다고 여겼고, 사제들은 교황청에서 공표한 것 외에는 거의 가르치지 않았다. 사람들은 사제들이 인도하는 대로 끌려 다녔고, 사제들은 사람들의 영적 무지를 이용하여 세속적인 권력까지 움켜쥐려고 했다. 그리고 무엇이든지 구실만 있으면 세금을 부과해서 교황청 금고에 쌓았다. 당시 교회는 잉글랜드 토지의 거의 3분의 1을 소유하고 있었고, 교회가 거두어들인 수입은 나라의 수입보다 약 2~3배 많았다. 그리고 이 돈은 교황청을 화려하게 꾸미고 교황과 사제들의 사치스러운 생활을 유지하는 데 쓰였다.

이와 같은 상황에서 교회 개혁을 외치며 횃불을 든 사람이 위클리프였다. 위클리프는 죽었지만 그를 따르는 사람들은(롤라드파) 이후에 잉글랜드 교회사에서 꾸준히 등장했으며, 이들은 교회를 변화시키려고 노력했다. 뿐만 아니라 그의 사상은 보헤미아의 얀 후스에게로 이어졌고, 마르틴 루터와 종교개혁가들에 의해 꽃을 피워 종교개혁의 횃불로 타올랐다. 새벽별의 빛은 말씀을 바라보게 했고, 거대한 횃불로 사람들을 깨우는 안내자가 되었다. 위클리프는 성경의 중요성을 깨닫고 중세교회 문제를 지적했으며, 종교개혁을 갈망하면서 후대에 힘을 실어준 선각자였다.

당시 평신도들의 수준이 날로 높아져 가는데 사제들의 수준은 미치지 못했다. 그러자 사제들은 자신들이 누리는 부와 기득권을 지키기 위해 종교적 권위로 억압하였다. 복음의 본질이 세속적인 것에 물들 때 결국 개혁의 대상이 될 수밖에 없다. 사실 개혁이란 완전히 새로운 것에로의 개혁이라기보다는 본래로, 즉 성경으로 돌아가자는 의미이다. 이런 점에서 오늘의 한국교회와 지도자들, 그리고 교인들은 종교개혁 500주년을 맞아 위클리프의 정신을 다시 깊이 되새겨 보아야 할 것이다.

참고문헌

김기련. 《세계교회사》. 서울: 도서출판 근화, 2005.
김요섭. "중세시대 개혁의 선구자 위클리프의 개혁적 교회론." 〈개혁논총〉 40(2016): 197-229.
마르틴 리터, 베른하르트 로제, 폴커 렙핀 편역, 《중세교회》. 공성철 옮김. 서울: 한국신학연구소, 2010.
백충현, 김봉수. 《개혁의 주창자들: 위클리프부터 에라스무스까지》. 서울: 두란노 아카데미, 2011.
서던, R. W. 《중세교회사》. 이길상. 고양: 크리스챤다이제스트, 2006.
오주철. 《조직신학개론 개정판》. 서울: 한들출판사, 2016.
워커, 윌리스턴. 《기독교회사》. 송인설. 고양: 크리스챤다이제스트, 2004.
이동희. 《꺼지지 않는 종교개혁가들》. 서울: 넥서스, 2015.
조재석. "종교개혁가들을 만나다 2: 종교개혁의 새벽별 위클리프." 〈활천〉, vol. 759 (2017): 16-19.
조병수. "위클리프." 〈종교개혁 498주년 기념강좌〉(미간행, 2015).
칼빈, 존. 《기독교 강요 (하)》. 원광연 옮김. 고양: 크리스챤다이제스트, 2010.
폭스, 존. 《순교자 열전》. 홍병룡 옮김. 최상도 해설. 서울: 포이메마, 2014.
한승용. "존 위클리프의 생애와 박해." 〈성경대로 믿는 사람들〉(2012. 8): 66-69.
Dillenberger, John. *Martin Luter Selection From His Writing*. 이형기 역. 고양시: 크리스챤다이제스트, 1994.
Hudson, Anne. *Premature Reformation*. Oxford, 1988.
Lahey, Stephen E. *John Wyclif*. Oxford: Oxford University Press, 2009.
Lambert, M. *Medieval Heresy: Popular Movements from Bogomil to Hus*. New York, 1977.
Larsen, Andrew E. "John Wyclif, c. 1331-1384." *A Companion to John Wyclif: Late Medieval Theologian*. Leiden: E. J. Brill, 2006.
Wilks, Michael J. "John Wyclif, Reformer, c. 1327-1384." *Wyclif: Political Ideas and Practice*. Oxford: Oxford University Press, 2000.
Workman, H. B. *John Wyclif: A Study in the English Medieval Church*, 2 vols. Oxford: Oxford University Press, 1926.

얀 후스

제 3 장
개혁의 불씨가 되었던
보헤미아의 순교자 얀 후스

　동이 트기 직전이 가장 어두운 법이다. 중세시대의 교회가 부패하고 타락하여 세상에 빛을 비추지 못하고 있을 때 교회 개혁을 향한 여명은 서서히 비춰지고 있었다. 그런데 타락한 교회가 자신들의 기득권을 지키며, 잘못된 것을 감추기 위해 힘과 권력을 가지고 밝아오는 개혁의 여명을 멈추려고 했다는 것이다. 이것이 중세시대 타락한 교회 모습이었다. 이러한 때에 성경을 재발견하고 설교 회복을 통해 교회 개혁을 외친 존 위클리프가 높이 들어 올렸던 개혁을 향한 횃불은 보헤미아 지역까지 비추었다. 특별히 위클리프의 영향을 받아 타락한 교회를 향해 개혁을 부르짖다가 순교의 피를 흘린 사람이 얀 후스이다.

　체코의 수도 프라하(Praha)를 가로지르는 블타바(Vltava) 강 위에 놓인 가장 아름다운 다리인 '카를교'(Karlův Most)는 종교개혁의 아픈 역사를 간직하고 있다. 이 다리의 탑에는 로마 가톨릭을 향해 개혁을 부르짖었다는 죄목으로 11명의 교회 지도자들이 참수당한 뒤 경고의 의미로 10년 동안 머리를 매달아 놓았다고 한다. 2015년 7월 6일은 후스가 로마 가톨릭에 의해 화형을 당한 지 600주년 되는 날이기도 했다. 그러나 후스가 순교를 당할 때나 지금도 힘없는 소수민족의 실패한 종교개혁은 사람들로부터 관심을 받지 못하고 있다. 그렇지만 우리는 종교개혁자들에게 깊은 영향을 준 종교개혁 이전의 개혁자들을 알아야 하겠기에 이 장에서는 후스의 생애와 그의 신학적 주장이 무엇이었는가를 살펴보자.

1. 얀 후스 당시 보헤미아의 사회적 상황

1420년대의 보헤미아는 중·하층 도시민들의 귀족(대부분이 독일인이었다)들에 대한 분노와 농민들의 지주에 대한 반감, 교회와 세속 간의 불화 등이 뒤엉켜 사회적으로 혁명을 위한 여건이 구비되던 시기였다.[1] 당시 정치적으로 보헤미아는 인구 중 이주 독일인들과 토착 체코인들 사이의 싸움으로 분열되어 있었다. 이에 대해 체코의 역사학자이며 정치인인 팔라츠키(František Palackaý, 1798-1876)는 *The History of the Czech Nation in Bohemia and Moravia*에서 체코 역사를 독일인과 슬라브인 간의 투쟁 과정으로 파악하면서, 이것은 독일인 귀족과 피지배 체코 민중 간의 관계에 기초한 봉건제적 투쟁 원리로 나타나고 있다고 했다.[2] 특히 14, 15세기의 프라하에는 노동에만 의존하고 있던 '빈민'들이 광범위하게 존재하고 있었는데, 빈민들의 대부분은 체코인들이었다.

---

1) F. G. Heymann, *Poland & Czechoslovakia* (New Jersey, 1966), 51.
2) F. Kutnar, "Frantisek Palacký and the Development of Modern Czech Nationalism," *East European Quarterly*, Vol. XV, No. 1, 1981, 9-10.

> **얀 후스 당시 보헤미아의 상황**
> ① 이주 독일인들과 토착 체코인들과의 갈등
> ② 아비뇽과 로마 교황청의 분열
> ③ 보헤미아인들의 토착적 개혁운동의 여망
> ④ 보헤미아 공주 앤(Anne)의 결혼으로 잉글랜드와 교류

한편, 보헤미아는 14세기에 중요한 정치적, 지적, 그리고 종교적 발전을 경험하게 된다. 신성로마제국 황제이며 보헤미아 국왕이었던 카를 4세(1316-1378)는 1355년에 당시 유럽에서 세 번째로 큰 도시인 프라하(Praha)를 건설했다. 그리고 프라하를 제국의 수도로 승격시키면서 교육의 중심지로 만들고자 1348년에 중부 유럽 최초의 대학인 프라하대학(혹은 카를대학)을 세웠는데,[3] 바로 이 대학이 체코 종교개혁의 중심지가 된다. 그런가 하면, 카를 4세는 교회개혁에도 호의적이었다. 그의 치세 동안과 그 이후에 몇몇 힘 있는 설교자들이 '단순한 복음'의 이름으로 교회의 엄청난 세속화를 공격하면서 보헤미아를 휘저었다. 이들 가운데 가장 유명한 사람들이 오스트리아 어거스틴 수도회 신부였던 발트하우젠의 콘라드(?-1369), 그리고 모라비아인 크로메리츠의 밀리츠(?-1374) 등이었다. 이들은 보헤미아의 신학적이고 대중적인 종교문학에 주목할 만한 기여를 한 야노프의 마태(1355?-1394)와 스티트네의 토머스(1331-1409)에 의해 연결되었다. 이들은 체코의 교회 개혁과 모국어로 설교하는 특징적인 모

---

[3] 프라하대학을 카를대학이라고 부르는 것은 창립자의 이름을 따라서이다. 그런데 프라하대학을 독일 최초의 대학으로 보는 관점은 당시 프라하가 독일왕국(regnum teutonucum)에 속했고, 대학의 창시자인 카를 4세가 보헤미아 왕인 동시에 독일 왕이었다는 점을 강조한다. 반면 프라하대학을 체코 최초의 대학으로 보는 관점은 카를 4세가 보헤미아 국왕으로서 대학을 창설했다는 점을 부각시킨다. Wolfgang Wolfram von Wolmar, Prag. *Die älteste Universität des Reiches* (Arbeitsgemeinschaft Prager und Brünner Korporation, 1998), 10-15.

프라하의 제롬[4]

습, 사제와 평신도들의 도덕적 개혁, 삶의 규칙으로서의 성경 중심, 그리고 주의 만찬에의 빈번한 참여 등을 요구했다. 이 토착적 개혁운동의 토양에 위클리프의 사상이 소개되면서 보헤미아는 교회개혁의 중심이 되었던 것이다.

한편, 1382년에 보헤미아 공주 앤(Anne)이 잉글랜드 왕 리처드 2세(1367-1400)와 결혼함으로 체코의 젊은이들이 잉글랜드로 유학을 갔다. 그리고 이들이 돌아오면서 옥스퍼드로부터 가지고 온 위클리프의 저술들과 사상들을 전하기 시작했다. 더구나 위클리프의 사상이 보헤미아에 본격적으로 소개가 된 것은 후스의 절친한 친구이며 평생 동료였던 프라하의 제롬(Jerome of Prague, 1379-1416)이 위클리프 저작들을 들여와 보헤미아에 소개하면서부터였다. 그리하여 위클리프의 사상은 프라하대학의 체코인 교수들에게 많은 영향을 끼쳤고 이후에 위클리프를 지지하게 만들었다. 그러나 대부분 독일인 교수들은 위클리프를 배척했다.[5]

---

4) 옥스퍼드 대학에서 위클리프의 작품을 접한 제롬은 위클리프 지지자가 되어 프라하로 돌아와 공개적으로 위클리프 교리를 선포했고, 후스와 함께 체코 교회개혁을 이끌었다. 그도 로마 가톨릭이 진행한 재판에 회부되어 화형 집행을 당했다. 사제가 아니라 평신도였던 그에게 면직하는 의식은 없었다. 사형 집행인들은 마귀라고 쓴 붉은 색의 종이 모자를 준비했다. 제롬은 그 모자를 머리에 받아쓰면서 이렇게 말했다. "우리 주 예수 그리스도께서는 가장 흉악한 죄인인 나를 위해 고난을 당하실 때 가시 면류관을 쓰셨다. 그러니 나도 이제 그리스도를 위하여 기꺼이 이 모자를 쓰겠다." 그리고는 후스가 화형 당한 그곳에서 화형으로 순교했다. 존 폭스,《순교자 열전》, 홍병룡(서울: 포이에마, 2014), 206-208. 그림은 프라하의 제롬이 이단자에게 씌우는 종이 모자를 쓴 채 화형을 당하고 있는 모습이다.
5) 이석우,《대학의 역사》(서울: 한길사, 1998), 433. 유명론과 실재론에 관한 내용은

무엇보다 대부분이 체코인이었던 하층 계급들이 지배 계층의 대다수를 차지했던 독일인들에 대한 사회적 불만이 민족적 불만과 겹쳐지는 상황에서 종교가 갈등의 중요한 소재를 제공했다. 최초의 불화는 1384년에 일어났다. 체코인 교수들과 학생들이 카를 기숙사와 대학에서의 시설들을 이용하는 규정을 보헤미아 동향단에게 유리하게 바꾸려 하자 독일인 총장과 세 동향단들이 항의하였다.[6] 그해 12월 체코인 학생들과 교수들이 도시의 하층 계급까지 동원하여 대학의 강의실에서 유혈 폭력사태를 일으켰다. 이 때 총장을 비롯해서 많은 교수들이 구타를 당하였다. 이와 병행해서 대학에서는 독일인들을 '늑대', '음식에 붙어 있는 파리', '창녀' 등으로 비방하는 원색 전단지들이 유포되었다. 국왕 벤첼 4세(1361-1419)[7]에게 대학

다음의 "제4장 종교개혁을 일으킨 마르틴 루터"의 각주 19)를 참조하라; 프라하대학에서의 논쟁은 두 번에 걸쳐 있었는데, 제1차 논쟁은 1403년 초 프라하 성당 참사회가 위클리프의 45개조에 대한 대학의 견해를 묻는 것으로서 촉발되었다. 이미 1382년에 런던교회 회의에서 24개 조항에 대하여 정죄한 바 있는 이 문항들에 대하여 소집된 대학회의의 보헤미아인 석사들은 위클리프에 동조적이었다. 그러나 대다수 구성원은 다른 나라 학사들이었다. 이들은 위클리프의 45개 조항 모두에 대하여 지지 혹은 변호하는 발언을 금지하도록 선언하였다. 제2차 논쟁은 프라하대학의 선언 이후에도 잦아들지 않는 대학 내의 위클리프에 대한 연구와 확산으로 1408년 5월 18일에 소집된 회의이다. 이 회의에서 문학사학위만을 가진 사람은 위클리프의 저작인 *Dialogus, Trialogus, De Corpore Christi*를 읽지 못하게 하였고, 1차 회의의 선언을 재확인하였다(W. T. Waugh, "Bohemia in the Fifteenth Century," *The Cambridge Medieval History*, vol. VIII, 49-50). 유명론과 실재론에 대한 이해는 2장 '존 위클리프' 편을 참고하기 바란다.

6) 당시 프라하대학에는 보헤미아(체코)인, 작센(독일)인, 바바리아인(벨기에인), 폴란드인들이 주 구성원이었다. 대학의 중요한 정책은 이들 네 민족의 대표들의 회의에서 결정되었다. 그러나 투표에서는 언제나 보헤미아인들이 불리했는데, 다른 세 민족 대표들의 결탁 때문이었다.

7) 벤첼 4세는 룩셈부르크 왕가 출신으로써 보헤미아 국왕이며, 동시에 브란덴부르크의 선제후였으며, 1376년부터 1400년까지 독일의 황제였다. 그러나 1400년 8월 20일 라인란트의 선제후였던 루프레히트(Ruprecht), 마인츠 주교, 쾰른 주교, 트리어

과 도시의 평화 회복을 원했던 독일 교수들과 학생들의 요구가 묵살되자, 결국 총장을 포함해서 24명의 독일인 교수와 많은 학생들이 최초로 프라하대학을 떠나는 결과를 낳았다.[8] 이와 같이 혼란한 상황 중에 프라하대학에는 위클리프 사상에 영향을 받은 얀 후스가 있었다. 그는 지금까지에서 살펴본 바와 같은 체코의 민족적 열망들을 열정적으로 대변했으며, 체코 토착 개혁운동의 뛰어난 지도자가 되었다.[9] 그리고 그를 통해 체코에서의 교회 개혁은 시작되었다.

2. 얀 후스의 생애

보헤미아의 종교개혁자 '얀 후스' (Jan Hus, 1371-1415)는 1371년에 지금은 체코공화국으로 알려진 보헤미아의 남쪽 프라하티체 인근 마을인 후시네츠(Husinec)[10]에서 농부의 아들로 태어났다.[11] 부모들은 검소했으

    주교는 라흐네크 성(Lahneck)에서 가진 모임에서 무능함, 게으름, 무관심, 비열함을 이유로 그를 독일 황제로부터 폐위시켰다. 이후 그는 1402년에 동생인 지기스문트(Sigismund)와 체코 출신 귀족들에 의해 수감되었지만, 1403년 미쿨로프(Mikulov) 영주인 리히텐슈타인의 요한의 도움으로 빈의 감옥을 탈출했고, 모라바의 성에서 은신하다가 1419년 사냥 중 심장 마비로 사망했다.

8) 이때 프라하대학을 떠났던 독일인 교수와 학생들은 1386년에 창립된 하이델베르크대학의 중요한 인적 자원이 되었다. *Wolfgang Wolfram von Wolmar*, 60-62; 당시 1,500명의 교사와 학생들이 프라하대학을 떠난 후 1409년에 라이프치히대학교를 세웠다. 후스는 1409년 10월에 프라하대학 학장으로 선출되었다. 이것이 프라하대학을 떠난 독일인 교수들의 마음에 오랫동안 배반자와 이단으로 동일시되었으며, 콘스탄츠에서 후스를 향한 적의가 그대로 표출되었다고 해야 할 것이다.

9) 윌리스턴 워커, 《기독교회사》, 송인설 옮김(고양: 크리스챤다이제스트, 2004), 433.

10) 후스(Hus)라는 이름은 영어로 '거위'(Goose)라는 뜻이고, 후시네츠는 '거위를 키우는 마을'이라는 뜻이다.

며, 후스는 사무엘처럼 어머니에 의해 소
년시절부터 하나님께 바쳐졌다. 그것은
가난으로부터 벗어날 수 있게 하려는 소망
에서였다. 후스도 자신이 사제가 된 것은
"좀 넉넉하게 살고 사람들의 인정을 받고
싶어서였다"고 고백할 정도로 불우한 유
년기와 청년기를 보냈다.

후스는 13세에 프라하티체 근처에 있
는 라틴어학교에 입학하고, 5년 후인 1390
년에 사제가 되기 위해 프라하대학에 들어
가 1393년에 문학사, 1396년에 문학석사

얀 후스

---

11) 얀 후스가 태어난 연도에 대해서는 정확하지 않는데, 1367, 1369, 1370, 1371, 1372 1373년 등으로 알려져 있다. 1369년은 필립 샤프의 추정 년도를 따른 것이다. P. Schaff, *History of the Christian Church*, vol. VI (Michigan: Eerdmans, 1976), 360; *The Oxford Dictionary of the Christian Church*에서는 후스의 출생 년도를 1372년으로 본다. F. L. Cross & E. A. Livingstone, *The Oxford Dictionary of the Christian Church* (Oxford University Press, 1990), 679; *Cyclopedia of Biblical, Theological, and Ecclesiastical Literature*는 1369 혹은 1373년으로 본다. John McClinroch & James Strong, *Cyclopedia of Biblical, Theological, and Ecclesiastical Literature*, vol. IV (Michigan: Baker Book House, 1981), 419; 김승진은《종교개혁가들과 개혁의 현장들》에서 얀 후스가 1373년에 출생했다고 밝히고, 윌리스턴 워커는 1372년과 1373년에 태어났다고 기록하고 있다. 김승진,《종교개혁가들과 개혁의 현장들》(서울: 나침반출판사, 2015), 45; 윌리스턴 워커, 433; 그런데 현재 후스에 관한 최고의 권위는 바르토스 (F. M. Bartos) 박사이다. 그는 최근에 후스가 직접 손으로 쓴 것으로 확인된 원고를 발견했다. 그 설교의 기록 연대는 "내 나이 31살, 내가 설교한 두 번째 해에" 이다. 이것이 후스의 출생과 관련해 신뢰할 만한 최초의 날짜 산정이다. 왜냐하면 그는 1400년(아마도 6월)에 사제 서품을 받았으나, 그가 설교를 한 지 2년이면 1401-1402년이 되기 때문이다. 이렇게 해서 그가 출생한 해는 1371년이 된다. F. M. Bartos, *Co vime o Husovi nového* (Pokrok, Prague, 1946), 23-24.

학위를 받았다.[12] 후스의 신학사상에 결정적으로 영향을 준 사상가는 위클리프였다. 위클리프는 성경에 입각하여 기존 교회 질서에 준엄한 비판을 가하고 철저한 교회개혁을 부르짖은 종교개혁의 선구자였다.

후스는 1398년부터 프라하대학 철학부에서 강의하면서 동시에 신학 학사과정을 밟기 시작하여 1404년에 신학사 학위를 취득했다. 1402년 이전에 그는 복음적 사역보다는 철학적이고 스콜라적인 신학에 더 관심을 가지고 있었다. 그는 위클리프의 철학적 저작들을 공부했고, 강의에 도입하였다. 무엇보다 설교자로서의 의무감과 자신의 사회적 위치에 대한 책임감은 이전과는 다르게 성경에 몰입하게 만들었다. 그는 점차 교회 안에 존재하는 엄청난 악을 보게 되었는데, 그것은 성경연구를 무시한데서 비롯된 것임을 알았다. 그가 회심한 후에 한 말은 "나는 학력을 자랑하고, 화려한 외모와 서양 장기를 즐기고, 동료의 잔치와 향연에 참석하는 생활이었다"고 할 정도였다. 이러한 후스가 어떻게 회심했는지는 알려져 있지 않고 그 자신이 "주께서 내게 성경을 깨우쳐 주었을 때 나는 어리석고 우스꽝스러운 삶을 내 마음에서 떨쳐버렸다"고 말한 것이 전부이다.[13]

1400년에 사제 서품을 받은 그는[14] 1401년부터 프라하에 있는 미가엘

---

12) 후스는 박사과정을 모두 마쳤지만 학위 수여를 앞두고, 교회 부패와 개혁을 부르짖은 일련의 활동으로 콘스탄츠 종교회의에서의 처형으로 박사학위를 취득하지 못하였다.
13) 《브리태니커》 vol. 25(1994), 569.
14) 후스가 로마 가톨릭교회 사제로 서품을 받은 시기에 대해 1400년과 1402년이라는 두 가지 다른 견해가 있다. 즉, 대한예수교장로회 총회교육부가 펴낸 《16세기 종교개혁과 개혁교회의 유산》에서는 후스가 1400년 6월 초순이나 12월에 사제로 안수받았다고 밝히고 있다. 대한예수교장로회 총회교육부 편, 《16세기 종교개혁과 개혁교회의 유산》(서울: 한국장로교출판사, 2003), 30; 윌리스턴 워커도 후스가 1400년에 대학에서 가르치는 가운데 사제로 서품 받았다고 했다. 윌리스턴 워커, 433; 반면에 김승진은 《종교개혁가들과 개혁의 현장들》에서 1402년에 사제로 안수 받았다고 했다. 김승진, 45; 박찬희도 "보헤미아의 개혁자 얀 후스"에서 1402

교회에서 설교하였고, 1402년에[15] 당시 3,000명 가량이 모이던 프라하대학교 베들레헴 성당에서 설교자로 지명되었다.[16] 이곳에서 그는 12년 동안 목회하면서 체코어로 설교하고, 찬송가를 불렀는데, 그의 설교는 배우지 못한 사람도 쉽게 이해할 수 있는 간단하고 쉬운 문장으로 짜여졌다. 뿐만 아니라 체코 사람들의 정서에 맞는 찬송 가사를 지어 보급하였다.[17] 그

설교하고 있는 후스[18]

는 보헤미아인들에게 정직하고 호소력 있는 인물이었다. 무엇보다 위클리프의 가르침을 따라 세속화된 교회의 개혁을 요구했고, 성직자들의 탐욕과 방탕한 생활을 신랄하게 비판했다. 이러한 행위는 보헤미아인들의 민족적 감정에 불을 붙였고, 많은 적대자들이 생기게 되었다. 특히 정죄된 위클리프의 견해와 유사하다고 여겨진 후스의 사상은 대학 내의 독일인들에게 배척받았다. 또한 그 해에 후스는 윌스낵(Wilsnack)교회에서 그리스도의 성

　　년에 사제 서품을 받았다고 밝히고 있다. 박찬희, "보헤미아의 개혁자 얀 후스," 〈새가정〉 63(서울: 새가정사, 2016. 10), 20.
15) 존 폭스는 후스가 베들레헴교회의 목사이자 프라하대학의 학장으로 선임된 것이 1398년이었다고 기록하고 있다. 존 폭스, 197.
16) 이 시기에 잉글랜드 옥스퍼드로 유학을 갔던 프라하의 제롬이 위클리프 영향을 받고 그의 저서들을 가지고 와서 보급하였다. 이것은 수년 동안 중세기적 로마 가톨릭교회를 새롭게 하려던 분위기가 감돌던 프라하에 교회 개혁의 방향과 교리적 기초를 제공해 주었다. 그리고 이때부터 후스는 위클리프의 가르침에 친숙하게 되었고, 위클리프의 책들을 체코어로 번역하면서 자신이 직접 성경에서 깨달은 진리들을 설교하기 시작했던 것이다.
17) 박경수, "얀 후스의 교회에 타나는 교회개혁사상," 〈장신논단〉 47(4)(서울: 장로회신학대학교 기독교사상과 문화연구원, 2015. 12), 45.
18) http://www.exclassics.com/foxe/foxe089.gif. 2017년 6월 5일 검색.

혈이 나타난다는 보고를 조사하였는데 이것이 사기임을 밝혀내고 베들레헴 성당에서의 설교를 통하여 윌스낵으로의 순례를 금지시켰다.

1409년에 대학 내의 보헤미아인들과 독일인들의 알력 관계가 독일인들의 퇴출로 마무리되면서 후스는 대학 총장이 되었다. 이 시기부터 대주교는 후스를 멀리하기 시작했고, 특별히 성직자에 대한 후스의 비판에 민감하게 반응하였다. 이후 프라하 대주교 즈비넥(1376-1411)은 교황 알렉산데르 5세(1339-1410)에게 충성하기 위해 후스의 개혁운동을 반대하기 시작했다. 따라서 1410년 후스는 교황에 의해 설교 금지령을 받게 되었고, 위클리프 저서들을 불태우도록 요구받았다. 그러나 후스는 국왕을 비롯한 귀족들과 대학에서 지지받았기 때문에 베들레헴 성당에서 설교하면서 위클리프 사상을 옹호하였다. 당시 프라하에서의 후스는 대중적 영웅 그 이상의 존재였다.

1411년과 1412년 두 차례에 걸쳐 교황의 계승자이며 평판이 나빴던 교황 요한 23세(1370-1419)는 면직된 그레고리 12세와 지지자인 나폴리 국왕 라디슬라스(1386-1415)에게 자신의 십자군에 참여하는 모든 사람들에게 면죄부를 약속했다. 그러자 후스는 이 '십자군의 면죄'를 비난했다. 교황은 물리적 힘을 사용할 권리를 갖고 있지 않으며, 돈의 지불은 진정한 용서에 유효하지 않고, 그리고 용서는 진정으로 회개하고 자신들의 죄를 고백하는 사람들에게는 값없이 주어지기 때문에 면죄는 필요 없다는 것이었다.[19] 그로 인해 프라하에는 큰 소동이 일어났다. 그리고 후스는 1413년 로마에 의해 파문되었다. 무엇보다 지금까지 면죄부 판매를 통해 일부를 자기 몫으로 챙겨 큰 이득을 보았던 후스의 든든한 후원자인 보헤미아의 국왕이었던 벤첼 4세가 면죄부 판매를 공격하는 후스를 별로 달갑지 않게 생각했다. 결국 후스는 1412년 11월 초순에 시골로 망명길에 나섰다.[20] 그

---

19) 윌리스턴 워커, 435.

는 망명생활을 하는 동안 수많은 모국어 소책자를 쓴 것 외에도 부패한 교황과 추기경, 대주교 등 성직자들의 타락상을 과감하게 공격했다. 그리고 1413년에는 대표작인 《교회에 관하여》(*De Ecclesia*)를 썼다.[21]

후스는 1414년 4월말 경에 프라하로 돌아왔고 "여섯 가지 잘못에 대하여"(De sex erroribus)[23]라는 논문을 베들레헴 성당 벽에 게시하였다. 제르송(1363-1429)은 이 논문과 후스의 '교회론'에서 여러 개의 논제들을 발췌하여 이단적인 성향을 띠고 있음을 경고하며 대주교인 콘라드에게 제출하였다. 콘스탄츠 종교회의(1414-1418)는 이단자로 처형된 위클리프와 후스 사상의 관련성을 조사한다는 명분으로 그를 소환하였다.[24] 이때 후스는 커다란 음모가 도사리고 있음을

콘스탄츠 항구의 랜드마크 임페리아상[22]

---

20) 대한예수교장로회 총회교육부 편, 34.
21) 라틴어로 완성된 이 책은 체코 종교개혁의 기념비적 저서 가운데 하나이다. 훗날 후스의 적대자들이 그를 이단으로 정죄를 할 때 후스의 전집에서 약 30쪽 분량의 글을 뽑았는데, 이 가운데 20쪽이 교회에 대한 것일 정도로 이 책은 중요하다.
22) 콘스탄츠 항구의 입구에 세워진 콘스탄츠 랜드마크 임페리아상은 콘스탄츠 종교회의를 기념하여 1993년에 세워진 것이다. 반나의 창녀가 우스꽝스럽고 초라한 모습의 세속 권력자인 황제와 종교 권력자인 교황을 양손에 얹고 당당하게 서 있는 모습은 콘스탄츠 시민들이 당시의 종교회의를 어떤 시각으로 보고 있는가를 전해주고 있는 것 같다. http://m.photoviewer.naver.com/blog〉listUrl=http%3A% 2F% 2Fm.blog.naver.com%2FPostView.nhn%3FblogId%3Dopsspt%26logNo%3D220520359927&imgId=2&host=http%3A%2F%2Fm.blog.naver.com%2Fphotoviewer&blogId=opsspt&logNo=220520359927#main/2. 2017년 6월 21일 검색.
23) Matthew Spinka, *John Hus at the Council of Constance* (New York: Columbia University Press, 1965), 60-61.

간파한 친구들의 만류에도 불구하고, 교회 지도자들과 맞붙게 될 논쟁에 대비해 자신의 입장을 철저히 준비한 후 콘스탄츠로 향하였다. 더구나 신성로마제국 황제이며 보헤미아의 왕을 겸하고 있던 지기스문트(1361-1437) 황제도 그의 신변과 언론의 자유를 보장해주는 안전통행증을 만들어 주기까지 하였다. 후스가 콘스탄츠로 가는 길거리는 호기심이 아닌 존경심 때문에 뛰어나온 인파들로 가득 찼다. 후스는 이곳에서 자신의 입장을 해명할 수 있을 것으로 기대를 했다. 그렇지만 교황 요한 23세는 지기스문트 국왕에게 "교회는 신앙이 없는 자에게 약속을 지킬 의무가 없다"며 안전보장을 취소할 것을 강권하였고, 후스가 도착한 지 3주 후인 1414년 11월 28일 전격적으로 체포하여 도미니칸 수도원에 투옥시켰다.[25]

후스가 투옥된 지 3개월이 지난 후 추기경 다이이(Pierre d' Ailly)를 위원장으로 하는 첫 심리가 열렸다. 그러나 이즈음에 교황 요한 23세가 콘스탄츠에서 도주하는 사태[26]가 발생하여 심리는 중단되었다. 후스는 다시 콘

---

① 사제들 자신이 하나님의 몸을 형성한다는 것.
② 교황, 성자들, 마리아에 대한 믿음.
③ 죄의 용서는 오직 하나님 곧 절대적으로 의로우신 그리스도 안에서만 이루어짐을 부인하는 것.
④ 성경 이외의 것들에 의존하고 하나님의 뜻에 복종하지 않는 것.
⑤ 도덕적인 죄 가운데 있는 자들이 정죄하는 것.
⑥ 어떤 이득을 위하여 성직을 매매하는 것.

24) 원래 콘스탄츠 종교회의가 열린 목적은 3명의 교황으로 분열되어 있는 로마 가톨릭을 통일하기 위한 것이었다. 결국 종교회의는 마르티노 5세(1369-1431)를 새로운 교황으로 선출하여 교회의 분열을 종식시켰다. 그렇지만 이 종교회의는 교회 개혁의 화두가 된 신앙 문제를 다루기로 하고 소환장을 발부했던 것이다.
25) 도미니칸 수도원은 콘스탄츠 호수 가운데 있는 섬에 있었다.
26) 요한 23세는 사생활을 조사하겠다는 종교회의의 위협을 받자 경쟁 교황들이 동시에 사임하면 자기도 사임하겠다고 약속했다. 그러나 그 직후 자기가 회의장을 빠져나가면 종교회의의 권한도 사라져 결국 해산될 것이라는 기대를 가지고 콘스탄츠에서 도망쳤다. 그러나 종교회의는 계속되어 요한 23세는 체포되어 폐위당하고,

스탄츠 주교 저택이 있는 고틀리벤으로 이감되어 1415년 3월 24일부터 6월 5일까지 감금되었다가 재판에 회부되었다.

후스의 마지막 재판은 1415년 7월 6일에 열렸다. 그러나 후스에게는 주장을 내세우거나 대화할 수 있는 기회조차 없었다. 도리어 종교회의는 후스가 쓰지도 않은 글들을 빌미로 40가지 넘는 항목을 내세워 고소하고, 후스가 저서에서 위클리프의 사상을 "신조화하고, 변호하고, 설교하였다"는 것을 이유로 사형을 선고했다. 화형 당하는 날 주교들은 그의 사제복을 벗기고 머리에는 '이단의 주모자'라는 글과 마귀가 그려진 모욕적인 종이 모자를 씌웠다. 화형 기둥에 묶여 있을 때 주장을 철회할 것을 요구받았지만 후스는 단호히 거부하였다. 후스는 이런 요구를 하는 자들에게 자신이

화형당하는 후스[27]

그레고리 12세는 정식으로 종교회의를 소집할 권한을 갖는 조건으로 사임에 동의함으로써 자신이 교황 계열의 정통임을 주장했고, 종교회의는 이 주장을 받아들였다. 베네딕트 13세는 사임을 거부했으나 결국 폐위되었다. 종교회의는 1417년 11월 오도네 콜론나(후일 마르티노 5세가 됨)를 선출함으로써 대분열을 종식시켰다. 《브리태니커》 vol. 23, 569,
27) http://www.exclassics.com/foxe/foxe094.gif. 2017년 6월 21일 검색.

철회하는 것을 바라느니 "차라리 나에게 맷돌을 매어 깊은 바다에 빠뜨리는 편이 더 좋을 것"이라고 말하면서 "나에게는 순간의 형벌을 피하는 것보다 죽는 것이 더 좋은 일이며, 영원한 수치를 당하는 것보다 불 속으로 던져지는 것이 더 유익하다. 이런 일들은 바로 나를 주님의 팔에 던지는 것이 되기 때문이다."[28]라고 단호히 말하고는 다음과 같이 기도하였다.[29]

> 주 예수여! 나의 대적들을 용서하여 주옵소서. 당신은 저들이 나를 대적하여 행하는 잘못된 증언과 그릇된 기소를 알고 계십니다. 당신의 무한한 자비로 저들을 용서하여 주옵소서.[30]

그리고 그는 사형 집행인에게 이렇게 말했다.

> 당신들은 지금 거위 한 마리를 불태우지만 한 세기가 지나면 태우지도 끓이지도 못할 백조를 만나게 될 것이다.[31]

마침내 쌓아 놓은 장작더미에 불이 붙자 후스는 "주여 자비를 베푸소서"라고 기도한 후 큰 소리로 찬송을 부르며 죽음을 맞이했다. 그의 찬송은 장작 타는 소리와 군중들의 소음을 뚫고 멀리까지 퍼져 나갔다. 그렇지만 세찬 불길이 그의 목소리를 잠재웠고, 후스는 1415년 7월 6일 콘스탄츠의 화형대에서 이단자의 누명을 쓴 채 그렇게 죽어갔다. 후스와 같은 신학적 입장에서 후스의 입장을 대변했던 히로니무스(Hieronymus von

---

28) Bill Higgins, *God's Faithful Goos-John Hus* (Lookout Mountain, TN: Grey Pilgrim Publication, 1995), 54.
29) 박찬희, 21-22.
30) Bill Higgins, 56.
31) 존 폭스, 202.

불길에서 걸어 나오는 후스의 모습과
그 동상의 후면에 있는 어머니상[32]

Praha, 1380?-1416)도 같은 이유로 동일한 방법에 의해 같은 장소에서 화형대의 연기로 사라졌다. 그 후 로마 가톨릭 집행인들은 후스의 유해가 숭배되는 것을 두려워하여 이 땅에 조금도 남기지 않으려고 부지런히 재를 모아 흐르는 라인 강에 던져 버렸다.[33]

프라하의 구(舊) 시가지 광장 북동쪽에는 후스를 기념하는 동상이 세워져 있다. 이 동상은 제1차 세계대전이 한창이던 1915년에 후스가 화형

---

32) 이 사진은 울산교회 정근두 목사께서 동유럽 종교 개혁지를 방문하는 가운데 2017년 6월 14일 프라하 광장에서 찍은 것이다. 13일에 이미 프라하 광장을 방문하셨음에도 이 책의 출판을 위해 일정을 조정하면서까지 제공해주신 배려에 감사드린다.
33) 당시 교회 재판에서 이단으로 정죄를 당한 자는 세속 권력자에게 넘겨진다. 권력자는 이 이단자를 반드시 사형에 처하게 되는데, 이단의 경우 시체나 유품이 남으면 악마 숭배에 사용될 가능성이 있다는 이유로 화형시켰다. 그런데 후스의 처형은 보헤미아인들에게 강한 반발을 불러일으켰으며, 그 결과 후스전쟁(Hussite Wars, 1419-1434)이 일어났다.

을 당한 500주년을 기념하여 전 체코인의 재정적 헌신으로 건립되었다. 후스의 원편에는 성배 문양이 새겨진 방패를 들고 있는 후스 전사들의 그룹이 있다. 그리고 위의 오른쪽에 있는 그림과 같이 마치 타오르는 불길 속에서 걸어 나와 우뚝 서 있는 것 같은 후스가 있고, 그의 뒤에는 아기를 안고 있는 어머니 상이 있다. 위의 사진에서 좀 더 크게 확대한 흰테두리 안의 어머니에게 안겨 있는 이 아기는 희망을 상징한다. 죽음의 불길 속에서도 새 생명이 태어나 후스의 정신과 신앙을 이어갈 것임을 보여주고 있다. 이 동상의 제작자는 자신의 작품을 이렇게 설명하였다.

"강인했던 후스는 이전보다 더욱 강하게 콘스탄츠의 화염 속에서 깨어났다. 그의 명성은 체코 역사의 정신과 생명이 되었다. 후스의 순교로 인류는 진리로 향하는 길과 인식의 자유를 획득하게 되었다. …"[34]

3. 얀 후스의 신학사상

후스의 업적과 역할에 대해 정설로 알려진 이론들은 요한 로제르트(Johann Loserth)가 평가한 것인데, 이 견해에 따르면 후스의 사상 체계는 위클리프의 개혁 사상 안에 머무는 정도라는 것이다. 이런 면에서 많은 독일과 영국 학자들은 로제르트의 견해에 동조한다. 예를 들어, 트레빌리안(G. M. Trevelyan)은 《위클리프 시대의 영국》(*England in the Age of Wyclif*)에서 "후스의 운동은 순전히 위클리프의 사상 체계일 뿐이다"[35]라고 했다. 그러나 지난 반세기 체코의 학자들은 이러한 평가를 철저하게 수

---

34) 장윤재, "얀 후스와 체코 종교개혁—그의 화형 600주년을 맞이하여," 〈기독교사상〉(서울: 대한기독교서회, 2015. 7), 238-239.
35) G. M. Trevelyan, *England in the Age of Wyclif* (New York, 1906), 262.

정했다. 그 결과 본래 14세기 체코의 개혁운동은 잉글랜드 위클리프의 개혁운동과 병행해서 일어났고, 이 둘이 합쳐져서 15세기가 시작될 때 보헤미아에서 보편적으로 확대되었다는 결론에 이른다.[36]

1) 교회론

후스의 저술들 가운데 가장 중요한 것이 《교회에 관하여》(*De eccle-*

위클리프-후스-루터-멜랑히톤[37]

---

36) 백충현, 김봉수, 《개혁의 주창자들: 위클리프부터 에라스무스까지》(서울: 두란노 아카데미, 2011), 212-213; 체코의 학자들 예컨대 Josef Laski Hromdka (1889-1969), Amedeo Molnz(1923-1990)와 같은 이는 종교개혁 전의 개혁자들을 1차 종교개혁이라고 하고, 루터, 칼빈, 쯔빙글리를 2차 종교개혁이라고 하였다. 사토 마사류,《종교개혁이야기》, 김소영 역(서울: 바다출판사, 2016), 48; 그런데 체코에서는 후스를 16세기 종교개혁자들과 나란히 그린 그림들이 있다. Dr. Kamil Krogta etc, *Mistr Jan Huss* (Prage, 1915), 37, 50; 1785년에 그린 이 그림에는 위클리프, 후스, 루터, 츠빙글리, 칼빈, 멜랑히톤, 베자를 한꺼번에 다루었다. 체코인들의 입장에서 보면 후스와 루터를 같은 개혁자로 보고 있는 것이다(정성구, "종교개혁의 여명: 위클립과 후스, 샤보나롤라의 설교를 중심으로," 〈개혁논총〉, 제40권(2016), 20).

sia)이다. 이 책은 친구들뿐만 아니라 반대파들에게도 깊은 인상과 영향을 남겼다. 그리고 이 책의 내용으로 결국 콘스탄츠 종교회의에서 이단으로 정죄받고 화형을 당하였다.[38] 후스가 《교회에 관하여》를 집필하게 된 직접적인 계기는 1413년 2월 6일 프라하대학 신학부에 속한 8명의 교수들이 서명한 문서 때문이었다.[39] 이 문서는 교황 요한 23세의 요청에 따라 프라하 도심에서 면죄부를 파는 것에 동의하는 문서였다. 8명의 교수들은 '보헤미아의 사제들은 신앙과 예배의 문제에 있어서 로마 가톨릭과 전적으로 동일하며, 교황이 로마 가톨릭의 머리이고 추기경단이 그 몸' 이라고 선언하였다. 그리고 8명의 신학박사들은 후스에게 오직 철회하라는 한 가지만을 요

---

37) Thomas A. Fudge, *The Magnificent Ride: The First Reformation in Hussite Bohemia* (Aldershot, England: Ashgate Publishing Limited, 1998), 133; 장윤재, 231; 이 그림은 보헤미아에서 출판된 전례용 서문 1572년판에 종교개혁자 중 한 명인 위클리프와 후스의 관계를 상징적으로 보여주는 한 장의 그림이다. 위클리프가 부싯돌로 불을 붙이고 이것을 보헤미아의 후스가 석탄으로 점화시켜 루터가 그 불씨를 받아 횃불을 치켜들고 있다. 그리고 루터는 그것을 멜랑히톤에게 넘겨주고 있다. 이 그림은 세 사람과의 연관성을 상징적으로 잘 드러내고 있다고 할 것이다.

38) 콘스탄츠공의회에서 후스의 반대자들은 후스를 정죄하기 위해 그의 저술에서 발췌한 30쪽 분량의 글 가운데 20쪽을 《교회에 관하여》에서 뽑아낸 것이었다.

39) 후스의 《교회에 관하여》는 잉글랜드의 종교개혁자 존 위클리프가 쓴 《교회에 관하여》에 많은 영향을 받았다. 그럼에도 위클리프의 가장 급진적인 결론들은 피하고 있다. 사실 후스는 위클리프에게서 반박할 수 없는 정통이라고 여겨지는 것들을 받아들인 반면에 자신이 찬성하지 않는 견해들은 언제나 침묵으로 넘겨 버렸다. 윌리스턴 워커, 434; 후스의 논문이 위클리프의 논문과 다르다고 지적할 수 있는 것은 무엇보다 위클리프의 저작은 기술적인 반면에, 후스의 논문은 날카롭고 대중적인 언어로 표현되어 있다는 점이다. 그리고 후스는 당대의 악들에 대해 기술하거나 특정한 사람들이나 무리들을 비난하면서 조심스럽게 단어를 사용했다. 더군다나 위클리프는 제한적으로 교황, 주교, 수도원의 성직에 대하여 논의한 반면에 후스는 그 조망 안에 교구 성직자들, 학문적 범주, 평신도들까지 포함시킴으로써 그 논의를 확대시켰다. 백충현, 김봉수 옮김, 221.

구하였다. 이 무조건적이며 강압적인 복종의 요구에 대한 후스의 대답이 《교회에 관하여》로 나타나게 된 것이다.[40] 여기에서 후스는 교회의 개념을 다음과 같이 말하고 있다.

> 교회는 그가 경배를 받으시는 하나님의 집으로 그 안에서 사역하는 제사장들이 있고, 그리스도의 의미에 따른 교회(ecclesia)는 그리스도의 법 아래 있는 모든 회중을 말하는데 거기에는 두 가지 교회가 있다. 예정되고 미리 알려진 양과 염소이다.[41]

위에서 보듯이 후스는 교회를 예정되고 미리 알려진 양과 염소로 구분하고 있다. 이에 따라 그는 교회를 '눈에 보이는' 교회인 '지상의 교회'와 눈에 보이지 않는 '하나님의 교회'로 구별했다. 그리고 '보편적 교회' 개념으로써 교회가 그리스도의 신비적인 몸이고, 오직 그리스도만이 교회의 머리가 된다고 하였다.[42] 즉, 그는 《교회에 관하여》제1장에서 교회의 하나 됨을 강조하는 가운데 사도신경이 고백하는 거룩한 보편적 교회는 택함을 받은 모든 자들, 다시 말해서 과거, 현재, 미래의 모든 선택된 자들이라고 했다. 그리고 이 거룩하고 보편적인 교회는 하나이다. 왜냐하면 한 분 그리스도가 모든 교회의 머리이시기 때문이다. 이와 같은 후스의 교회에 관한 주장은 어거스틴의 교회론에 기초하고 대체로 위클리프의 교회론과

---

40) 박경수, 47-48.
41) Matthew Spinka, *John Hous' Concept of The Church* (New Jersey: Princeton University Press, 1966), 255.
42) 후스는 교회를 삼중적인 의미로 규정했다. 첫째, 믿는 자들의 모임 혹은 회합이다. 둘째, 예정된 사람들과 유기된 사람들로 이루어진 혼합된 몸이다. 셋째, 예정된 사람들의 회합이다. 여기에서 첫째와 둘째 의미의 교회는 이 땅에 있는 눈에 보이는 교회를 의미한다면, 셋째 의미의 교회는 하나님만이 아시는 눈에 보이지 않는 교회를 의미한다. Jan Hus, *De Ecclesia*, trans. David S. Schaff, *The Church* (New York: Charles Scribner's Sons, 1915), 58 참조; 박경수, 54.

3. 얀 후스의 신학사상

일치하는 것으로, 당시 계급화된 중세의 로마 가톨릭이 지배적 구조에서 자신을 하나님의 교회와 동일시했던 것을 비판하고 있는 것이다. 뿐만 아니라 후스의 주장에 의하면 교회의 기초는 신앙이며, 이 신앙을 바탕으로 건설된 것이지, 교회가 믿는 신앙에서 설립된 것이 아니라고 하였다.

특별히 《교회에 관하여》 제3장의 "모든 그리스도인들이 교회의 구성원은 아니다"라는 제목에서 짐작할 수 있듯이 그는 현재 선택된 사람들처럼 보이는 사람일지라도 그들 중에 하나님의 영원한 은총에서 배제될 사람도 있다고 주장하고 있다. 이것은 비록 로마 가톨릭의 교황과 고위 사제일지라도 영원한 은총을 받았다고 단정할 수는 없다는 의미이다. 그래서 그는 '선택받은 자들'을 그리스도의 신비적 몸의 지체로 묘사하는 것과 비교하여 '버림받은 자들'을 악마의 지체로 묘사하면서 다음과 같이 말하고 있다.

> 세상적인 생각에 의하면 비록 많은 사람들이 교회의 머리나 교회의 일원이라고 말하지만 그러나 실상은 하나님 앞에서는 악마의 지체들이다.[43]

위의 글을 통해서 어쩌면 후스는 교황과 사제들의 삶이 구원받은 사람처럼 보이지 않기 때문에 그들은 이름뿐인 그리스도인이지 실제적인 그리스도인이 아니라고 말하고 싶었을는지도 모른다. 실제로 가롯 유다가 당장에는 예수 그리스도의 제자요 사도처럼 보였지만 결국 영원한 은총에 속한 자가 아니었다. 오히려 예수 믿는 자들을 핍박하던 사울은 당장에는 버림받은 자처럼 보였지만 결국 그리스도의 은총에 의해 선택된 사도 바울이 되었다.[44] 이처럼 지금 눈에 보이는 것만으로 그가 구원으로 택함을 받았는지, 유기(遺棄)되었는지를 알 수 없다. 지금은 교회 안(in)의 구성 모든 사람들이 그리스도인인 것처럼 보이지만 그들 모두가 참된 교회(of)의 구성

---

43) 김기련, 《세계교회사》(서울: 도서출판 근화, 2005), 287.
44) Jan Hus, 24.

원이라고 말할 수는 없다.[45] 그리고 이와 같은 주장은 당시 중세 로마 가톨릭에서 말하는 교황이 교회 머리를 이루고 고위 성직자들이 교회 몸을 이룬다는 주장을 정면으로 반박하는 것이다.[46] 이 점에 있어서 후스는 다음과 같이 말하고 있다.

> 교회에서 높은 자리를 차지하고 앉아 가르치면서 하나님의 계명을 범하는 자들은 유기된 자들이다. … 하나님의 계명을 행하는 신실한 그리스도인들이 하나님의 거룩한 교회에서 진실로 지극히 큰 자이며, 명령하는 자리에 앉아 계명을 행하지 않는 고위 성직자들은 지극히 작은 자이다.[47]

위의 글에서 볼 수 있듯이 교회 안에 있는 것만으로, 혹은 교회 안에서 높은 지위를 차지하고 있다는 것만으로 선택을 받았다고 단정할 수는 없다. 어거스틴의 말처럼 "주님은 자기 사람들이 누구인지 아신다. … 그러나 사람들에게는 누가 비둘기이고 누가 까마귀인지 숨겨져 있다."[48] 그러므로 후스는 눈에 보이는 지상의 교회에서 첫째가 되는 사람들은 하나님 나라에서 꼴찌가 될 수 있음을 강조하면서 교회 지도자들을 직설적으로 비판했다.[49] 그리고 후스는 하나님이 사람에게 주어진 부분이 있다면 이것은 그리스도 안에서의 참된 삶이요, 하나님의 말씀을 가르치고 세례를 베푸는 일과 아픈 자를 치유하는 일이라고 말했을 뿐, 성경 어디에도 사제들의 교만성과 탐욕, 그리고 사치에 빠져 자기 양을 압박하고 흩어버리는 행위를 정당화시킨 부분은 한 곳도 없다고 지적했다.[50] 그러면서 교황이 올바로 산

---

45) Ibid., 46.
46) 박경수, 53.
47) Jan Hus, 43.
48) 박경수, 53.
49) 장윤재, 229-230.

다면 그는 '부분적인' 로마 교회의 수장으로 간주될 수는 있을 것이라고 했다. 여기에서 참된 교회의 삶은 그리스도와 같은 순수한 청빈의 삶이라고 했다.[51] 결국 후스는 교회에 대한 자신의 주장을 통해 부정 축재, 성적 난잡함, 알콜 중독이 일상적이었던 당시 사제들의 비도덕적, 비성경적, 비인간적인 자세에 대하여 신랄하게 통박했던 것이다.

2) 성경론

후스는 위클리프의 성경 이해에 영향을 받아 성경을 교회의 유일한 권위로 삼으면서 성경의 최고 권위를 강조했다. 따라서 성경에 위배되는 교황의 교령,[52] 즉 교황무오설을 제기하는 새로운 문서들에 대해 지속적으로 반대하였다. 그는 《교회에 관하여》 11장과 12장에서 로마 가톨릭의 교황과 고위 사제들이 자신들의 권력을 옹호하기 위해 성경을 얼마나 파렴치하게 왜곡하여 사용하고 있는지를 지적하고 있다. 그러면서 오직 하나님의 법인 성경이 교회의 모든 판단 기준이 되어야 한다고 했다. 후스는 《교회에 관하여》에서 자신의 논지를 뒷받침하는 권위 있는 전거(全擧)로 성경, 교부들의 글, 교회법, 위클리프의 글을 사용하고 있다. 즉, 후스는 교회법의 비성경적인 전통들을 배제하지만 고대 교부들과 박사들의 가르치는 권위는 부인하지 않았다. 그럼에도 무엇보다 후스 사상의 근거는 첫째로 성경이었다. 그는 《교회에 관하여》의 거의 모든 곳에서 성경구절을 인용하고

---

50) 김익원, 《사상 속의 사상》(서울: 성광문화사, 1987), 129; 이경재, "종교개혁자들의 교회론"(석사학위논문, 목원대학교 신학대학원, 2010), 13.
51) 윌리스턴 워커, 434.
52) '교령'(敎令, decretum ecclesiasticum)이란 일반적으로 교황이 공동체나 지역에 적용시키기 위하여 제정 공포한 결정이나 규칙을 말하는데, 교령의 주제는 신앙과 도덕에 관한 것이 보통이며 교황 교령과 세계공의회 교령은 전체 교회에 적용된다.

있다. 성경은 신앙과 행위에 있어서 최상의 규칙이다. 이 규칙으로서의 성경에 대한 강조야말로 그가 종교개혁의 선구자임을 분명하게 보여주고 있다고 해야 할 것이다.[53] 그는 자신이 소환을 당한 콘스탄츠 종교회의에서 "궁극적인 권위가 어디에서 오는가?"라는 권위에 대한 문제가 논쟁의 주제로 부각되었을 때 종교회의(Konzil) 결의에 궁극적인 권위가 있다는 로마 가톨릭측의 주장을 거부하고 "진리의 유일무이한 원천이 성경에 있다"고 강조하면서 성경의 권위를 내세웠다.[54]

후스는 성경이 하나님의 말씀으로써 사람으로 하여금 '진리'를 깨닫게 한다는데 전적으로 동의했다. 또한 진리를 깨닫는다는 뜻은 인식적인 측면과 윤리적인 측면이 있는데 이 둘은 항상 함께 있어야 하되 결코 분리될 수 없다는 것이다. 사람이 하나님의 말씀인 성경을 통하여 진리를 이해하고, 이 진리를 가슴으로 받아들이면 이에 따라 그 말씀에 순종하려는 의지가 자발적으로 일어나서 이것이 행위와 삶으로 이어진다.[55] 이와 같은 성경에 대한 이해를 갖고 있었던 후스는 평신도들이 성경에 직접 접근할 수 있어야 한다고 생각하였다. 그리하여 1406년에 신약성경 전권과 시편, 그리고 잠언을 함께 묶은 소위 '성 미쿨로프스키 성경'(St. Mikulovsky Bible)으로 알려진 체코어 성경을 출판했다.[56] 무엇보다 후스의 번역 성경은 체코의 시인들과 작가들에게도 많은 영향을 주었다. 이 성경을 통하여 체코어의 정자법이 확립되었고 문학적인 면에서도 번역 성경의 역할은 체코어의 발전과 체계화, 그리고 표현상의 용례에 있어서 중요한 초석이 되었다.

---

53) 박경수, 56.
54) 대한예수교장로회 총회교육부 편, 37-38.
55) Ibid., 31.
56) John Klassen, "Hus, the Hussites and Bohemia," *The New Cambridge Medieval History,* vol. Ⅶ, 375.

3) 성찬론

후스는 성찬에 대한 가르침에서 철저하게 정통적인 입장을 취했다. 즉, 위클리프와는 달리 화체설을 부인하지 않았다.[57] 그러나 모든 그리스도인은 온전한 성찬을 받아야 한다고 주장했다. 당시 성찬에서 평신도들에게는 빵만 제공되고, 포도주는 오직 사제들에게만 허락되었다.[58] 그럼에도 불구하고 후스는 이종성찬(utraquism)을 통한 온전한 성찬을 주장했다. 그런데 이러한 후스의 성찬에 대한 이해는 체코의 토착적 종교개혁 사상가들에서 찾아야 할 것이다. 사실 후스는 체코에서 새로운 대중적 개혁운동을 시작한 첫 번째 인물이 아니다. 오히려 체코의 오랜 토착적 개혁운동의 절정이 후스에게서 이루어졌다고 보아야 할 것이다. 그리고 보헤미아가 위클리프라는 외래 전통을 다른 어느 지역보다 적극적으로 수용하게 만든 요인도 다름 아닌 체코의 토착적 개혁 전통이었다.

체코 종교개혁의 아버지는 크로메리쯔의 얀 밀리치이다.[59] 밀리치는

---

57) 화체설에 관한 내용은 제2장의 존 위클리프의 신학사상을 참고하기 바란다.
58) 당시 로마 가톨릭교회가 평신도들에게 잔을 주지 않았던 중요한 이유는 피를 흘릴 수 있다는 위험 때문이었다. 화체설을 받아들여 포도주가 실제 예수님의 피라고 했을 때 그 피가 발밑에서 짓밟힐 수 있다는 것은 신성모독이 될 수 있기 때문이다. 그 외에도 평신도들을 대신하여 성직자들이 대표적으로 잔을 받으며, 평신도들이 잔을 받는 것에 의해서는 어떤 것도 얻어질 수 없다. 그러나 제2차 바티칸공의회 (1962-1965) 이후로 떡과 포도즙이 평신도들에게도 허락되었다. 그렇지만 언제나 떡과 포도즙을 평신도들에게 주는 것은 아니다. 오주철, 《조직신학개론 개정판》 (서울: 한들출판사, 2016), 470-471.
59) 밀리치는 고위직 사제이며, 찰스 4세의 개인 비서이기도 했던 그는 극도로 타락한 교회 모습을 보면서 1303년 복음서의 예수를 따르기 위해 청빈과 겸손을 결심하고, 자신의 모든 지위와 수입을 포기한 후에 금욕적인 삶을 살았다. 특별히 묵시문학적 종말론을 주장한 그는 교회 내부의 부패에서 적그리스도 통치가 시작되었다고 인식하고, 그 종말을 준비하기 위해서는 성직자들의 청빈한 생활과 평신도들은 고리대금업을 버리라고 하였다. 그리고 적그리스도의 통치는 자주 혹은 매일 성만찬을

개혁의 중점을 성찬에 두었다. 그 이유는 성찬의 개혁이 곧 사회개혁이었기 때문이다. 그는 교회나 수도원 담장 밖에서의 영적 개혁을 주장했고 이것을 과감하게 실천했다. 그는 특히 프라하의 중심에 있는 창녀들에게 체코말로 성찬을 베풀면서 체코 종교개혁의 불씨를 당겼다. 그때가 후스가 태어난 바로 다음해인 1372년이다. 세상에 태어나서 한 번도 복음을 듣지 못했던 창녀들이 모국어로 설교를 듣고 복음을 이해했으며, 예수 그리스도의 살과 피를 받아 마셨다. 당시 가난하고 배고픈 창녀들에게 예수 그리스도의 살과 피는 예전적 상징만이 아니라 실제로 '일용할 양식'이었다. 이것은 당시로서는 가히 혁명적이었다. 그런데 밀리치는 아비뇽으로 소환되어 이단으로 선고 받았고 그곳에서 1372년에 죽었다. 그의 뒤를 이어 제자이며 파리대학 유학파로서 '파리선생'으로 불렸던 야노프의 마티아스(Matthias of Janow, ?-1393)가 이어갔다. 마티아스도 끊임없이 평신도들이 성찬에 참여해야 한다고 강조했고, 수시로 성찬을 베풀었다. 그에게 성찬은 생명의 빵이었다. 예수께서는 자신을 "하늘에서 내려온 생명의 떡/빵/밥"(요 6:35-58)이라고 했다. 수시로 베푸는 성찬은 사회 변화의 통로가 되었다. 이 과정에서 마티아스는 '이종성찬'의 이론적 기초를 놓았다. 여기에서 이종성찬이란 성찬에서 평신도들에게 빵뿐만 아니라 잔도 주는 것을 말한다. 이것이 후스주의운동(Hussite Movement)의 상징이 되었다.[60]

이런 밀리치와 마티아스가 후스의 성찬 이해에 대한 뿌리이다. 따라서 후스의 성찬에 대한 이해는 단순히 잉글랜드의 종교개혁자였던 위클리프의 복제품이 아니다. 이것은 체코의 토착적 종교개혁 운동의 열매였다고 해야 할 것이다. 성찬의 떡과 포도주가 봉헌의 말씀 때에 그리스도의 몸과

실행함으로써 종식될 수 있다고 가르쳤다. 밀리치는 1367년 로마를 방문했을 때 베드로성당에 이런 주장을 게시하여 체포되었다. 그는 석방된 후 프라하로 돌아와 활동하다가 1374년 아비뇽을 방문하였는데, 이곳에서 질병으로 생을 마감하였다.
60) 장윤재, 231-233.

피로 변한다는 것을 완전히 배격하지는 않았다.[61] 그럼에도 후스는 성만찬에서 빵과 포도주가 축성된 후에도 빵과 포도주 그 자체로 남는다는 위클리프의 견해를 가진 자로 정죄되었다.

4) 성직론

후스가 1413년 《성직에 관하여》(De simonia)[62]를 쓴 목적은 매우 현실적인 것이었다.[63] 로마 가톨릭에 의해 파문당한 후 시골로 망명을 떠나야만 했던 그는 베들레헴 예배당에서 설교하던 대중들에게 자신이 다가갈 수 없기 때문에 글로 대신하였다. 특별히 그는 자신의 의도를 첫 부분에서 다음과 같이 밝히고 있다.

> 성직 매매가 증가하므로, 나는 믿음에 따라 이를 멸하고, 성직 매매자들이 회개하도록 하기 위해 그것에 관한 책들을 쓰고자 한다. 성직 매매는 이단일 뿐 아니라 사악한 자들이 하나님의 백성들을 오히려 이단으로 정죄하고 있으므로, 나는 그 행위를 경고하고, 하나님의 백성들을 굳건히 하기 위해 기록하고자 한다. 또 한편으로 악한 자들이 난무함에

---

61) R. Tuder Jones, *The Great Reformation* (Illinois: Inter Varsity Press, 1985), 19.
62) 후스의《성직에 관하여》는 다음의 책에 번역되어 있다. 백충현, 김봉수 옮김, 222-312.
63) 후스는 이 글이 자신에게 어떤 결과를 가져오게 될 것인가를 예견하고 있었다. 그것은 그가 이 글의 마지막 부분에서 다음과 같이 말하고 있는데서 짐작할 수 있다. "나는 이 글을 쓰면서 나에게 주어질 것을 알고 있다. 그것은 악한 사제들과 세상의 백성들에게서 얻는 찬사와 쾌락, 물질적 이익이 아니다. … 만일 핍박과 고발을 당한다면 아첨과 거짓으로 생명을 부지하기보다 진리를 위해 기꺼이 죽음의 고통을 감수하겠다." Ibid., 311.
64) Ibid., 222.

따라 그들이 이단이라 부르는 자들이 어떤 자들이며, 그들이 실제로 이단에 속한 것인지 밝히고자 한다.[64]

위의 글에서 볼 수 있듯이 로마 가톨릭이 종교재판소를 만들어 자신들의 뜻에 어긋나는 사람들을 이단으로 정죄하고 억압하는 일련의 행위들을 고발하고 있다. 뿐만 아니라 그는 최후 승리를 얻고 칭찬을 받기 위해서 우리는 잘못된 가르침에 대해 경계하고 분별해야 할 것을 촉구하면서 무모하게 이웃을 이단으로 정죄해서는 안 된다고 지적하였다. 특별히 후스는 이 글에서 이 세상에는 이른바 '배교', '신성모독', '성직 매매'라는 세 가지 이단이 있다고 했다. 여기에서 배교는 "하나님의 법에서 돌아서는 것"이고, 신성모독은 "하나님의 능력에 대한 모독"이다. 그리고 세 번째 이단은 성직 매매인데, 그것은 "영적 물건을 비영적인 것을 위해 교환하는 것에 동의하는 것"이다. 그런데 세 이단들은 완전히 분리, 독립된 것이 아니라 서로 연결되어 있다. 그럼에도 이 세 가지는 서로 다른데, 배교는 "하나님의 법에 대한 거부"이며, 신성모독은 "거룩한 믿음에 대한 모욕"이며, 성직 매매는 "영적 질서를 뒤흔든 이단"이다. 그리고 이런 세 가지 이단들로 인하여 삼위일체 하나님이 멸시된다고 지적하면서 성직 매매에 대해 다음과 같이 지적하고 있다.[65]

> 성직 매매는 영적 나병으로서 하나님의 특별한 영적 기적 없이는 치료하기 매우 어렵다. 더욱이 이런 병은 전염되므로 성직 매매자는 다른 사람들을 전염시킨다. 따라서 신실한 그리스도인들은 성실히 이것에 맞서 싸워야 한다. 그러나 이에 대해 잘 알지 못한다면 악행에 대해 쉽게 맞서기 어려우므로 성직 매매는 반드시 널리 알려야 하는 죄악이다.[66]

---

65) Ibid., 225-228.
66) Ibid., 228.

당시에 다른 사람들로부터 인정을 받으면서 부유하게 살 수 있는 지름길이 사제가 되는 것이었다. 후스 자신도 "어린 시절에 자신이 빨리 사제가 되어 좋은 집에 살며 화려한 옷을 입고 사람들로부터 존경을 받으려고 했다"고 고백하면서 자신이 세속적인 욕망 때문에 사제가 되기를 원했고 세속적 화려함에 이끌려 성직을 동경했다고 하였다. 따라서 위의 글에서 짐작할 수 있듯이 당시의 성직 매매는 거리낌 없이 광범위하게 진행되고 있었다. 그런데 후스는 이러한 성직 매매를 구약성경의 게하시와 신약성경의 시몬에게서 찾아볼 수 있다고 언급한다. 게하시는 나아만에게서 문둥병을 낫게 해준 대가로 선물을 받았고, 시몬은 사도들에게 돈을 주어 자기에게도 안수하면 사람들이 성령을 받을 수 있는 능력을 달라고 했다. 이러한 두 사람의 행동을 성직 매매자들이 그대로 본받고 있다는 것이다. 그러므로 시몬(Simon)을 닮은 사람들을 성직 매매자(simoniacs), 혹은 시몬 같은 사람들(Simonites)로 표현하며, 게하시 같은 행위를 따라할 때 그들은 게하시 같은 사람들(Gehazites)로 표현한다는 사실을 주목해야 한다. 그리고 후스는 로마 가톨릭의 교황이 다음 세 가지 형태들과 관련되었을 때 교황도 성직 매매자가 되어 갔다고 했다.

> 그가 세상적인 명예와 보수 때문에 교황의 직위를 탐한다면 그는 성직 매매자일 것이다. 왜냐하면 천국에서 그를 위해 예비된 재산이 전혀 없기 때문이다. … 성직 매매의 두 번째 형태는 교황이 하나님의 법에 반대되는 다양한 조항들로 수입을 확대하기 위해 반포한 것들이다. … 세 번째 성직 매매 형태는 돈을 받고 주교와 사제들을 임명하는 것이다. 이런 증거들은 프라하의 대주교구직을 얻기 위해 수천 길더의 돈을 지불해야 하는 현실에서 여실히 드러난다.[67]

---

67) Ibid., 241. 실제로 니콜라스 푸크니크(Nicholas Puchnik)는 자신이 1402년에 프라하 대주교로 임명되었을 때 그는 교황에게 자신의 임명과 관련해서 3,300길더는

위의 글에서 볼 수 있듯이 성직 매매가 광범위하게 일어났던 당시의 실상에서 그는 10장에서 잘못된 성직 매매를 극복할 수 있는 방법들을 제시하고 있다. 그것은 왕들이 교회에서 성직 매매를 추방해야 하며, 왕의 능력으로 하나님의 영광을 더럽힌 죄를 보복하여 그들의 죄를 제어하도록 명령해야 한다는 것이다. 즉, 군주들은 하나님에게서 이런 권력을 부여받아 하나님에게 대적하는 사람들을 벌해야 할 의무가 있다. 그렇게 하지 않으면 이들은 전능하신 하나님의 불충한 종이 된다. 무엇보다 신실하고 사려 깊은 종이 되기를 원한다면 귀족들과 군주들, 교회 공동체가 만일 성직 매매에서 스스로 자유롭다면 성직 매매자들에게 직분을 주어서는 안 되며, 그들이 죄를 버리기 거부한다면 재산을 몰수해야 한다고 주장했다.[68] 후스는 사제가 그 성직을 사든지 팔든지 혹은 성직 매매자가 성직을 사든지 팔든지 모든 경우에 거룩한 것을 거스르는 것이 된다면서 그가 쓴 《주석》에서 다음과 같이 말하고 있다.

> 하나님으로부터 비롯된 소망 안에서 사제가 된 것은 사람들이 하나님을 믿고, 하나님의 명령을 실천하고, 그리고 하나님께 바르게 기도하도록 가르치기 위함이다.[69]

결국 참된 사제는 자신의 야망을 따르는 것이 아니라 하나님의 영광을

물론이고, 두 명의 전임자들을 위해서도 연체금 1,480길더를 지불하겠다고 약속했다. 그러나 이것을 완료하지 못하고 죽게 되자 그가 남긴 전체 '빚'은 그의 계승자인 하젠부르크의 즈비네크 자지크(Zbyněk Zajic of Hasen-burg)에게 넘겨졌다. 그리고 그는 자신의 지불금 2,800길더와 함께 누적된 연체금을 지불하겠다고 약속했다. 참고로 당시 1길더는 밀 217kg에 해당되는 금액이었다.
68) 백충현, 김봉수 옮김, 307-309.
69) Thomas Butta, *Seznameni's Mistrem Janem*, 이종실 옮김, 《체코 종교개혁자 얀 후스를 만나다》(서울: 동연, 2015), 62.

구하며, 자신의 세속적인 안락보다 신도들의 영적 안위를 우선시해야 한다. 그리고 《8명의 박사에게 보내는 답변》에서 사제들은 예수 그리스도의 가르침에 따라 정직하게 살고, 허세와 악덕과 사치를 버려야 한다고 했다.[70] 그러기 위해서 우리는 그리스도를 닮고 순종해야 하며, 우리의 믿음, 소망, 사랑과 모든 선행을 그에게 드려서 우리의 거울로 삼아야 한다. 더 나아가 우리의 모든 힘을 다해 그리스도의 장성한 분량이 충만한 데까지 이르러야 한다. 후스는 《성직에 관하여》에서 성직 매매의 잘못된 행위들을 지적하면서 책을 읽을 사람들에게 자신의 의도가 무엇인지 분명하게 주의해 주기를 부탁하고 있다.

> 그것은 의인들이 비방을 당하고 해를 입는 것이 아니라 그들이 스스로를 악에서 지키며, 악한 사람이 회개하게 되는 것이다. 아멘.[71]

4. 나가는 글

후스가 주장한 개혁의 외침은 다섯 가지로 요약할 수 있다. 첫째, 사제들에게 더 높은 도덕성을 요구했다. 당시 사제들의 부정축재와 성적 난잡함, 알코올 중독은 일상적인 것이었다. 둘째, 그는 설교와 성경 강독을 자국어로 행할 것과 모든 그리스도인은 온전한 성찬을 받아야 한다면서 이종성찬을 주장했다. 셋째, 그는 면죄부 판매를 반대했다. 그는 죄의 용서가 교황의 선언에서 이루어지거나 인간의 공로로 이루어지는 것이 아니고, 오직 믿음의 고백에 내려주시는 하나님의 은혜라면서 면죄부를 반대했다. 넷째, 성경에 위배되는 교황의 교령집을 지속적으로 반대했다. 그는 성경이

---

70) *Jan Hus*, 184.
71) 백충현, 김봉수 옮김, 312.

교회 지도자와 종교회의를 능가하는 최고의 권위를 가진다고 단언하면서 성경을 유일한 권위로 삼았다. 마지막으로, 교황은 교회의 머리가 아니며, 성직 계급제도는 교회가 아니라고 했다. 교회는 예정된 자들의 공동체로서 그리스도를 머리로 하는 유기체적 공동체라는 것이다. 뿐만 아니라 그는 체코 민족운동의 지도자로서 보헤미아의 독일화 정책에 저항하였고, 프라하대학에서의 체코인의 권리를 확장하였으며, 체코어의 정자법(正字法)을 확립하였고(1406년), 성경과 위클리프의 저작을 체코어로 번역하였다.

후스는 복음이 가르치는 진리로 돌아가라고 외치면서 실천하는 신앙의 중요성을 몸으로 보여준 종교개혁 직전의 종교개혁자였다. 그는 부패하고 타락한 교회를 개혁하고 복음의 진리를 지키기 위해 자신의 생명을 제물로 드리기를 거부하지 않았던 믿음의 사람이었다. 물론 그 길이 얼마나 좁은 길이며 어려운 길인지를 누구보다 잘 알고 있었다. 그럼에도 그 좁은 길을 당당하게 걸어간 하나님의 사람이었다. 그리고 그가 순교를 당한지 100년 후에 후스에게 영향을 받은 마르틴 루터가 종교개혁 불씨를 이어받아 거대한 종교개혁의 길을 열었다. 그는 비록 죽었지만 그의 믿음으로 지금도 교회와 성도들에게 말하고 있는 것이다.

진리로 향하는 길은 언제나 열려 있다. 그렇지만 그 길은 좁고 험하다. 그렇기 때문에 그 길로 가려는 사람이 적을 수밖에 없다. 그러나 분명한 사실은 우리 한국교회도 후스가 걸어간 그 길을 향해야 한다. 600년 전 체코에서 종교개혁 불을 붙였던 후스는 오늘 우리를 다시 이 진리의 길로 부르고 있다. 타오르는 불길 속에서 걸어 나온 순교자 후스는 오늘 이 땅의 교회와 교인들에게 다시 예수께서 걸어가신 그 진리의 길로 걸어갈 것을 촉구하고 있다.

참고문헌

김기련.《세계교회사》. 서울: 도서출판 근화, 2005.
김승진.《종교개혁가들과 개혁의 현장들》. 서울: 나침반출판사, 2015.
김익원.《사상 속의 사상》. 서울: 성광문화사, 1987.
대한예수교장로회총회교육부 편.《16세기 종교개혁과 개혁교회의 유산》. 서울: 한국장로교출판사, 2003.
박경수. "얀 후스의 교회에 타나는 교회개혁사상."〈장신논단〉47(4). 서울: 장로회신학대학교 기독교사상과 문화연구원, 2015. 12: 41-67.
박찬희. "보헤미아의 개혁자 얀 후스."〈새가정〉63. 서울: 새가정사, 2016. 10: 20-24.
백충현, 김봉수.《개혁의 주창자들: 위클리프부터 에라스무스까지》. 서울: 두란노아카데미, 2011.
《브리태니커》. vol. 23.
오주철.《조직신학개론 개정판》. 서울: 한들출판사, 2016.
워커, 윌리스턴.《기독교회사》. 송인설 옮김. 고양: 크리스챤다이제스트, 2004.
이경재. "종교개혁자들의 교회론." 석사학위논문. 목원대학교 신학대학원, 2010.
이석우.《대학의 역사》. 서울: 한길사, 1998.
《브리태니커》. vol. 25 (1994).
장윤재. "얀 후스와 체코 종교개혁-그의 화형 600주년을 맞이하여."〈기독교사상〉. 서울: 대한기독교서회, 2015. 7: 226-239.
정성구. "종교개혁의 여명: 위클립과 후스, 샤보나롤라의 설교를 중심으로."〈개혁논총〉, 제40권 (2016): 9-32.
폭스, 존.《순교자 열전》. 홍병룡. 서울: 포이에마, 2014.
Bartos, F. M. *Co vime o Husovi nového.* Pokrok, Prague, 1946.
Butta, Thomas. *Seznameni's Mistrem Janem.* 이종실 옮김.《체코 종교개혁자 얀 후스를 만나다》. 서울: 동연, 2015.
Cross, F. L. & E. A. Livingstone, *The Oxford Dictionary of the Christian*

Church. Oxford University Press, 1990.

Fudge, Thomas A. *The Magnificent Ride: The First Reformation in Hussite Bohemia.* Aldershot, England: Ashgate Publishing Limited, 1998.

Heymann, F. G. *Poland & Czechoslovakia.* New Jersey, 1966.

Higgins, Bill. *God's Faithful Goos-John Hus.* Lookout Mountain, TN: Grey Pilgrim Publication, 1995.

Hus, Jan. De Ecclesia, trans. *David S. Schaff, The Church.* New York: Charles Scribner's Sons, 1915.

Jones, R. Tuder. *The Great Reformation.* Illinois: Inter Varsity Press, 1985.

Klassen, John. "Hus, the Hussites and Bohemia." *The New Cambridge Medieval History.* vol. VII.

Krofta, Kamil. "John Hus," The Cambridge Medival History. vol. VIII.

Kutnar, F. "Frantisek Palacký and the Development of Modern Czech Nationalism." *East European Quarterly.* vol. XV, No. 1, 1981.

McClinroch, John. & James Strong. *Cyclopedia of Biblical, Theological, and Ecclesiastical Literature.* vol. IV. Michigan: Baker Book House, 1981.

Schaff, P. *History of the Christian Church.* vol. VI. Michigan: Eerdmans, 1976.

Spinka, Matthew. *John Hus at the Council of Constance.* New York: Columbia University Press, 1965.

Spinka, M. *John Hous' Concept of The Church.* New Jersey: Princeton University Press, 1966.

Trevelyan, G. M. *England in the Age of Wyclif.* New York, 1906.

von Wolmar, Wolfgang Wolfram. Prag. *Die älteste Universität des Reiches.* Arbeitsgemeinschaft Prager und Brüner Korporation, 1998.

Waugh, W. T. "Bohemia in the Fifteenth Century." *The Cambridge Medieval History,* vol. VIII.

마르틴 루터

제4장
종교개혁을 일으킨 마르틴 루터

중세시대에서 근대시대로 넘어가는 16세기 초는 중세 전성기 시대와 같이 교황이 절대적인 권위를 갖던 시기는 아니었다. 뿐만 아니라 르네상스 인문주의의 부흥으로 일반인들의 교육과 의식 수준이 높아지면서 부패하고 타락한 교회와 사제들에 대한 비판의 소리가 커지고 있던 시기였다. 무엇보다 이 시기는 사제들의 가르침이 성경과 어긋난다는 것을 확신하기 시작했다. 그리고 존 위클리프와 얀 후스를 비롯한 전(前) 종교개혁자들의 순교를 통한 개혁의 부르짖음은 메아리가 되어 많은 사람들에게 깊은 울림을 주고 있었다. 즉, 중세시대가 막을 내리고 근대시대에 접어드는 16세기에 "이제 교회는 근본적인 개혁을 해야 한다"는 필요성을 공감하기 시작했고, 많은 사람들이 개혁을 갈망하고 있었다. 이러한 상황에서 종교개혁의 깃발을 들어 올린 사람이 마르틴 루터이다. 1517년 10월 31일 "모든 성인의 날" 전날 밤에 루터는 면죄부 판매에 반대하는 95개조 논제를 독일의 비텐베르크 성당에 붙임으로서 타오르기 시작하는 16세기 종교개혁의 핵심이 되었다.[1] 따라서 이 장에서는 16세기 종교개혁의 깃발을 들어 올린 루터의 생애와 신학사상에 대해 살펴보자.

1. 루터 당시의 시대적 상황

16세기는 앞선 세기와는 달리 인구가 증가하자 일자리를 찾아 도시로 몰리면서 중세 전통의 장원계급이 무너지고 시민계급의 사회적 위상을 강화시키는 결과를 가져왔다. 이들은 주로 상공업에서 부를 축적하며 자신들의 정치·사회적 입지를 강화해 나가기 시작했다. 특히 도시 시민계급이 성장하고 이들이 멀리 떨어진 도시들 간의 상업적 거래를 위해 글쓰기와 읽기를 가르치는 학교가 등장하기 시작했다. 그러면서 이전까지 교회 중심의 교육이 세속적이 되면서 사제들의 사상을 평가하고, 비판할 수 있게 되었을 뿐만 아니라 순수 세속적인 학문을 추구할 수 있게 되었다.

> **루터 당시의 시대적 상황**
> ① 인쇄술의 발달로 인한 고대문헌들의 보급
> ② 로마 가톨릭의 타락과 부패 및 면죄부 판매
> ③ 민족주의에 기반을 둔 근대국가의 탄생

여기에 덧붙여, 1450년경에 발명된 금속활자를 통한 새로운 인쇄술은 유럽의 지식사회를 획기적으로 변화시켰다. 무엇보다 1500년경 이후 문자해독률이 높아진 유럽인은 모든 종류의 책을 구입해서 읽을 수 있게 되었는데, 특별히 혁명적인 사상은 일단 책으로 출간되면 더 이상 쉽게 근절될

---

1) 2017년 10월 31일은 루터가 종교개혁을 단행한 지 500주년이 된다. 이에 독일교회는 이미 10년 전부터 '루터2017위원회'를 만들고 "태초에 말씀이 있었다"는 표어를 내걸고 종교개혁 500주년 기념 준비를 해왔다. 그리고 이 표어를 실천하듯이 지난 2016년 10월 19일 '루터 성경 2017'을 새롭게 개정하여 출판하였다.

수 없었다. 그 결과 16세기의 위대한 종교개혁자인 루터는 팸플렛을 인쇄함으로 전 독일에서 추종 세력을 확보할 수 있었다. 그리고 새로운 인쇄술 발명은 고대 그리스 철학을 비롯하여 초대교회 교부들의 책들도 보급하면서 인문주의자들은 당시 교회가 기독교 초기 본래 모습과는 상당히 왜곡되었다는 사실을 깨닫게 되었다.

교황 레오 10세의 애완 코끼리[2]

당시 로마 가톨릭의 교황청과 부정부패는 앞 장에서 살펴본 바와 같이 이미 아는 사실이었다. 문제는 이런 부정부패가 로마 지도자들에게만 국한된 것이 아니었다. 사제들의 독신제도가 공식적인 규칙이었음에도 공개적으로 어기고 있었다.[3] 더구나 고위 사제들은 자신의 사생아를 공개적으로

---

2) 루터가 종교개혁을 단행하던 때 교황이었던 레오 10세(Leo X, 1475-1521)가 여가를 즐기기 위해 코끼리를 애완용으로 두었다는 것은 사실이다. 그가 지출한 내역을 보면 다음과 같다. 여기에서 1Gulden은 밀 217kg에 해당된다(H. D. Schmid, *Fragen an die Geschichte* Bd. 2, (Frankfurt, 1975), 182; 마석한, "루터의 종교개혁," 〈역사와실학〉 13(서울: 역사실학회, 1991. 1), 630.
   ① 로마 교황청의 군대 유지비: 12,000Gulden(프랑스 군대 병력이 20,000-30,000명 정도였던데 비해 로마 교황청은 15,000명의 군인을 보유하고 있었다).
   ② 교황의 조카인 로렌초(Lorenzo)를 공작에 임명하기 위해 중부 이탈리아의 도시인 우르비노(Urbino)와 전쟁하는 과정에서 사용한 전쟁 비용: 800,000 Gulden.
   ③ 동생 결혼식 비용: 150,000Gulden,
   ④ 행사와 축제비용: 96,000Gulden.
   ⑤ 교황청 도색 비용: 3,600Gulden.
   ⑥ 레오 10세의 개인 부채: 500,000Gulden.
3) 사제의 독신제를 처음으로 의무화한 것은 306년 스페인의 엘비라(Elvira) 교회 회의에서였다. 이 회의에서 그 지방의 사제들은 독신의 의무를 지켜야 한다고 결정하였고, 325년 니케아 공의회에서는 모든 사제들의 의무로 규정하였다. 그러나 사제들의

부양하였다. 군주들과 귀족들은 첩에게서 낳은 자녀들을 수도원장이나 수녀원장에 임명하여 생활 기반을 마련해 주었다.[4] 이러한 현상들은 인문주의자들에게 비판 세력으로 등장하게 만들었다. 인문주의자들은 성경의 문자적·역사적 해석과 '옛날 교부들'의 신앙 자세로 되돌아갈 것을 끊임없이 요구했다. 그리고 이것은 '오직 성경'(sola scriptura)이라는 일관된 주장을 하게 하였다.

무엇보다 16세기 유럽사회의 두드러진 정치적 현상은 근대국가의 탄생이다.[5] 새로운 민족국가들이 자신들의 주권을 주장하면서 황제와 교황의 권한에 맞서 충돌을 일으켰다. 이렇게 볼 때 유럽의 근대 민족주의는 종교개혁으로 표출되는 종교적 균열의 길을 열어 놓았다고 해야 할 것이다. 1517년 아우크스부르크(Augsburg)의 주교가 종교회의에서 연설한 내용을 보면 교회의 실상을 확인할 수 있다.[6]

> 신부의 미덕과 높은 인격 대신 오늘날 각종 악습들이 횡행하고 있다. 사람들은 경건한 마음을 나타내고 사순절을 지키고 있다. 그러나 우리(성직자)는 재산을 긁어모으고 있다. … 주교와 성직자는 그리스도에 봉사하려 하지 않고, 그리스도를 이용하여 좋은 삶을 영위하려고 하고 있다. 이들의 식탁에는 최고급 술과 음식으로 가득 차 있다. … 이들은 또한 수많은 하인을 거느리고 있다. 그 하인 가운데 일부는 음식 준비를 하고, 일부는 마실 것을 준비하며, 다른 하인은 준비된 음식을 시식하고 있다. … 내가 이런 성직자가 많음을 보고 울분을 터뜨리지 않을

독신제가 10세기와 11세기에 들어오면서 지켜지지 않았다. 근대사에서 사제의 독신제도를 규정한 것은 1545년 트렌트 종교회의(Concilium Tridentinum, 1545-1563)에서였다.
4) 후스토 L. 곤잘레스,《종교개혁사》, 서영일 역(서울: 도서출판 은성, 1995), 12.
5) 근대국가에 관한 내용은 "제1장 종교개혁 당시 유럽의 상황"을 참고하라.
6) 마석한, 627.

수 없다. … 이들 성직자에게 고독은 역겨운 것이고, 경건함, 복종, 겸손은 오히려 경멸스러운 것으로 간주되고 있다. … 이러한 자들을 베드로는 신의 봉사자가 아니라 개와 같은 짐승에 불과하다.[7]

위의 글에서 예상할 수 있는 대로 타락과 탐욕은 교직제도의 하층 직급에서도 쉽게 찾을 수 있었다. 고위 사제들은 적은 규모이지만 요한 22세와 유사한 세금제도를 발전시켰다. 지방 교구적인 차원에서는 성직 매매와 부재주의(不在主意)가 또 다시 일반적인 행습으로 발전했다. 따라서 재정상의 문제는 이것과 함께 복합적으로 성직 매매, 친족 등용, 성직 겸직, 축첩 등과 같은 도덕적 파탄을 초래하였다. 이러한 모습은 도시를 중심으로 한 일반인들의 의식 수준이 점차 높아질수록 교회와 사제들에 대한 비판의 목소리는 더욱 커지고 있었다. 그럼에도 교황은 베드로성당 건축을 계획하면서 돈을 기부하는 자에게 연옥에서의 속죄를 약속하며 면죄부를 판매하기 시작했다. 결국 이것이 루터로 하여금 종교개혁을 일으키게 하였다.

2. 마르틴 루터의 생애

마르틴 루터(Martin Luther, 1483-1546)는 1483년 11월 10일 만스펠트 공작령에 속해 있는 아이스레벤(Eisleben)에서 태어났다.[8] 삶에 큰 포부를 가지고 있던 아버지 한스(Hans)는 뫼라(Möhra) 출신의 가난한 농부였으나 결혼과 함께 새로 발견된 구리광산 광부가 되기 위해 아이스레벤으로 이주했다. 루터가 출생한 이듬 해 아버지는 광부로 일하다가 제련소를

---

7) W. Andreas, *Deutschland vor der Reformation* (Berlin: Stuttgart, 1932), 81.
8) 마르틴(Martin)이라고 이름을 붙인 것은 그가 태어나서 세례를 받을 때에 그 날짜에 기념되는 성인(Martin von Tours)의 이름을 따라 마르틴으로 이름지었다.

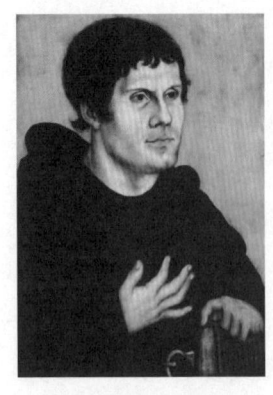
수도원에서의 루터

차려 어느 정도 성공하였다. 루터는 1490년경 만스펠트학교(Trivialshule)에 입학했으며, 14세가 되던 1497년에는 막데부르그(Magdeburg) 대성당 부속학교에서 1년간 공부하였다. 여기에서 '새로운 경건운동'(Devotio moderna)에 헌신하던 '공동생활형제단'(Brüdern vom gemeinsamen Leben)[9] 교사들의 교육을 받았다. 그리고 1498년부터 1501년까지 친척들이 있는 아이제나흐로 옮겨 게오르그(St. Georg) 성당 부속학교(Pfarrschule)에서 공부하였다.[10]

그런데 루터의 소년 시절은 행복하지 못했다. 부모들은 엄격했으며, 장성한 후에도 자신이 받은 혹심한 체벌에 언급하였다. 그는 전 생애를 통해 우울증과 신경 불안증에 시달렸는데, 일부 학자들은 그 이유를 소년 시절에서 찾고 있다. 루터의 학교 경험도 역시 즐거운 것은 아니었다. 루터는 자신이 학교에서 공부 시간에 채찍으로 맞았다고 회고하였다. 이러한 것들

---

9) '공동생활형제단'은 14세기 말엽 네덜란드에서 일어난 경건운동의 단체이다. 이 운동의 가장 저명한 저자가 토마스 아 켐피스(Thomas à Kempis, 1380-1471)였는데,《그리스도를 본받아》(The Imitation of Christ)에서 그리스도의 수난에 동참하면서 그리스도와 동행하는 삶을 강조했다. 신학보다는 경건을, 사색보다는 예배를, 형식보다는 내적 체험을 강조했다. 특히 공동생활의 형제단이 주장했던 것 가운데 하나는 성경을 라틴어 뿐만 아니라 각 지방의 모국어로도 읽어야 한다는 것이었다.

10) 대한예수교장로회 총회교육부 편,《16세기 종교개혁과 개혁교회의 유산》(서울: 한국장로교출판사, 2003), 61.

11) 후스토 L. 곤잘레스, 25-26. 그런데 루터의 부모와 어린 시절에 대해 윌리스턴 워커는 전혀 다른 주장을 하고 있다. 즉, "그의 부모는 단순하고 인습적인 경건을 지니고 있었다. 그들이 자녀들을 가혹하게 다루었다거나 과도한 종교적 요구의 짐을 지웠다는 것은 아무 증거도 없다"(윌리스턴 워커,《기독교회사》, 송인설 옮김(고양: 크리스천다이제스트, 2004), 478).

이 그의 성격에 깊은 영향을 미쳤음은 의심할 여지가 없다.[11] 어린 루터는 당시의 젊은이들과는 두 가지 면에서 차이가 났는데, 첫째, 그는 분위기 변화에 민감해서 가끔씩 우울한 상태에 빠졌다. 둘째, 당시의 보통 젊은이들보다 신앙심이 매우 두터웠다.[12]

루터는 18세가 되던 1501년 독일 튀링겐에 있는 에르푸르트(Erfurt)대학에 입학했고, 1502년 문학학사 학위를 받은 후, 1505년 1월에는 문학석사 학위를 받았다.[13] 그 당시 에르푸르트는 독일의 대학들 가운데 인문주의적으로 가장 발달되어 있었고, 이곳에서 루터는 새로운 운동의 영향 아래 놓이게 되었다. 때문에 루터는 결코 완전한 의미에서 인문주의자는 아니었다 해도 이 운동의 열정을 공유하였는데, 이것은 고대 언어, 특히 그리스어 연구와 성경과 교회 교부들의 저작에 근거한 스콜라 신학의 비판이었다.[14]

문학석사를 마친 그는 1505년 5월, 존경받는 직업인 법률가가 되어 명예와 부를 얻기 원하던 아버지 소원대로 에르푸르트 법학부에 입학하였다. 법학 공부를 시작한 지 얼마 후에 루터는 자신의 내면에 숨어 있던 공포와 불안을 자각하는 경험을 하였다. 즉, 1505년 7월 2일, 만스펠트에 계신 부모님을 방문하고 돌아오는 길에 슈토테른하임(Stotternheim)에서 뇌우를 만났는데 함께 있던 친구가 벼락을 맞고 새까맣게 타 죽게 된다. 이때 그는

---

12) 후스토 L. 곤잘레스, 《기독교사상사(III)》, 이형기, 차종순 역(서울: 한국장로교출판사, 2002), 46.
13) 대한예수교장로회 총회교육부편, 62. 루터 시대의 에르푸르트는 인구 2만 여 명(현재 20만 여명)이 살던 곳으로 90개 이상의 교회와 36개의 수도원들이 즐비했다. 뿐만 아니라 상업도시로서 신성로마제국의 가장 중요한 제국도시가 되었다. 더욱이 이곳은 14세기와 15세기 유럽에 급격하게 불고 있던 교육혁명의 한 장소로서 독일에서 가장 먼저 대학(1379년)이 세워진 곳이다. 안재중, "젊은 루터의 절제된 삶과 영적 고뇌가 느껴지는 곳," 〈한국기독공보〉 3073호, 2017년 1월 3일.
14) 윌리스턴 워커, 478. 당시 에르푸르트대학의 학문적 경향은 유명론(Nominalism)이다. 유명론에 관하여는 "제1장 종교개혁의 새벽별, 존 위클리프"의 각주 16)을 참고하기 바람.

번개와 폭풍 속에서 죽음과 지옥의 공포에 사로잡힌 가운데 불식간에 무릎을 꿇고 "성 안나여! 저를 도우소서. 그러면 제가 수도사가 되겠나이다"[15] 라고 서원했다. 아들의 결정을 듣게 된 아버지는 몹시 화를 내었지만,[16] 그는 법학 공부를 그만 두고 7월 17일 수도사 생활이 영혼 구원에 가장 확실한 길이라고 확신하여 에르푸르트에 있는 어거스틴 수도원에 들어갔다.[17] 그 후 점점 성숙되어 가는 과정에서 깨달은 것은 자신이 뇌성 번개 때에 가장 두려워했던 것은 죽음 그 자체가 아니라 죽음에 대한 준비 없이 죽는다는 사실이었다. 따라서 루터가 수도원에 들어간 것은 죽음을 준비하기 위함이었다. 즉, 하나님이 보시기에 합당한 사람이 되기 위함이었던 것이다.[18]

수도원에 들어간 루터는 모범적인 수도사가 되기 위해 수도원적인 삶에 충실하여 승단 규율인 엄격한 금식, 자기 성찰과 고해 등을 정확하게 수행하면서 인정받기 시작하였다.[19] 그럼에도 내면에는 이런 방법으로는 구원을 얻을 수 없을지 모른다는 불안이 여전히 자리 잡고 있었다. 자기는 하

---

15) 성 안나는 당시 독일 광부들이 믿고 있던 수호신이었다. 이 고백은 수십 년 후에 루터 자신이 이 사건을 회상하면서 '탁상담화'를 통해 알려진 것이다. 슈토테른하임에 세워진 기념비에는 다음과 같은 글귀가 새겨져 있다. "성스러운 땅. 종교개혁의 전환점. 하늘로부터 온 섬광 가운데 젊은 루터에게 이곳에서 길이 지시되었다."
16) 아들로부터 심한 배반감을 느끼게 된 아버지는 그 후 오랜 세월이 지난 후에야 루터를 용서했다.
17) 그런데 기록에 따르면 당시 에어푸르트에는 시토수도회나 도미니칸수도회, 그리고 프란치스코수도회가 있었다. 그럼에도 불구하고 그가 어거스틴수도원에 들어간 이유는 이 수도원이 에어푸르트대학에서 배웠던 학문적, 철학적 방법을 추구하고 있었기 때문에 계속 동일한 노선에서 공부할 수 있으리라는 기대가 있었을 것이다. 그리고 무엇보다 어거스틴수도원이 당시 개혁수도원으로서 어느 수도회보다 엄격한 규율을 지키고 있었기 때문일 것이다.
18) 후스토 L. 곤잘레스, 《기독교사상사(Ⅲ)》, 46.
19) 루터가 15년 넘게 어거스틴수도원의 엄격한 규율에 따라 금욕적인 수도생활을 한 것이 건강을 해쳤을지도 모른다. 그는 오랫동안 담석증과 협심증으로 고생했다. 그는 의식적으로 정신적, 육체적 고행을 하는 삶을 선택했던 것이다.

나님의 사랑을 받기에 충분하지 못한 존재라고 느꼈을 뿐만 아니라, 구원 받기에 충분한 봉사와 헌신을 하고 있다는 확신이 없었기 때문에 영적 훈련에 몰두할수록 하나님의 거룩함과 의로우심에 두려움을 느낄 뿐이었다. 당시 교회의 가르침에 의하면, 선행과 고행이야말로 젊은 수도사 루터가 하나님 앞에서 의롭다는 판결을 받기에 충분해야만 했다. 그렇지만 자신의 죄악성을 심각하게 느끼고 있던 루터는 이것을 극복하려고 할수록, 자신에게서 더 많은 죄를 발견할 뿐만 아니라 죄의식이 더욱 강해졌다. 심지어 그가 고해소를 떠나는 바로 그 순간에도 고백하지 못한 죄들이 있음을 깨달았다. 그렇다고 해서 루터가 모범적인 수도사가 아니었다거나, 부도덕하고 방탕한 생활을 했다는 생각은 큰 잘못이다. 오히려 루터야말로 수도사의 계율을 가장 충실하게 지킨 인물이었다.

루터가 수도원에 들어온 지 9개월이 지난 1506년 4월 3일, 당시 중세 수도회에서 최고로 존경받던 요한 슈타우피츠(Johann von Staupitz, 약 1468-1524)를 선임자로 만나게 된다. 자신의 죄 문제로 끊임없이 고민하고 있는 루터에게 슈타우피츠는 위대한 신비주의자들의 저술을 추천하였다. 그래서 루터는 신비주의에 젖어 들었다. 그러나 이것도 얼마 안 되어 막다른 골목임을 발견하게 되었다. 즉, 모든 신비주의자들은 인간들이 하나님을 사랑하기만 하면 된다고 믿는다. 이러한 사랑의 결과로 중요한 것들은 저절로 따라오게 된다는 것이다. 그러나 루터는 하나님을 사랑한다는 것이 결코 쉬운 일이 아님을 발견하게 되었다. 만약 하나님이 아버지나 교사들과 같아서 피가 나올 때까지 자녀와 학생들을 채찍질하는 존재라면 어떻게 사랑할 수 있을 것인가라는 생각을 갖게 된 것이다. 그리고 자신이 하나님을 향해 사랑이 아니라 오히려 증오를 느끼고 있다는 두려운 결론에 도달하였다.[20] 이러한 상황에서 슈타우피츠는 루터가 신학을 계속 공부하

---

20) 후스토 L. 곤잘레스, 〈종교개혁사〉, 28-29.

여 박사가 되고, 비텐베르크대학에서 가르쳐야 한다고 결정하였다.

마침내 그는 1507년 2월 27일 에르푸르트 대성당에서 부제로, 4월 4일에는 신부 서품을 받은 후 어거스틴수도원에서 신학수업을 받는 한편 수도원에서 철학 강의를 하였다. 그리고 1508년에 선임자의 명령으로 작센 선제후인 프리드리히 3세(Friedrich Ⅲ, 1486-1525)가 1502년에 설립한 비텐베르크대학에서 아리스토텔레스 윤리학을 강의하고, 장차 교수직을 준비하기 위하여 그곳으로 갔다.[21] 동시에 신학수업에도 몰두하여 1509년에 성경학사 학위를 받았고, 이어 가을에는 에르푸르트 대학으로 돌아가서 〈명제집 주석〉 학사가 되었다.[22] 1510년 11월 루터는 에르푸르트수도원의 동료 한 사람과 어거스틴 총 수도원 독일 책임자인 요한 슈타우피츠가 더 엄격한 수도원들과 수도원 규율을 통합하는 안을 내놓았을 때 에르푸르트 수도원의 이름으로 반대하기 위한 협상 대표가 되어 4주간에 걸친 로마 여행을 하게 된다. 그의 로마 여행은 거룩한 도시로부터 하나님의 은총을 얻기를 바라는 희망과 신앙에 가득 차 있었다.[23] 그러나 로마로 순례여행을 갔을 때 유물들이나 공로를 얻는 수단들이 타락한 것을 보고 그의 확신은 산산조각 나고 말았다. 로마 여행을 마치고 비텐베르크로 돌아온 그는

---

21) 당시의 비텐베르크는 인구 2,000명(2007년 기준 47,540명) 정도의 작은 도시였지만 에르푸르트에서와 마찬가지로 인문주의적 색채가 강하였다. 당시 인문주의자들은 고전문학 연구를 장려하면서 수도사의 타락상이나 성물숭배 같은 미신적인 신앙을 비판하였다. 루터는 이러한 인문주의적 경향 속에서 자연스럽게 고전문학들과 만났고, 고전 수사학과 친숙하게 되었다. 그리고 에라스무스의 헬라어 신약성경 출판은 그에게 큰 영향을 미쳤다. 대한예수교장로회 총회교육부 편, 65-66.
22) Ibid., 65. '명제집 주석' 이란 오늘의 조직신학이나 교의학에 해당한다.
23) 당시 수도사들에게 로마순례는 꿈의 여행이었다. 로마는 순례의 최후 목적지였고, 면죄가 자동적으로 보장되는 곳이기도 했다. 루터는 교황이 거주하는 라테라노 대성당(Basilica di San Giovanni in Laterano)부터 찾았다. 그 유명한 '거룩한 계단'(Scala santa)을 무릎으로 기어 올라가며 주기도문을 외우고 참회했다. 이동희, 《꺼지지 않는 불, 종교개혁가들》(서울: 넥서스, 2015), 56-57.

1512년 10월 19일 신학박사가 되었고, 슈타우피츠의 후계자로 비텐베르크 대학 성서학 교수가 되었다. 이후 그는 시편(1513-1515), 로마서(1515-1516), 갈라디아서(1516-1517), 히브리서(1517-1518)에 대한 연속적인 주석 강의에 착수하였다. 1509년까지 루터는 후기 스콜라주의와 옥캄, 다이, 비엘 등의 유명론 신학자들에게 몰두해 있었다. 그러나 1510년 이후, 어거스틴과 후기 중세 어거스틴파 연구가 그에게 새로운 전망을 열어주었고, 신학에서 아리스토텔레스의 지배와 '새로운 펠라기우스주의' 인 유명론 신학과 결별하게 된다.[24]

루터의 대발견은 아마도 그가 로마서를 강해하기 시작한 1515년의 사건으로 추정된다. 그는 후에 로마서 1장에서 자신이 가진 고민과 난제들에 대한 해결책을 발견했다고 선언하였다. 특별히 로마서 1장 17절에 의하면, 복음이란 하나님의 의(공의)의 계시이다. 그러나 바로 이 하나님의 공의로 말미암아 루터는 불안에 사로잡혔던 것이다. 어떻게 이러한 메시지가 복음, 즉 좋은 소식(Good News)이 될 수 있다는 말인가? 왜냐하면 루터가 생각할 때, 진정한 복음, 좋은 소식이라면 하나님께서는 공의롭지 않으셔야 했다. 다시 말해, 하나님께서 죄인들을 심판하지 않으셔야만 한다. 그러나 로마서 1장 17절에는 복음과 하나님의 공의는 서로 떨어질 수 없도록 연계되어 있었다. 루터는 '하나님의 공의' 라는 구절을 증오했으며 며칠 동안이나 이 구절 속에 나타난 두 부분 사이의 관계를 이해하려고 노력했다. 왜냐하면 이 구절 속에는 복음을 통해 하나님의 공의가 드러났다고 선포한 후 곧이어 "의인은 믿음으로 말미암아 살리라"고 수긍하고 있기 때문이었다. 그런데 그 해답은 놀랄만한 것이었다. 루터는 '하나님의 공의' 가 지금까지 오해해 온 것처럼, 신자들에 대한 처벌을 가리키는 것이 아니라는 결론에 도달하였다. 이것은 오히려 의인들의 공의, 혹은 의가 인간들 자신의

---

24) 윌리스턴 워커, 480.

것이 아니라 하나님의 것이라는 의미였다. '하나님의 의'는 믿음으로 사는 자들에게 주어진 것이었다. 또 이러한 하나님의 의는 인간들이 의롭다거나 혹은 신적 공의가 요구하는 사항들을 만족시켰기 때문이 아니라 단지 하나님께서 주시기를 원하셨기 때문에 주어진 것이다. 따라서 루터가 주장한 '이신칭의'(以信稱義), 즉 믿음에 의한 '의롭다 하심'의 교리는 하나님께서 우리에게 요구하시는 것이 믿음이라는 것, 다시 말해서 이것이 우리가 무엇을 성취하는 것으로써 그 후에 하나님께서 보상하신다는 의미가 아니라, 오히려 믿음과 칭의 모두가 하나님의 사역으로 죄인들에게 값없이 주시는 선물이라는 의미이다. 이러한 발견에 대한 감격을 루터는 이렇게 기록하였다.[25]

> 나는 마치 내가 새로 태어난 것처럼 느꼈다. 그리고 천국의 문이 활짝 열린 것처럼 느꼈다. 성경 전체가 새로운 의미를 갖게 되었다. '하나님의 공의'(the justice of God)라는 구절이 내 가슴속을 미움 대신 말로 형언할 수 없는 위대한 사랑의 달콤함으로 가득 채우는 것이었다.[26]

1517년에 접어들었을 때 루터는 이미 혼자가 아니었다. 성경 강의와 교회 교부들을 연구하면서 루터가 아리스토텔레스주의와 스콜라주의를 반대하자 비텐베르크대학에서 많은 공감을 얻었다. 그의 동료였던 칼슈타트,[27] 니콜라우스(Nikolaus von Amsdorf, 1483-1565), 멜랑히톤(Philip

---

25) 후스토 L. 곤잘레스, 〈종교개혁사〉, 31-33.
26) Ibid., 33.
27) 칼슈타트(Karlstadt, 1480-1541)는 본명이 안드레아스 루돌프 보덴슈타인(Andreas Rudolph Bodenstein)으로서 흔히 출신 지역 이름을 따라 칼슈타트(Karlstadt)라고 부른다. 1510년에 신학박사 학위를 받고, 사제 서품을 받은 그는 1511년 비텐베르크대학 신학교수가 되었다. 종교개혁의 윤리와 실천을 강조했던 그는 루터를 지지하면서 한 때 멜랑히톤과 함께 비텐베르크 개혁을 이끌었다. 그

S. Melanchthon, 1497-1560)은 루터의 지지자가 되었으며, 비텐베르크대학은 종교개혁에서 선봉이 되었다.

그런데 1517년 말이 되면서 독일 상황은 루터에게 의사를 분명하게 밝혀야 하는 방향으로 흐르고 있었는데, 그것은 면죄부(免罪符, indulgence) 판매 때문이었다.[28] 즉, 레오 10세가 마인츠(Mainz)와 마그데부르크(Magdeburg) 대주교요, 할버스타트(Halberstadt) 주교인 알브레히트(Albrecht)에게 그의 교구와 브란덴부르크(Brandenburg) 일부 지역에서 면죄부를 팔아도 좋다고 허가하자 면죄부 판매는 전면으로 부각되면서 국가적 차원으로 확대되었다. 알브레히트 주교는 세 교구를 맡기 위해 아우크스부르크 대상인 후거(Jacob Hugger)로부터 큰 빚을 지고 있었다. 교황은 그에게 8년 동안 면죄부를 팔 수 있는 권한을 주면서, 판매금 절반은 빚을 갚고, 절반은 베드로성당 건축을 위해 교황에게 바치게 하였다. 알브레히트는 웅변에 능한 도미니크수도회 출신의 테첼(John Tetzel, 1465-1519)에게 면죄부 판매를 맡겼다. 테첼은 면죄부를 팔기 위해서라면 온갖 사기와 속임수를 가리지 않는 인물이었다. 예를 들어, 테첼과 수행한 사제들은 감언이설로 면죄부를 선전하면서 면죄부는 "죄인들을 세례보다 더 깨끗하게 만들며, 타락 이전의 아담보다 더 순결하게 만들뿐만 아니라, 면죄부를 판매하는 자의 십자가는 그리스도의 십자가만큼 효력이 있다"는

는 루터가 발표한 만인제사장설을 따라 사제 옷을 벗었다. 1521년 12월 25일 비텐베르크 성당에서 평복을 입고 복음주의적인 미사를 공개적으로 집전했는데, 라틴어가 아닌 독일어로 진행되었다. 그의 행동은 당시로서는 충격이었다. 결국 그의 과격한 행동으로 루터와 결별하게 되었다.

28) '면죄부'는 11세기 말 십자군 전쟁 때 우르바누스 2세가 십자군에 참여를 독려하기 위해 특단의 조치가 필요하다고 생각해서 만들었던 것이다. 즉, 십자군에 참여해서 전사하거나 살아서 돌아오는 사람들에게는 죄의 징벌을 면제해 주겠다고 선언한 것이다. 거기에다 전쟁 비용을 충당하기 위해 돈만 내는 사람들에게도 죄를 면제해 주었다. 한 마디로 교황의 면죄권이 돈과 결부되기 시작한 것이다.

것이었다.

이미 죽은 사랑하는 사람들을 위하여 면죄부를 사는 사람들에게는 다음과 같이 약속하였다.[29] 헌금함 바닥에 동전이 짤랑하고 떨어지는 순간에 연옥에 갇혀 있던 영혼은 화살처럼 솟아오른다.[30]

면죄부를 판매하고 있는 테첼

중세시대 말기인 14-15세기에는 흑사병으로 유럽에서 약 250만 명이 죽었다. 당시 인구의 1/3이 죽었을 정도였으니 유럽인들은 늘 죽음의 공포 속에서 살았다. 이런 상황에서 구원에 대한 보장이 필요했다. 천국에 간다면 무엇이든지 할 판인데, 이것을 악용하여 은혜를 준다는 명목으로 교황이 면죄부를 판 것이다.[31] 심지어 사람은 선행을 행하여 구원받을 만한 힘이 없으므로 연옥(煉獄, purgatory)으로 가서 약 190만 년 이상을 지내야 하는데, 면죄부는 그 기간을 감해 준다는 것이다.

테첼을 수행한 사제들의 주장은 교회가 가르치는 교리를 오도하고 있다는 것을 깨달은 지식인들의 분노를 쌓았다. 그리고 성숙해져 가고 있던 독일 민족의 국가적 감정에서 테첼의 면죄부 판매는 독일 국민들에 대한 착취의 본보기라고 생각하였다. 따라서 루터도 신앙적인 이유에서 도저히 면죄부 판매에 찬성할 수 없었다. 그리하여 1517년 10월 31일 '모든 성인

---

29) 후스토 L. 곤잘레스, 《종교개혁사》, 36.
30) Ibid.
31) 마석한, 629.

의 날'[32] 전날 밤에 면죄부 판매에 반대하는 '95개 조항'(Ninety-five Theses)[33]을 비텐베르크 성당 정문에 내걸었다. 당시 그의 나이 34세였다. 라틴어로 쓴 그의 신조문은 대대적인 혼란을 의도한 것이 아니었다. 실제로 교황과 싸움을 원하지 않았으며, 이러한 문제들은 신학자들만 관심을 가질 것이라고 생각하였다.[34] 그러나 결과적으로 루터의 행동은 외부 세력의 독일인들에 대한 착취를 혐오하던 이들에게 폭발적인 반응을 얻었다. 따라서 루터의 논제는 인문주의자들에 의해 독일어로 번역되어 전역으로 퍼져 나갔다. 독일지역에서 면죄부를 판매하던 테첼은 루터의 반박문을 읽고 광분하면서 "이 이단자는 3주 안에 내 앞에서 화형을 당할 것"이라고 장담하였다.

---

32) 모든 성인의 날은 로마 가톨릭교회가 지키는 절기로 모든 성인들, 특히 교회력에 있어 축일이 지정되지 않은 성인들을 기념하기 위한 날로 11월 1일에 지낸다.
33) 루터의 95개 논제의 원 제목은 〈면죄부의 능력과 효용성에 관한 토론〉(Disputation on the Power and Efficacy of Indulgences)이다. 제목에서 알 수 있듯이 이 논제의 대부분은 면죄부에 관한 것이었다. 그런데 루터의 95개 조항은 2주 만에 독일에 퍼졌고, 4주 만에 전 유럽으로 번져 나갔다. 여기에는 구텐베르크의 인쇄술 덕분에 95개 조항이 문서로 빠르고 값싸게 만들어질 수 있었다.
34) 실제로 루터는 1517년 9월의 97개 조항보다는 그 어조와 내용에 있어서 훨씬 덜 자극적이었다. 그리고 그의 논제들은 면죄부를 수여하는 교황의 권리를 부정하지 않았다. 이 조항들은 면죄부가 연옥에 효력을 미친다는 것에 의문을 제기했고, 현행 가르침이 허용한 악폐를 뚜렷이 부각시켰다. 그리고 교황이 내용을 소상히 알게 되면 이 악폐들을 폐기할 것이라고 주장하였다. 무엇보다 일반인들이 읽지 못하는 라틴어로 썼다는 것이다(윌리스턴 워커, 483).

루터가 95개조 반박문을 붙인
비텐베르크 성당 정문[35]

루터의 95개 조항 내용 구성

내 용	조 항
속죄에 대한 규정	1-4조
교황의 사죄권의 한계	5-7조
교회법이 부과한 속죄에 대해 언급하면서 연옥 영혼에 대한 구원문제를 취급	8-29조
면죄와 참회 그리고 사죄문제	30-40조
면죄부의 구입과 면죄시행의 남용	41-52조
면죄설교와 복음설교의 가치비교, 교리의 보화, 면죄부 판매 설교의 과장 등	53-80조
면죄부 남용에 따른 평신도의 산발적 질문과 면죄시행에 대한 공박	81-91조
루터의 십자가 신학에 입각한 그리스도교인의 진정한 생활 언급	92-95조

---

35) http://blog.naver.com/mindlee3/100165040011. 2017년 7월 5일 검색. 성당의 현관문은 전통적으로 '철판'으로 되어 있어서 대학에서 일반인에게 전하는 사항을 적는데 사용되었다. 당시 비텐베르크대학 교수였던 루터는 1517년 10월 31일 면죄부 판매에 항의하면서 95개조의 반박문을 붙였다.

교황청은 루터의 95개 논제를 심각하게 생각하지 않았다. 그저 한 미친 수도승의 입을 막으라는 명령 하나로 모든 일이 진정될 것으로 믿었다. 그러나 사건의 과정은 루터가 자신의 주장을 강하게 고수하거나, 굴복하는 것 외에는 불가능한 방향으로 흘러갔다. 1518년 초에 공식적인 고소가 알브레히트와 도미니크수도회 수사들에 의해 로마에서 제기되었다. 그 결과 어거스틴파 수도원 수장이었던 가브리엘 델라 볼타(Gabriel della Volta)는 논쟁을 잠재우라는 명령을 받았고, 루터는 1518년 4월 하이델베르크의 종단 총회 앞으로 소환되었다. 루터는 '하이델베르크 논제'에서 자유의지와 신학에서 아리스토텔레스의 지배를 반박하고, 그의 '십자가의 신학'의 주요한 특징의 윤곽을 잡았다. 그리고 여기에서 그는 새로운 지지자들을 얻었는데, 이들 중 가장 중요한 인물은 스트라스부르크의 개혁자가 된 마르틴 부쳐(Martin Bucer, 1491-1551)와 뷔르템베르크의 요한네스 브렌츠(Jahannes Brenz, 1499-1570)였다. 이때 쯤 루터는 출판업자에게 면죄부에 대한 더 정교한 입장을 보냈는데, 이것이 곧 〈해설〉(Resolutiones or Explanation)이었다. 상황이 이렇게 되자 1518년 6월 레오 10세는 루터의 책을 검열할 것과 교황청의 도미니크수도회 소속인 실베스트 프리에리아스(?1456-1523)를 루터에게 보내 답변을 요구했다. 프리에리아스는 "로마 교회가 면죄부에 관해 실제 행하고 있는 것을 할 수 없다고 말하는 사람은 이단이다"[36]라고 주장하면서, 루터에게 놋쇠 머리와 철의 코를 가진 문둥병자 같은 녀석이라고 욕하였다.

60일 이내에 로마로 출두하라는 소환장과 프리에리아스의 답변서가 8월 초 루터에게 도착했다. 만일 루터가 영주인 선제후 프리드리히의 강력한 보호를 받지 못했다면 그의 사건은 정죄로 끝났을 것이다. 그러나 프리드리히가 루터를 로마로 보내는 것을 거절하면서 아우크스부르크

---

36) Ibid., 483-484.

(Augsburg) 제국의회에서 교황의 사절에게 발언할 기회를 허락받았다. 이 때 추기경이자 도미니크수도회 원장 카예탄(1496-1534년)이 독일에 나타나 루터에게 말하기를 "나는 뉘우친다"(revoco)는 한마디를 요구했다. 그러나 루터는 단호히 거절했다. 그리고 1519년 여름 라이프치히에서 교황을 대표한 잉골슈타트의 엑크(Eck, 1486-1543)와 '라이프치히 논쟁'(Leipziger Disputation)을 벌이게 되었다. 이때 엑크는 모든 사람은 교황의 권위에 복종할 것을 요구하였다. 그러나 루터가 교황의 절대 권위에 이의를 제기하면서 교황과 공의회도 실수할 수 있으며 성경만이 믿음의 유일한 근원이라고 주장했다. 라이프치히 논쟁 이후 교회와 제국의 폐해를 고발한 루터의 영향력은 전국적으로 확산되었다. 당시의 사회적 분위기에 대해 교황의 사절이었던 알레안더 추기경은 이렇게 기록하고 있다.

> 전 독일이 반란 속에 휩싸여 있다. 열 명 가운데 아홉 명은 루터를 소리쳐 외치고 있고, 나머지 한 명은 비록 루터에 무관심하더라도 로마 교황청의 폐쇄를 소리 높여 외치고 있다.[37]

로마 교황의 권위에 정면으로 도전한 루터에게 1520년 6월 15일 엑크가 교황의 출교 교서를 가지고 나타나 다시 위협하였다. 즉, 교황은 루터의 저술들을 탄핵하고 불태울 것을 명하였는데, 이 교서 내용 일부를 인용하면
"오 주여! 일어나소서. 그리고 주님의 사건을 판단하소서. … 여우들이 일어나서 포도원을 망치려 하나이다."[38]

---

37) Aleander in einem Brief am 8. 2. 1521, in: H. v. Jedin (Hrsg.), *Handbuch der Kirchengschichte*. Bd. IV. Herder Verlag, Rfeiburg, 1967, S. 77; 마석한, 632.
38) Bull Exsurge Domine, in C. J. Barry, de., *Readings in Church History* (Westminster, Md.: Newman Press, 1965), 2:28

루터의 생애[39]

로마 교황은 1520년 11월에 루터 견해를 41개 항으로 정죄하고, 60일 간 근신을 명하는 파문 교서를 공표했다. 이제 루터는 이 교서를 접수한 후 60일 이내에 교황청에 출두하여 자신의 모든 잘못을 인정하라는 지시였다. 그러나 한 달 뒤인 12월 10일에 루터는 학생들을 비텐베르크 외곽 지대로 모이게 하고 교황의 교서를 포함하여 교회법전, 교령집, 스콜라 신학서 등

---

[39] 이 그림은 종교개혁자의 삶을 살았던 루터 생애를 담고 있다. 그림의 각 모서리에 있는 인물은 당시 종교개혁을 함께 한 중요한 인물들이다. 그리고 왼쪽 아래 그림은 루터의 아내가 된 폰 보라가 수녀원을 뛰쳐나오는 그림이다. 왼쪽 상단에 있는 글씨는 루터가 작곡한 "내 주는 강한 성이요"라는 글이고, 오른쪽 상단의 글은 "하나님의 말씀이 영원히 거하리로다. 아멘"이다. 오른쪽 상단 왼쪽에 있는 그림은 단란했던 루터의 가족들의 모습이다. 당시 수도사는 결혼하는 것을 죄악시 여겼다. 그러나 루터는 결혼은 하나님이 주신 신성한 축복이라고 했다. 마지막으로 아래에 있는 그림은 루터가 비텐베르크 성당 정문에 "95개조 반박문"을 붙인 이후 그가 죽기까지 중요한 사건을 담고 있다. 빌헬름 폰 뢰벤스턴(Wilhelm von L〉 wenstern)의 1827년 작품. http://selfie500.ch/ excommunicationluther. 2017년 7월 25일 검색.

을 공개적으로 불태워 버렸다. 그리고 그는 다음과 같이 말했다.

> 여러분은 교황의 전횡에서 진정으로 벗어나라. 그렇지 않으면 여러분은 구원을 기대할 수 없을 것이다. 교황의 권한은 제국의 그리스도인과 그리스도적 생활과 조화를 이루지 못하므로 이런 반(反)그리스도적인 제국에서 있기보다는 차라리 사막에서 사는 편이 훨씬 낫다.[40]

루터의 종교개혁은 이렇게 시작되었다. 루터는 1520년 8월에 《독일 귀족에게 고함》(Addressto the German Nobility)[41]을 발표했다. 그리고 두 달 후에 《교회의 바벨론 포로》(De Captiviate Babylonica Ecclesiae)[42] 와 《그리스도인의 자유》(De Libertate Christiana)[43]를 발표했다. 《그리스도인의 자유》는 교황에게 보낸 공개 편지로 루터는 서문에서 개인적으로

---

40) 마석한, 633.
41) 이 논문은 교황청의 보루였던 세 성벽이 무너졌다고 선언하였다. 영적 지위가 세속적 지위보다 우월하다는 주장은 근거 없다. 왜냐하면 모든 신자들은 세례로 인하여 모두가 사제이기 때문이다. 이러한 만인제사장직의 진리는 또한 교황만이 성경 해석권을 가지고 있다는 두 번째 성벽을 넘어뜨린다. 또한 교황 이외에는 아무도 공의회를 소집할 수 없다는 세 번째 성벽도 무너뜨린다. 개혁을 위한 '참되고 자유로운 공의회' 는 당국자들에 의하여 소집되어야 한다. 윌리스턴 워커, 486.
42) 이 책에서 루터는 가장 중요한 신학적인 문제들, 곧 성례전을 다루고 로마 교회의 가르침을 거침없이 공격했다. 루터는 성례의 이름을 "그것에 표징이 결부되어 있는 저(죄 용서의) 약속들" 에 국한시키면서 성경은 오직 그리스도 자신에 의해 제정된 두 가지 성례, 즉 세례와 성찬을 인정하고 있다고 주장하였다. Ibid., 487.
43) 이 책에서 루터는 그리스도인의 실존에 대해 말하고 있다. 즉, 그리스도인은 모든 주인들 중에 가장 자유로운 주인이므로 누구에게도 예속되지 않는다. 그리스도인은 모든 종들 중에 가장 의무에 충실한 종이므로 모든 사람에게 예속되어 있다는 것이다. 따라서 신자들은 믿음으로만 의롭게 되기 때문에 자유롭고, 더 이상 행위의 율법 아래 있지 아니하며, 그리스도와의 새로운 인격적 관계 안에 있다. 신자들은 사랑에 의해 하나님의 뜻에 일치하게 삶을 영위해야 하고 이웃을 도우며 살아야 하므로 종인 것이다. Ibid.

교황에게 경의를 표하면서도 교황청과 교황직 주장에 대해 혹평을 가하여 교황이 "이리 떼 속에 있는 한 마리 어린 양같이 앉아 있는" 것으로 묘사했다. 루터의 사상은 이후에 더 명확해지고 확장되었지만 기독교 복음에 대한 그의 신학적 개념의 개요는 1520년에 사실상 확정되었다.[44]

1521년 1월 보름스에서 국회(Diet of Worms)가 소집되고, 1월 3일 루터를 이단으로 정죄하는 교황의 파문장「대칙서」가 내려졌다. 그리고 영주인 프리드리히의 조치로 자신의 안전한 보장과 자유 통행을 약속 받은 루터는 1521년 4월 17일에 황제와 제국의회 앞에 출두했다. 독일의 국민들은 루터가 보름스로 향하는 길을 대대적으로 환영하였다. 루터는 제국의회에서 자신을 비난하는 사람들과의 신학적 논쟁을 기대했지만 실망하였다. 이곳에서 루터는 자신 쓴 여러 책들 앞에서, 이 책들을 취소할 것인지에 대한 질문을 받았다. 루터는 숙고할 시간을 요구했다. 하루가 허락되자, 다음 날 오후에 다시 의회 앞에 섰다. 그리고는 논쟁의 열기 속에서 사람들의 감정을 상하게 하는 표현을 시인했으나 자신이 쓴 내용은 "성경의 논증 혹은 명확한 추론에 의해" 잘못되었다는 확신을 얻지 않으면 철회할 수 없다면서 다음과 같은 유명한 말을 남겼다.

> 존경하는 군주요, 통치자께서 내게 간절한 답변을 요구하시므로 나는 뿔도 이도 없는 답을 한다. 성경의 증거와 명백한 이성적 판단으로 나를 설득할 수 없다면, —왜냐하면 나는 교황이나 공의회만 신뢰하지 않으며, 요즈음 저들은 자주 착각하고 또 스스로에게 모순되기도 하므로— 나는 내가 접한 성서의 구절들에 의하여 내 양심을 정복당하고 하나님의 말씀에 사로잡혔다. 그러므로 나는 아무것도 철회할 수 없고 철회하지도 않겠다. 왜냐하면 양심을 거슬러 행하는 것은 안전하지도 않고 유익한 것이 아니기 때문이다. 하나님이여 나를 도우소서. 아멘.[45]

---

44) Ibid.

계속된 심문에도 태도를 굽히지 않은 루터였지만 보름스 국회에서 패배하였다. 찰스 5세(1500-1558)[46]는 1521년 5월 8일자로 보름스 칙령(Wormser Edikt)을 작성했으며, 교황의 선고대로 루터를 "교회에서 분리된 자로, 분파를 조장하고 완고하며 악명 높은 이단으로 간주하라고 선언"했다. 이제 루터는 정식으로 제국에서 추방된 것이다. 앞으로 누구도 루터의 저서를 읽을 수 없고, 보급하거나 인쇄할 수 없었다. 만약 독일이 강한 중앙정부에 의해 통치되었다면 루터는 순교자로 그의 생을 마쳤을 것이다. 그러나 제후들의 영향력이 강한 상황에서 제국의 칙령일지라도 완강한 지역 통치자의 뜻을 어기고 집행될 수는 없었다.

루터의 든든한 후원자인 작센의 선제후 프리드리히는 교황과 황제로부터 보호하기로 결정했다. 그는 루터가 보름스에서 고향으로 돌아갈 때 습격당한 것처럼 납치하여 비밀리에 270km 떨어진 아이제나흐(Eisenach) 근처 바르트부르크 성(Wartburg Castle)으로 보냈다. 루터는 1522년 3월 6일 사순절 기간에 비텐베르크로 돌아오기까지 약 10개월 간을 이곳에서 보냈다. 일종의 강요된 은거생활 기간 중에 이곳에서 에라스무스의 헬라어판 신약성경을 독일어로 번역했다. 이것은 1521년 12월에 시작되어 다음해 9월에 출판되었다. 루터의 독일어 성경은 신학적으로나 언어학적으로도 매우 중요한 사건이었다. 당시의 성경은 라틴어였기 때문에 소수 귀족

---

45) 대한예수교장로회 총회교육부 편, 83.
46) 찰스 5세는 재위 중에 프로테스탄트 제후들과 싸우는 한편, 영토를 놓고 로마 교황청과 프랑스와 전쟁을 벌여야 했다. 나중에는 제국을 경영하는 일에 싫증이 나서 1556년에 동생 페르디난트(Ferdinand I, 1503-1564)를 오스트리아 군주와 독일 제국 황제로 임명하고, 아들 펠리페(Felipe II, 1527-1598)에게는 스페인과 네덜란드를 주었다. 그리고 자신은 1557년 2월초에 스페인의 유스테 수도원에 들어가 여생을 보냈다. 그는 말년에 시계를 수리해 조정하는 일을 했는데, 모든 시계를 수리해서 같은 시각을 가리키게 하려고 했으나 실패하자 이렇게 말했다. "시계 몇 개를 일치시킬 능력도 없으면서 제국의 모든 백성을 하나로 모으려 했다니 이 얼마나 주제넘은 생각이었던가?"(이동희, 51).

들과 사제들만 읽을 수 있었다. 그러나 루터의 번역을 통해 이제는 누구나 성경을 읽고 이해할 수 있게 되었다. 그리고 그의 성경 번역은 현대 표준 독일어가 되었고, 이후 독일문학을 꽃피우는 바탕이 되었다. 이곳에서 안정을 찾은 42살의 루터는 1525년 6월 13일 수녀였던 카타리나 폰 보라(Katharina von Bora, 1499-1552)와 결혼하였다. 그리고 1534년에는 최초로 루터의 독일어판 성경을 완성하였다.

카타리나 폰 보라[47]

1521년 12월에 레오 10세가 죽고, 찰스 5세의 오랜 가정교사였던 하드리아누스 6세(, 1459-1523)가 교황직을 승계했다. 그는 1522년 11월에 뉘른베르크 제국의회 앞으로 루터에 대한 보름스 칙령의 실행을 요구했지만 의회는 칙령 집행이 불가능하다는 선언을 하였다. 그리고 1년 이내 독일 안에서 교회 개혁 종교회의를 소집할 것을 요청한 후 의회 기간 내에 오직 "참되고 순수하고 진정하고 거룩한 복음"만이 설교되어야 한다고 선포하였다. 이와 같은 유리한 상황에서 복음에 따라 개혁되어야 할 것을 주장하는 '복음주의적' 교회들이 독일 전역에서 급속히 형성되면서 루터에 대한

---

47) 루터의 아내. 루터에게 있어서 결혼은 종교개혁의 일환이었다. 그는 결혼을 통해 종교적 진리를 몸소 실천하려고 했다. 결혼이 하나님이 창조한 질서를 지키는 길이고, 그것이 하나님의 명령이라고 생각했다. 그리하여 그는 《탁상담화》(The Table Talk Of Martin Luther)에서 "만일 결혼이라는 것이 없다면 세상은 황폐해지고, 모든 피조물이 무(無)로 돌아가며, 하나님의 창조도 무의미한 것이 되고 말 것입니다"라고 했다. 루터와 결혼한 폰 보라는 당시 드물게 성공한 여자 CEO가 되었다. 그녀는 수도원을 개조하여 학생들과 손님들의 숙소로 제공했고, 맥주 공장을 성공적으로 운영했다. 한때 루터 맥주는 선제후의 궁정에 납품될 정도로 명성이 높았다. 이동희, 55-67; 이 초상화는 루터와 동시대의 화가로서 루터의 초상화를 많이 그렸던 루카스 크라나흐의 1526년 작품이다.

동조는 빠르게 퍼져 나갔다. 이 기간 동안 모든 '혁명적인' 것은 혁명 세력과 로마 가톨릭 대적자들 모두에 의해 '루터란'(Lutheran, 루터파)을 의미했다.[48]

그러나 1524년과 1525년, 루터를 따르던 교회 개혁에도 균열이 시작되었다. 최초의 분열은 루터가 초기 핵심 지지자들이었던 인문주의자들 쪽에서 나왔다. 즉, 루터의 이신칭의 교리에 공감하지 못한 에라스무스(Desiderius Erasmus, 1466-1536)는 "개혁은 교육과 미신의 거부와 기독교 진리의 원천으로 회귀함으로써 올 것"이라고 생각했다. 그리고 1524년 가을에 구원 문제에 있어서 루터가 자유의지를 부정함으로 두 사람의 결별은 회복될 수 없었다. 또 하나는 옛 동료였던 칼슈타트를 중심으로 한 과격파들의 분열이었다. 루터를 반쪽 개혁자로 보았던 칼슈타트는 교육의 가치를 거부하고, 농부 차림으로 농부와 함께 살고, 성상을 파괴하며, 성찬에서 그리스도의 육체적 임재를 거부했다. 그리고 칼 슈타트보다 훨씬 더 과격했던 토마스 뮌처(Thomas Münzer, 1488-1525)는 환상과 꿈을 통한 즉각적인 계시를 주장했다. 그는 로마 가톨릭과 루터파를 성경의 문자에 맹목적으로 의존함으로써 '내적인 말씀'을 억누르는 '서기관'이라고 싸잡아 비난했다.

그런데 이들보다 훨씬 더 심각한 세 번째 분열은 농민 반란이었다. 1524년 5월과 6월 남부 독일에서 시작된 농민들의 폭동은 다음해 봄에 빠르게 엄청난 세력으로 형성되었다. 처음에 루터는 양측의 잘못을 지적하면서 1525년 4월 「평화에의 권면」(*Admonition to Peace*)을 통해 농민들이 주장하는 12개 조항이 공평하고 정당한 것을 많이 포함하고 있다고 인정했다.[49] 그러나 과도한 폭력에 휩싸이며 무정부가 되는 상황에서 그는 무장한

---

48) 윌리스턴 워커, 492-493.
49) 로쳐(Sebastian Lotzer)가 중심이 되어 작성한 것으로 알려진 12개 조항의 내용은 자신들의 주장이 복음에 비추어 볼 때 합당하다는 것과 하나님의 정의대로 모든 문

농민들을 격렬하게 비난했다. 그는 「강도와 살인 떼, 농부들에 반대하여」(*Against the Robbing and Murdering Hordes of Peasants*)를 통해 통치자들에게 군대의 힘으로 농민들을 진압할 것을 촉구했다.[50] 이 글은 상당한 반응을 불러일으켰는데, 루터 편에 있던 동료들까지 그를 비판하였다.[51] 루터는 이 글에서 농민들이 하나님과 인간을 거슬러 지은 죄를 다음과 같이 세 가지로 정리하였다.

제가 해결되어야 한다는 것이다. 12개 조항의 내용을 간추리면 다음과 같다.
1조. 개 교회의 목사 청빙권은 개 교회 교구민에게 주어져야 한다. 2조. 곡물의 10분의 1세는 바쳐야 될 것이지만 각종의 세금제도(십일조)는 폐지되어야 한다. 3조. 그리스도의 복음은 인간의 자유를 전제하고 있으므로 농노는 폐지되어야 한다. 4조. 사냥과 고기잡이는 허용되어야 한다. 5조. 산림(山林)은 공동으로 사용할 수 있도록 허용되어야 한다. 6조. 강제 노동은 제한되어야 한다. 7조. 농민들에 대한 과중한 부역은 피해야 하며 농민들을 부역에 동원할 시는 농민들의 생활에 지장이 없도록 해야 한다. 8조. 집세 혹은 토지세는 공정해야 하고 노동의 정당한 대가를 지불해야 한다. 9조. 재판은 성문법에 의거해야 하며 사형(死刑)은 폐지되어야 한다. 10조. 불의하게 점유한 토지는 반환되어야 한다. 11조. 유산을 물려받을 과부나 고아가 사망했을 경우 저들의 유산을 사망세(death due)란 이름으로 빼앗아 가서는 안 된다. 12조. 이상의 조항 중 하나님의 말씀에 위배되는 내용이 있으면 즉시 철회될 것이다.
50) 윌리스턴 워커, 493-495. 독일 농민전쟁은 프랑켄하우젠(Frankenhausen) 전투에서 약 6만 명의 농부들이 살해되었고, 10만 명의 사망자를 낸 후 1525년에 진압되었다. 농민전쟁의 지도자 뮌처도 체포되어 고문당한 후 참수되었다.
51) 루터는 이 글을 5월 4일경에 집필하여 5월 15일에 출판하였는데, 이미 5월 15일은 최고로 치열했으며 농민군이 패배를 당한 프랑켄하우젠의 전투가 끝난 후였고, 심지어 영주측에서 농민 반란군에 대하여 피의 복수를 시작한 시점이다. 이것이 루터가 농민들을 무력으로 다스리라고 한 것 때문에 비난을 받는 이유 가운데 하나이다. 왜냐하면 사람들의 눈에는 이미 진압되어 아무 힘도 없는 농민군 패잔병들이 피의 보복을 당하고 있을 때 루터가 무자비하게 죽이라고 주장한 것처럼 보일 수밖에 없었기 때문이다. 대한예수교장로회 총회교육부 편, 135.

(1) 신뢰와 복종의 관계를 깬 죄
(2) 폭동이 마치 거대한 불길처럼 온 나라를 태우고 도저히 묵과할 수 없는 피흘림과 고난으로 수많은 과부와 고아들이 생기도록 한 죄
(3) 이러한 농민들의 폭력적 행동의 근거를 복음에서 취한 죄[52]

찰스 5세는 종교개혁의 불길이 번지는 것을 막기 위해 1529년에 슈파이어(Speyer)에서 제국의회를 재소집했다. 그리고 이 자리에서 종교개혁을 중지하고 보름스 칙령의 실행을 요구했다. 그리고 의회는 다수의 결정으로 더 이상 교회에 변화가 없을 것과 로마 가톨릭교회의 예배가 어디에서나 허용될 것, 모든 로마 당국과 종교적 종단이 이전의 권리와 재산과 수입을 회복할 것을 명하였다. 이것은 독일 내에서 루터파가 인정되는 것을 거부하고 오직 로마 가톨릭만을 인정하는 조치였다. 그러나 1529년 4월 19일에 14개 도시와 여섯 제후가 공식적으로 항의에 들어갔다. 역사적으로 중요한 문서인 이 항의서(Protestatio)로 인해 이들은 '프로테스탄트'(Protestant)로 불려지게 되었다.[53] 이제 루터의 종교개혁은 독일 뿐 아니라 스위스, 잉글랜드, 북유럽에까지 번져 나갔다. 그는 1546년 2월 18일 자신의 출생지인 아이스레벤을 방문하여 마지막 설교를 하고 갑작스럽게 쓰러져 치료를 받던 중 심장마비로 다음과 같은 기도를 세 번 드린 후에 64세의 나이로 숨을 거두었다.

제 영혼을 당신의 손에 맡깁니다. 오, 진리의 하나님. 당신은 저를 구속하였습니다! "하나님이 세상을 이처럼 사랑하사 독생자를 주셨으니 이는 저를 믿는 자마다 멸망치 않고 영생을 얻게 하려 하심이라."[54]

---

52) Ibid., 99.
53) 윌리스턴 워커, 498.
54) 존 폭스, 《순교자 열전》, 홍병룡 옮김 (서울: 포이에마, 2014), 222.

루터의 장례식은 비텐베르크 성당에서 후계자요 동료였던 멜랑히톤이 집례하였고, 그림에서와 같이 현재 비텐베르크 성당 제단 앞에 묻혔다.[55] 루터가 종교개혁을 시작했을 때는 자신이 풀었던 종교개혁의 물결이 전 유럽에 퍼져서 쉽게 꺼지지 않을 불길처럼 솟았다. 반면에 그때에는 종교개혁을 따르는 자들도 사소한 민족주의와 신학적 차이(대표적으로 성찬에 대한 이

비텐베르크 성당 안에 있는 루터의 무덤

해)로 분열되던 때이기도 하였다. 루터에 대해 무자비한 농민 반란을 진압한 동조자라는 비판도 있지만, 분명한 것은 루터는 얀 후스가 화형을 당하면서 예언했던 "태우지도 끓이지도 못할 백조" 그 자체였다. 그 백조에 대해 종교개혁가요 루터의 후계자이며, 루터보다 13살 아래였던 비텐베르크 대학의 신학 교수 멜랑히톤은 다음과 같이 평가했다.

> 구약 시대부터 교부들로 이어질 때까지 자랑스러운 스승과 예언자 반열에 드는 위대한 인물이 바로 루터였다.[56]

3. 루터의 신학사상

루터는 하나님 앞에서 인간이 의로워지는 문제로 많은 시간을 고통과 번민 가운데 보내야만 했다. 그랬던 그가 '탑의 경험'(Tower Experience,

---

55) 비텐베르크 성당 제단 앞의 양 옆에는 루터와 멜랑히톤의 무덤이 있다.
56) 이동희, 67.

1515/1517)이라고 할 수 있는 비텐베르크 성당의 옥탑방에서 로마서를 읽는 가운데, 로마서 1장 17절의 "오직 의인은 믿음으로 말미암아 살리라 함과 같으니라"는 믿음에 의한 의 때문에 의롭게 살 수 있고, 또 믿음에 의한 의와 하나님의 의가 주를 믿는 모든 사람을 구원하기 위한 것이라면 의는 믿음에 의하여 주어지고 생명은 의에 의해 주어진다는 사실을 깨닫게 된다. 그리고 칭의론에 바탕을 둔 그의 신학은 옥탑방 체험 이후에 분명하게 결정된다. 따라서 이 글에서는 루터가 주장한 신학의 내용이 무엇인지에 대해 살펴보자.

1) 인간론

인간은 적어도 죄의 진정한 본성과 깊이에서는 스스로의 힘으로 죄성을 이해하지 못한다. 물론 인간은 본성상 죄에 대한 부분적인 지식을 가지고 있다고 인정된다. 아울러 하나님의 법이 본질상 그의 마음판에 쓰여져 있다. 그러나 말씀과 성령의 조명 없이는 하나님이 요구하시는 정도를 알 수 없는 것처럼 죄 또한 그의 마음과 내적 불순함의 깊이에 감추어진 채로 있다.[57] 인간의 현재 상태에 대해서 제일 먼저 말할 수 있는 것은 우리가 죄인이라는 사실이다. 이것은 우리의 모든 본성이 죄에 물들어 있다는 뜻이다. 죄는 왜곡된 인간의 현실이다.

물론 루터는 인간의 도덕적 능력에 대해 이야기 하면서 일종의 의를 성취할 수 있다는 것을 받아들이고 있다. 이 의는 사람들 사이에 존재하는 것이며, '도덕적', '시민적', '외적', 그리고 '공적' 의이다. 이것은 시민법 혹은 도덕법이 사람들에게 서로간의 관계에서 요구하는 것들을 이행하는

---

57) Paul Althaus, *The Theology of Martin Luther*, trans. Robert C. Schultz (Philadelphia: Fortress Press, 1966), 3; 《마르틴 루터의 신학》, 이형기 역(고양: 크리스챤다이제스트, 2017), 163-164.

데 있다. 루터는 역사 속에서, 그리고 국가들의 현재 모습들에서 이러한 의들을 빈번하게 발견한다. 그러나 결국 이 의는 사람들 앞에서만 타당하다. 사람은 이것을 칭찬하지만, 하나님은 용납하지 않으신다. 여기에서 루터는 바울이 로마서 4장 2절에서 말하고 있는 내용을 발전시킨다. 우리는 두 가지의 법정, 즉 '신학적 법정'과 '시민 법정'을 구별해야 한다. "하나님은 이 세상이 판단하는 것과는 완전히 다른 것을 기초로 심판하신다." 그러므로 인간 자신의 양심이 자신에게 부과하는 심판은 그의 양심이 성령의 조명을 받지 않는 한 세상 심판의 범주에 속하는 것이다. 때문에 시민 법정 앞에서 나를 심판하는 의가 하나님 앞에서의 의로 정당화될 수 없다. 우리가 하나님의 심판 아래 설 때 시민적 의는 우리를 돕지 못한다. 하나님이 심판하실 때 그것은 단지 잘못된 태도이고, 위선이며, 거짓이다.[58] 심지어 루터는 도덕적 의지의 힘도 부인하지 않는다. 그렇지만 이 힘은 인간으로 하여금 의식적으로 하나님의 계명에 굴복하게 하고 율법의 행위들을 행하게 한다.

그러므로 루터에게 자유의지를 긍정하면서 인간이 스스로 선을 선택할 수 있다고 자처하는 것은 인간의 죄악성을 부정하는 것이며, 하나님의 말씀을 복음과 율법 가운데서 어느 쪽으로든지 받아들이지 않았다는 증거이다. 우리는 악에 물들어 있기 때문에 쉽게 악을 선택한다. 우리의 의지는 두 사람의 기수, 즉 하나님과 마귀 사이에 서 있는 짐승과 같다. 우리의 현재적 상태는 마귀가 기수이기 때문에 우리 힘으로 말에서 끌어내릴 어떤 힘도 없다. 우리가 할 수 있는 유일한 힘은 옳은 방향으로 돌아설 수 있는 수동적인 역량 뿐이다. 이 의지의 수동적인 역량을 향해서 하나님은 말씀을 통해 우리 의지를 하나님께로 향하게 하신다. 오직 하나님 자신만이 복음을 가지고 인간과 만남으로써, 그리고 성령을 통하여 신앙으로 인간의

---

58) Ibid., 165-166.

마음을 열게 하심으로 감옥의 문을 열 수 있다. 이것이 예수 그리스도 안에서 이루어지는 구속의 은총이다.

2) 성경론

루터는 하나님의 말씀을 신학의 출발점인 동시에 최종적인 권위로 정립시켰다. 루터에게 하나님의 말씀이란 '성경'을 뜻하지만, 또한 이것보다 훨씬 더 많은 뜻을 지닌다. 말씀은 삼위일체로서 영원 전부터 하나님 안에 존재하셨다. '말씀은 성육신하신 주님'이시다. 말씀은 '성경'이고, 성경은 '말씀에 대한 증거'이다. 말씀은 '선포'이며 이 선포를 통해서 성경의 말씀이 신자들에게 실질적으로 들려지는 것이다. 이러한 입장에서 루터는 성경을 해석하고, 성경의 권위를 이해하려고 했다. 루터는 전통이 오류를 범했다고 믿었으며, 그렇기 때문에 전통보다, 교회보다, 신학자보다, 그리고 루터 자신보다 더 위에 있는 성경의 권위로 복음의 참된 의미를 통해 되돌아가야 한다고 굳게 믿었다.

"오직 성경만으로!"(Sola Scriptura!) 이 표어는 종교개혁의 중심 원리 가운데 하나로서 유일하게 성경만이 기독교 신앙과 실천에 대한 교리적 가르침과 진리의 원천에 있어서 궁극적이고도 절대적인 권위를 가지며, 모든 신학적 원리의 기초가 된다는 것을 천명하는 것이었다.[59] 왜냐하면 구원에

---

[59] 맥그레스(Alister E. McGrath)는 오직 믿음에 의한 칭의의 교리를 종교개혁의 내용적 원칙으로, 'Sola Scriptura'는 그 형식적 원칙이라고 말했다. Alister E. McGrath, *Reformation Thought: An Introduction*, 4th ed. (West Sussex: Wiley-Blackwell, 2012), 91; 특별히 맥그레스는 개혁자들에게 있어서 이 원칙은 로마 가톨릭의 입장과 두 가지의 차이를 내포하고 있는 것으로 파악하였다. 그것은 성경에 다른 지위를 부여했을 뿐만 아니라, 실제로 무엇이 성경인지에 대해서도 의견을 달리했다는 것이다. 즉, 정경과 외경을 구별하였고, 성경의 권위를 전통 위에 세웠다. 그는 성경 해석에서 전통의 역할에 대한 입장을 세 그룹으로 구별하

이르는 모든 '거룩한 가르침'(sacra doctrina)들이 성경으로부터 나오기 때문이며, 또한 이 신학적 원리가 무너지면 모든 종교개혁 신학의 원리와 내용 전체가 무너지기 때문이다. 따라서 종교개혁은 루터를 비롯한 종교개혁자들의 성경에 대한 새로운 이해와 그에 따른 치열한 성경연구 및 해석에서 시작되었고, 또한 이것의 진정한 결과라고 할 수 있다. 루터를 비롯한 종교개혁자들이 '오직 성경'을 주장한 반면, 로마 가톨릭은 그들의 반종교개혁의 결과물인 '트렌트 종교회의'[60]를 통해 성경만으로는 충분하지 못하며, 여기에 '전통과 교회의 교도권(magisterium, 해석하고 가르치는 권위)'을 동시에 주장하였다.[61]

였다. 첫째는 재세례파로 급진적인 종교개혁자들이다. 이들은 전통을 전혀 인정하지 않고 개인의 사적 판단을 교회의 공동 판단보다 우위에 놓았다. 둘째는 종교개혁자들인데, 이들은 성경에 있는 관습이나 성경에서 분명히 말하지는 않더라도 성경적인 것은 인정한다. 이들의 권위는 성경의 권위에 종속된다. 그리고 셋째는 트리엔트 공의회의 입장으로써 전통을 또 하나의 부가적인 계시로 보며, 이중 근원 교리를 확인했다. 그 중 특별히 종교개혁자들은 "오직 성경으로"의 원칙으로 모든 기독교 신학과 관습이 궁극적으로 성경에 근거해야 한다고 확신했으며, 이렇게 하여 성경이 기독교 신학의 유일한 규범적 원천이어야 한다는 사실을 확립했다는 것이다. Alister E. McGrath, 97-102; 김종희, "칼빈의 'Sola Scriptura'," 〈개혁논총〉, 27(서울: 개혁신학회, 2013), 95-96.

60) 1546년 4월 8일에 있은 트렌트 종교회의의 제4차 회기의 결론은 다음 5가지 사항을 결의했다: (1) 성경만이 아니라 교회의 살아 있는 전통도 계시의 원천으로서 동일한 권위를 가진다. (2) 정경의 목록은 외경을 포함한다. (3) 라틴역 불가타(Vulgata)만이 신뢰할 수 있는 성경으로서의 권위를 가진다. (4) 오직 교회만이 올바른 성경 해석의 권위를 가진다. 따라서 (5) 성경 해석과 관련된 서적은 오직 교회의 가르침과 합치 승인을 받은 것만 출판할 수 있다.

61) 김은수, "종교개혁의 기초 원리로서의 '성경의 명료성' 교리와 해석학적 함의에 대한 연구: 마르틴 루터를 중심으로," 〈한국교회사학회지〉, 제44집(서울: 한국교회사학회, 2016), 110-111; 베른하르트 로제(Bernhard Lohse)는 루터 연구에 있어서 최상의 입문서 가운데 하나로 평가되는 그의 저작에서 다음과 같이 밝히고 있다. "'오직 성경'(Sola Scriptura)이라는 원리는 루터 이전에는 결코 주창되지 않았다. 이 사실은 아주 중요하다. 즉, 루터 이전까지는 전반적인 성경의 권위가

사실 '오직 성경만으로'라는 종교개혁의 원리는 신학적으로 '성경의 충분성'(sufficientia)과 '성경의 명료성'(claritas or perspicuitas)에 관한 교리이다. 즉, '성경의 충분성'은 로마 가톨릭의 '성경과 전통'이라는 계시의 이원적인 공통 원천에 대한 주장에 반대하여 '오직 성경만'으로 충분하다는 것이다. 그리고 '성경의 명료성'은 성경의 의미가 모호하고 불확실하기 때문에 성경 해석에 있어서 교회의 교도권이 반드시 필요하다는 로마 가톨릭의 주장에 반대하여 성경은 그 자체로서 '명료성'을 가지며 누구나 구원의 진리를 분명하게 알 수 있다는 것을 강력하게 주장하고 있다.[62] 따라서 루터의 성경에 대한 이해도 이러한 바탕에서 이해해야 할 것이다.

루터는 주석가로서, 그리고 설교가로서 전례 없이 성경과의 부단한 대화를 통해 사고하였다. 그의 신학의 각 단계들은 대부분 성경에서 기초와 방향성을 얻었다. 물론 루터도 교부들을 인용하였고, 때로는 신학적인 논제를 위한 이차적 증빙 자료로 철학과 자연 이성을 사용하였다. 그렇지만 이것은 대체적으로 루터의 방법에서 이차적이거나 주변적인 첨가에 불과하였다. 따라서 루터는 자신의 신학을 오직 성경의 가르침에 따라 정립하려고 했던 교회 역사상 가장 걸출한 성경 주석가 중 한 사람이었다. 이러한 견지에서 알트하우스(Paul Althaus)는 루터의 신학의 요체를 다음과 같이 요약하고 있다.

루터의 모든 신학적 사고는 성경의 권위를 전제로 하고 있다는 것이다.

교회 내에서 절대적으로 당연시 되었고, 성경과 전통 사이의 관계는 아직 문제로서 규명되지 않았다." 이것은 루터 이전에는 성경과 전통이 조화된다고 보았기 때문에 그 누구도 성경에 근거하여 교회의 전통을 비판적으로 재고찰하지 않았다는 것을 의미한다. Bernhard Lohse, *Martin Luther: An Introduction to His Life and Work* (Edinburgh: T & T Clark, 2001), 이형기 역, 《루터연구입문》(고양: 크리스챤다이제스트, 2013), 212.

62) 김은수, 111-112.

그의 신학은 성경을 해석하는 하나의 시도에 불과하다. 그것의 형태는 근본적으로 주석이다.[63]

이처럼 루터는 종교개혁의 수많은 논쟁들을 통하여 스스로 주장하는 바에 대해 오직 성경 본문으로부터 듣기를 원하였고, 또한 자신의 성경 주석 결과에 깊은 확신을 가지고 순종하며 나아갔다. 그의 이러한 자세는 자신의 젊은 시절에 구원의 확신을 갖지 못하고 죽음의 공포와 두려움 속에서 몸부림쳤던 경험과 그리고 어거스틴수도원에서의 끝없는 고행과 수없이 반복되는 고해성사를 통해서도 결코 얻지 못했던 죄의식으로부터의 자유함, 그리고 교황청과의 목숨을 건 '면죄부 반대 투쟁' 과정에서 신학적·신앙적 이론이 정립되었다.[64]

특별히 루터는 성경이 자기 자신의 해석자가 된다고 이해했다. 그렇기 때문에 다른 제도나 기구가 성경을 해석하여 확인할 필요가 없었다.[65] 무엇보다 성경은 그리스도에 대한 사도적 증언의 기록이고, 그 자체로 교회에서 결정적 권위를 갖는 것이었다. 사도들이 교회의 터전이기 때문에 그들의 권위가 기초가 된다. 다른 어떤 권위도 사도들의 권위와 동등할 수 없

---

63) Paul Althaus, 19.
64) 실제로 루터는 1512년 비텐베르크 대학에서 박사학위를 취득한 후 성경주석 담당 교수로 취임하였고, 계속 성경을 연구하고 강의하였다: '첫 번째 시편 강의' (1513-15), '로마서 강의' (1515-16), '갈라디아서 강의' (1516-17), 그리고 '히브리서 강의' (1517-18), 그리고 '두 번째 시편 강의' (1519), etc. Cf. Bengt Hägglund, *History of Theology*, 2nd ed., trans. Gene J. Lund (Saint Louis: Concordia Publishing House, 1968), 213; 박희석 역, 《신학사》(서울: 성광문화사, 1989), 295.
65) 이에 대해 로마 가톨릭은 성령이 교회에 약속한 교도권이 성경 해석을 확증하고, 열광주의자들은 성경과 별도로 개인들에게 주어지는 성령의 특별한 은사가 성경 해석을 확증한다고 했다. 그러나 그렇게 했을 때 결국 성경 위에 자신을 두고, 자신의 일시적 생각에 따라 성경을 해석하고, 성경을 자신의 영에 종속시키는 결과를 피할 수 없게 될 것이다. Paul Althaus, 95.

다. 따라서 루터는 교회 안의 모든 권위들은 사도들의 가르침을 따르는 데서 나오고, 이 가르침에 일치할 때만 유효하다고 보았다. 즉, 이것은 성경만이 신앙의 조항을 세울 수 있고, 구체화할 수 있다는 것을 의미한다. 특히 성경은 구원에 필요한 모든 것을 제공기 때문에 그리스도인들은 구원을 위해서 성경에 선포된 것 이상의 다른 진리가 필요하지 않다. 후대 교의학자들이 주장했듯이 성경은 '충분한' 것이다. 루터는 성경에 포함되지 않은 어떤 교회 교리나 규정도 구원에 필수적인 것이 아니라고 보았다. 그렇기 때문에 교회와 교회 대표자들도, 심지어 공의회조차 새로운 신앙 조항이나 새 계명을 수립할 권위를 갖지 못한다. 그는 성경은 절대로 오류를 범할 수 없으며 성경만이 절대적인 권위를 가진다. 그럼에도 루터는 성경에 근거한 것으로 입증된 교회 전통은 비록 그것이 파생된 권위이지만 역시 권위를 갖는다고 보았다.[66]

루터는 기록된 성경이 필요한 것은 사도들의 규범적 메시지가 잊혀지면 설교가 이단으로 빠질 수 있는 위험이 있기 때문이라고 하였다. 그래서 기독교는 '성경', 즉 사도적 설교를 지속적으로 기억시켜주는 성경을 글로 된 형태로 가질 필요가 있다는 것이다. 이것은 또한 신자들로 하여금 가르

---

66) Ibid., 22-23. 여기에서 루터는 고대교회의 세 가지 에큐메니칼 공의회의 신조에 대한 입장을 밝히고 있다. 즉, 그가 이 에큐메니칼 신조들을 받아들인 것은 에큐메니칼 공의회에서 채택되었기 때문이 아니라(그것이 그 신조의 정통성을 보증하는 것은 아니다), 그 신조들이 성경을 따르고 있다고 확신했기 때문이다. Ibid., 23; 성경에 근거한 것으로 입증된 교회의 전통도 권위를 가진다는 루터의 대표적인 예로는 고해성사를 들 수 있다. 루터를 비롯한 종교개혁자들은 로마 가톨릭의 7성례를 비롯한 많은 절기들을 거부하고 예수께서는 오직 세례와 성찬이라는 두 가지 성례를 제정하셨다면서 성경에 근거 없는 성례전들을 거부했다. 그러나 루터는 고해성사가 주는 유익을 받아들였다. 그런 점에서 루터는 교회의 규례와 절기들을 성경에 비추어 크게 어긋나지 않는다면 수용했다. 반면에 츠빙글리는 성경에 교회의 규례와 절기들을 비추어서 성경에 없는 것은 거부했다. 따라서 루터는 어떤 의미에서든 절대적 성서주의(biblicism)를 주장하지 않았다. 그는 성경을 절대화한 나머지 전통을 마구 무시한 것이 아니었다.

치는 선생들로부터 좀 더 독립적이 되게 한다. 왜냐하면 선생들도 역시 잘못할 수 있고, 거짓 선생이 될 수 있기 때문이다. 따라서 신자들이 전적으로 선생들에게 의존하는 것이 아니라 선생들을 비판하고 교정시킬 수 있는 표준이 필요한데, 성경이 바로 이 표준을 제공한다.[67]

한편 루터는 성경 각 권의 다양성을 무시하지 않는다. 그는 사도들이 여러 가지 다른 문체로 썼다는 사실과 또한 그들이 여러 가지 다른 방법으로 가르쳤다는 것에 유념하였다. 그럼에도 성경을 위대한 통일체로 보았다. 즉, 성경은 오직 하나의 내용, 곧 그리스도를 품고 있다는 것이다.[68] 심지어 그는 에라스무스에게 다음과 같이 말했다.

> 성경에서 그리스도를 취해 보라. 그 외에 당신은 성경에서 무엇을 더 발견할 수 있는가?[69]

성경은 구약과 신약으로 나뉘어져 있고, 율법과 복음을 담고 있지만 모두가 직접적이든, 간접적이든 그리스도에 대한 증거임이 분명하다. 따라서 루터는 '정경'(Kanon)을 '사도성'과 '교회적 동의' 뿐만 아니라 그 내용이 그리스도를 증거하는 진리를 담고 있다는 점에서 그 적합성이 있다고 이해했다. 이런 의미에서 그는 자신이 '지푸라기 서신'이라고 부르기도 한 야고보서와 히브리서, 그리고 요한계시록을 두고 고민하였지만, 이 성경들도 전체 성경의 중심 개념 안에서 이해하려고 했으며 그 정경성을 부인하지 않았다.[70] 특별히 루터가 모든 성경 가운데 참된 알맹이로 여겼던 성경

---

67) Ibid., 91.
68) Ibid., 92.
69) Martin Luther, *Werke, Kritische Ausgabe* (Weimarer Ausgabe, 1509), 18, 606; 대한예수교장로회 총회교육부 편, 118.
70) 루터가 야고보서를 중요한 책의 범주에 포함하지 않았던 것은 야고보서가 복음 대신에 율법을 설교하기 때문이라는 것이다. 루터는 서신의 의도는 훌륭했지만 야고

은 복음서와 요한일서, 바울 서신들 가운데서는 특히 로마서, 갈라디아서, 에베소서, 그리고 일반 서신 가운데는 베드로전서였다. 왜냐하면 그 안에는 그리스도에 대한 신앙이 어떻게 우리를 죄에서 벗어나서 생명과 구원과 의의 길로 들어서게 하는지에 대하여 바르게 증거하고 있기 때문이다.[71] 이런 면에서 루터는 성경주의자는 아니다. 최우선적인 권위는 성경의 정경이 아니라 성경 속에서 찾아낸 복음이었으며, 이 복음이야말로 성경을 해석하는 표준이었다.

3) 교회론

사실 루터에게 교회란 그의 일차적인 관심사나 신학적인 중심 주제에 해당하지 않는다. 루터는 교회개혁이라고 할 만한 어떤 것도 논의하지 않았다. 그의 신학의 중심은 언제나 의롭다함에 관한 가르침이었고, 따라서 교회에 대한 이해 역시 다른 신학적 이론과 마찬가지로 하나님의 의에 대한 발견에 근거해서 형성되고 발전되었다고 해야 한다. 루터는 당시 교회의 부패와 타락이 집약된 형태로 표출된 면죄부 판매가 종교개혁의 촉매제나 기폭제였을 뿐, 결코 종교개혁의 내적인 원인이나 외적인 동인은 아니었다. 개인적인 구원의 문제야말로 루터의 종교개혁적인 관심사였으며 이것은 그의 새로운 신학의 출발점이 되었다.[72]

보서는 그 역할을 감당하지 못했다고 생각했다. 즉, 야고보서는 행위 없이 믿음에만 의존하는 사람들을 경계하려고 하였으나, 그 책무를 충분히 감당하지 못했다고 보았던 것이다. Paul Althaus, 101.

71) 대한예수교장로회 총회교육부 편, 118-119; 루터가 1522년에 쓴 《신약성경 서문》(Preface to the New Testament)에서 이 책들이 모든 책 중에서 중심이 되고 핵심적인 책들이라고 이해한 것은 이 책들이 그리스도에 대한 신앙이 어떻게 죄와 죽음과 지옥을 극복하고 생명과 의로움과 행복을 가져다주는지를 능숙하게 보여주었기 때문이다. Paul Althaus, 101.

루터는 목회자였으며 일생 동안 신자의 생활 속에서 교회가 담당하는 근본적인 역할에 대해서 강조했다. 따라서 루터는 자기가 살던 시대에 이미 많은 사람들에게 받아들여지고 있던 교리에 저항했고 로마 가톨릭의 권위에 대항했지만, 그는 역시 교회야말로 기독교 메시지의 가장 핵심적 요소라고 생각하였다. 그의 신학은 하나님과의 개인적이고 직접적인 교제를 주장하는 대신, 기독교인들의 생활을 신앙인들의 공동체 속에서 파악했다. 뿐만 아니라 그는 교회를 어머니라고 했다.

> 기독교회는 말씀을 통해 당신을 낳고 당신을 양육하는 당신의 어머니이다.[73]

즉, 한 생명이 어머니의 뱃속에서 잉태되고, 세상으로 태어나서 어머니로부터 양육받는 것과 같이 성도도 교회를 통해서 신앙을 갖게 되고, 교회 안에서 끊임없이 신앙이 양육된다는 점에서 교회를 어머니라고 했다. 그렇기 때문에 루터도 교회 밖에는 구원이 없다고 하였다. 그런데 루터는 종교개혁 초기부터 교회의 법적 수장이 교황이라는 로마 가톨릭의 교회론에 반대하면서 교회에서 지고의 권위를 지닌 것은 하나님의 말씀이라고 강조했다. 참 교회의 특징은 사도적 계승이 아니라 '말씀의 선포'와 '들음'에 있다는 것이다. 왜냐하면 교회는 말씀으로 태어났고, 말씀으로 성장했으며, 말씀이 없으면 죽기 때문이다. 바꾸어 말하면 이러한 말씀의 활동을 저해하는 어떠한 교권적 권위도 제거되어야 마땅하다는 뜻이다.

루터는 성경에 기초를 둔 교회와 기독교의 모습을 제시하였는데 이것은 "지상의 모든 그리스도 신자의 온전한 모임"이다. 따라서 루터는 '교

---

72) 이은재, "마르틴 루터와 교회이해," 〈신학과 세계〉, 88(서울: 감리교신학대학교, 2016. 12), 186-189.
73) Martin Luther, *Ten Sermoms on the Catechism* (1528), in LW 51:160.

회'라고 번역되는 'Kirche'를 두고 "교회라는 말은 독일어적이 아니다. 더구나 용어가 제공해야만 하는 의미나 사상을 주지 못한다"고 하였다. 루터가 말하는 교회는 '성도의 교제' 이다.[74] 루터에게 있어서 교회란 성령으로 말미암아 생기는 말씀의 피조물인데, 이 교회의 두드러진 특징은 성도들의 교제에 있다고 보았다. 이 사실을 루터는 1520년 「짧은 형태의 십계명」(*Short Form of the Ten Commandment*)과 1522년의 「소기도서」(*Little Prayer Book*)에서 다음과 같이 말했다.

> 나는 지상에 전 세계에 걸쳐 오직 하나의 거룩한 공동의 기독교 교회가 있다는 것을 믿는다. 이것은 성도와 경건한 사람들, 곧 성령이 모으고 보존하고 다스리는 지상의 믿는 사람들의 공동체 혹은 모임 이외의 다른 것이 아니다. … 나는 이 기독교 세계의 공동체에서 모든 것이 공동의 소유이고, 각각의 소유 재산은 서로에게 속하고, 어떤 사람도 자신의 고유한 것을 소유하고 있지 않다고 믿는다. 그 결과 공동체 전체의 모든 기도와 선한 행위는 나와 모든 신자들을 돕는다. 그들 모두는 생명의 시간에도, 죽음의 시간에도 서로를 지켜주고 힘을 주고, 바울이 가르친 대로, 각각 다른 사람의 짐을 져 준다.[75]

위의 글에서 볼 수 있듯이 루터는 교회를 성령이 모으고, 보존하며 다스리는 지상의 믿는 사람들의 공동체라고 이해함으로써 교회가 되게 하는 주체를 성령이라고 했다. 즉, 복음에 대한 신앙은 인간의 구원을 완전히 하나님의 손 안에 두고, 인간의 모든 활동을 결정하는 자신의 영원한 운명에 대한 자기중심적 관심에서 그를 자유롭게 한다. 그리고 이 신앙은 그의 형제들을 섬기게 한다는 것이다. 나아가서 성령은 말씀을 듣는 사람들에게

---

74) 대한예수교장로회 총회교육부 편, 120-121.
75) Martin Luther, *Werke, Kritische Ausgabe*, 7, 219.

서로 그리스도의 몸의 지체가 되게 한다. 그러나 이것은 서로에게 신비적으로 흡수되는 것이 아니라 사랑을 통해 생명을 온전히 나누는 것으로 대체가 된다. 이와 같은 견지에서 루터는 형제들의 중보 기도를 「슈말칼트 조항」에 있는 대로 돕고, 권면하고, 경고하고, 위로하는 목회적 말씀, 곧 "형제들의 상호 대화와 위로"일 뿐 아니라, 이 수단을 통한 참여가 개인을 유익하게 한다고 보았다.[76]

한편, 루터의 교회론에서 가장 특징적인 모습이며 동시에 그의 다른 사상에 결정적인 영향을 미친 사상이 신자들의 보편적인 사제성, 즉 '만인제사장' 사상이다. 이 사상은 모든 기독교인은 다른 사람에 대한 제사장이라는 뜻이며, "우리는 제사장으로서 하나님 앞에 서서 다른 사람을 위해서 기도해 주고, 서로 신앙적인 사실을 가르칠 만한 자격 있는 사람이 되어야 한다"는 뜻이다. 만인제사장직 이론은 루터의 교회를 하나로 묶어 줌과 동시에 교권적 권위의 예속으로부터 해방시켜주는 힘이었다. 반면에 루터는 복음의 공적인 선포는 두려움이 따르는 책임이므로 어느 누구든지 쉽게 맡을 성질의 일이 아니라고 했다. 만인제사장직을 인정하면서도 하나님께서는 특정한 사람을 불러서 목회사역을 맡기셨고, 이와 같은 부르심은 공동체에 의해 인증을 받아야 했다. 따라서 모든 기독교 신자들은 하나님과의 직접적 교제를 누릴 수 있고, 또 이를 누려야만 한다. 그러나 동시에 하나님과의 모든 교제가 발생하는 유기적 실재가 존재하는데 이 존재야말로 교회이다. 뿐만 아니라 만인제사장의 교리는 교회 공동체적 의미를 말소시키는 것이 아니라 오히려 강화시킨다. 물론 신자들이 하나님께 나아가기 위해 더 이상 계급주의적 제사장 제도가 필요하지 않는 것은 사실이다.

그러나 우리는 아직도 믿는 자들의 공동체, 즉 그리스도의 몸이 필요하다. 그 가운데서 신자들은 각기 다른 사람을 위한 제사장으로서의 역할

---

76) Paul Althaus, 334-337.

을 수행하며 다른 신자들의 덕을 세우는 것이다. 이러한 상호간의 협력과 덕을 세움 없이 개별적 신자들은 생존할 수 없다고 보았다.

4) 성찬론

루터는 전통적인 로마 가톨릭 교리를 모두 거절하지는 않았다. 쯔빙글리와 대조해 보면, 루터는 그리스도의 몸과 피가 떡과 포도즙에 물질적으로 임재하고 있다는 로마 가톨릭의 개념을 계속 유지하고 있었다. 쯔빙글리와의 말부르크 회담에서 루터는 "이것은 내 몸이다"라는 말씀을 반복해서 강조한 것으로 평가된다. 예수의 말씀을 매우 문자적으로 받아들였던 루터는 몸과 피는 단순히 비유적으로가 아니라 실제적으로 떡과 포도즙에 임재하신다고 했다.[77] 그러나 루터가 부인한 것은 로마 가톨릭의 화체설 교리였다. 루터는 그리스도의 몸은 새가 둥지에 앉듯이 하늘나라에 계시지 않으며, "하나님의 오른편"은 어디에든지 있으며, 그리스도의 몸은 어디에든지 계신다는 편재설을 주장하였다. 따라서 떡과 포도즙은 살과 피로 변하지 않으며, 그것은 떡과 포도즙으로 남아 있다. 그러나 그리스도의 몸과 피는 떡과 포도즙의 "안에, 함께, 그리고 아래에" 임재한다. 이것은 떡과 포도즙이 그리스도의 몸과 피가 되었다는 것이 아니라 우리가 이제 떡과 포도즙 이외에 몸과 피를 갖고 있다는 것이다. 루터는 이 교리를 설명하면서 '스펀지와 물'을 예로 들고 있다. 종종 그리스도의 몸은 마치 스펀지에 물이 스며들어 있는 것과 같이 떡 안에 임재하신다는 것이다. 물은 스펀지가 아니지만 물은 스펀지 안에, 혹은 그 아래에 있으며 스펀지가 있는 곳에는 언제나 물이 있다.[78]

---

77) 밀라드 J. 에릭슨, 《복음주의 조직신학 하》, 신경수 옮김(고양: 크리스챤다이제스트, 2007), 314.
78) 오주철, 《조직신학 개정판》(서울: 한들출판사, 2016), 471-472; 성찬에 대한 루터

후대의 신학자들은 이러한 가르침을 '공재설'(供在設)이라고 부르면서, 성물의 본질은 그대로 지속되면서도 그리스도의 살과 피가 거기에 참가됨을 의미한다고 해석했다. 그리스도의 몸이 빵 안에 있으나 빵은 여전히 빵이다. 그 이상에 대해서는 신비이므로 그대로 놓아두는 것이 최선일 것이다. 그러나 이 공재설의 문제 가운데 하나는 떡과 포도주가 그리스도의 몸과 피로 변한다면 그것이 언제 변하는가에 대해 말하지 않는다는 것이다. 그런데 성찬에 대한 논쟁은 종교개혁자들 가운데서 일치점을 보지 못한 분쟁의 씨앗이었다. 루터의 동료 칼슈타트는 그리스도께서 단지 상징적으로 성찬에 임재하신다고 주장하였다. 결국 성찬 가운데 그리스도께서 어떻게 임재하시는가의 문제는 그 후 루터란(Lutheran)과 개혁파(Reformed) 사이에서 논쟁의 초점으로 등장하게 되었다.

5) 십자가 신학

1518년 「하이델베르크 논쟁」을 벌이는 과정에서 루터는 신학에 접근하는 방법을 총괄적으로 정립하였다. 여기에서 그는 자유의지와 신학에서 아리스토텔레스의 지배를 반박하고 그의 '십자가의 신학'의 주요한 특징의 윤곽을 잡았다. 즉, 루터는 두 가지의 상반된 신학의 방법, '영광의 신학'(Theology of Glory)과 '십자가의 신학'(Theology of the Cross)을 제시했다. 이 방법은 주제가 아주 다른 것으로써 영광에 싸인 하나님과 고난에 감추어진 하나님을 보는 상반된 견해로 두 가지 형태의 신학이 갖는 현저

교의 이해는 프랜시스 피퍼(Francis Pieper)의 《기독교 교의학》(*Christian Dogmatics*)에서 찾아볼 수 있다. 그는 루터의 소요리문답을 인용한다. "성찬이란 무엇인가〉 그것은 떡과 포도주 아래 있는 그리스도의 참 몸과 살로서 우리로 하여금 먹고 마시도록 그리스도께서 직접 제정하신 것이다." 아우크스부르크 신앙고백의 제10조에서도 이렇게 말하고 있다. "그들은 그리스도의 피와 살이 실제로 현존하며 성찬에 참예하는 자들에게 분배된다고 가르친다."

한 차이점을 보여주고 있다.

> 하나님에 대한 비가시적 일들을 마치 실제 일어난 일들 가운데서 명백하게 인식할 수 있는 것인 양 생각하는 사람은 신학자로 인정될 자격이 없다. 그러나 고난과 십자가를 통하여 보인 하나님의 가시적이고 명백한 일들을 파악하는 사람은 신학자라고 인정될 자격이 있다.[79]

루터는 '영광의 신학'과 '십자가의 신학'이 있다고 주장한다. 영광의 신학은 하나님이 창조하신 자연과 기적을 통해 하나님 자신을 보려고 한다. 반면에 십자가의 신학은 하나님을 고난과 십자가 안에서 볼 때에만 정당하게 말할 수 있으며 경배할 수 있다고 믿는다. 영광의 신학은 우리의 현실적인 죄악 상태에서 하나님의 일 그 자체를 볼 수 있고, 또한 하나님이 그 안에 계시다고 보는 점에서 눈이 멀었고 교만에 가득 차 있다. 그러나 십자가의 신학은 하나님의 본래적인 모습을 그대로 보려고 하지 않고 하나님이 계시 속에서 우리에게 알려주신 모습, 즉 고난과 십자가 안에 보여주신 하나님을 아는 것만으로 만족한다.

루터는 이 두 가지, '영광의 신학'과 '십자가의 신학'이라는 개념을 출애굽기 33장 18절과 로마서 1장 20절 이하의 말씀에서 얻었다. 출애굽기 33장에서 모세는 "주의 영광을 내게 보이소서"라고 요청한다. 그러나 하나님은 "네가 나의 얼굴을 보지 못하리니 나를 보고 살 자가 없음이라"고 대답하신다. 그리하여 하나님은 모세를 갈라진 바위틈에 두어서 하나님의 영광이 지나갈 때까지 손으로 모세를 덮으신다. 그 다음 하나님은 손을 치우시고 모세는 영광으로 가득한 하나님의 얼굴이 아니라 등을 보게 된다. 그런가 하면 루터는 로마서 1장 20절에서 거짓 신학의 특성을 설명하면서 이 구절에서 묘사된 종류의 신학에서 돌이켜야 한다고 주장했다. 그러면서

---

79) Martin Luther, *Werke, Kritische Ausgabe*, 1, 361f.

루터는 고린도전서 1장 21절 이하에 있는 사도 바울의 말씀을 인용한다.

> 하나님의 지혜에 있어서는 이 세상이 자기 지혜로 하나님을 알지 못하므로 하나님께서 전도의 미련한 것으로 믿는 자들을 구원하시기를 기뻐하셨도다.

로마서 1장 20절에 묘사된 신학은 사람이 처음 창조되었을 때는 가능했다. 그러나 사람은 이것을 오용했다. 이제 그것은 더 이상 사람들을 경건하게 하는 것이 아니라 오히려 어리석게 한다. 그러므로 하나님은 다른 방법을 사용하시는데, 그것은 하나님의 보이지 않는 본성에 대한 지식이 아니라 고난을 통해 보이는 그의 등에 대한 지식이다. 하나님의 보이지 않는 본성은 보이는 본성과 대립한다. 하나님의 등은 그의 얼굴의 영광과 대립된다. 그의 보이지 않는 본성은 장엄한 속성으로 묘사된다(참고, 롬 1:20). 그리고 보이는 등은 비하, 약함, 어리석음으로 묘사된다(참고, 고전 1:25).[80]

그렇다고 해서 하나님에 대한 자연적인 지식이 없다는 뜻은 아니다. 오히려 하나님에 대한 이중적인 지식이 있는데, 일반적인 지식과 특별한 지식이다. 루터는 다른 맥락에서 요한복음을 주석하면서 두 가지 유형의 하나님 지식을 '율법적 지식'과 '복음적 지식'이라고 불렀다. 다른 은유를 사용하여 루터는 하나님의 '왼편' 지식과 '오른편' 지식이 있다는 것이다. 전자는 하나님이 주신 능력으로 알 수 있으나, 후자는 하나님에 대한 고유한 지식으로 위로부터 내려와야 한다. 루터가 영광의 신학을 거절한 첫 번째 원인은 그것이 하나님에 대한 '일반적' 혹은 '왼편' 지식을 다루기 때문이다. 영광의 신학은 하나님에 대한 지식과 일반적 지식 사이에 놓인 커다란 차이점을 인식하지 못한다. 두 번째 이유는, "하나님을 보고서 살 자가 아무도 없다"는 말씀을 잊고서 하나님을 얼굴과 얼굴을 대면해서 볼 수

---

80) Paul Althaus, 41-42.

있는 것처럼 생각하기 때문이다. 동시에 영광에 대한 대조로서 루터는 '십자가' 라는 개념을 사용한다. 신학의 임무와 방법론에 대한 이상과 같은 이해로 신학과 철학의 관계에 대한 루터 입장은 스콜라주의자들의 이해와 아주 달랐다. 루터는 이성이 스스로는 결코 발견할 수 없는 어떤 것들을 자연적인 하나님 지식에 첨부시켜 준다는 견해를 용납할 수 없었다.

신비주의에 대한 루터의 평가 또한 특출한 점이 있다. 영적인 순례 기간 동안 루터는 독일 신비주의자들로부터 일시적인 위안을 어느 정도 받았으며 그들이 추구하는 기쁨을 경험했다. 인간이 하나님의 앞에서 취할 수 있는 가능한 태도는 오로지 겸손이라고 생각하는 점에서는 신비주의자와 같은 의견이다. 그러나 이들의 '부정신학' (negative theology)은 여전히 '영광의 신학' 의 한 형태이며 '십자가 신학' 은 아니다. 루터는 하나님의 참된 지식은 하나님이 누구인지 아는데 있지 않고, 하나님이 '나를 위해서' (pro me) 있음을 아는데 있다고 보았다, 그렇기 때문에 루터는 신비주의자들의 경험은 십자가에 숨어 계시는 하나님과 직접적으로 연결되어 있지 않은 개념으로써 전체적으로 받아들일 수는 없었다. 신학의 출발점은 이성도, 경험도 아니며 말씀 안에서의 하나님 자신의 활동이시다.

4. 나가는 글

루터는 고상한 인격과 용감한 정신, 굳은 의지, 소박한 성품을 소유한 자이며, 간절한 기도와 성경 말씀으로 무장한 열정적인 하나님의 사람이었다. 그는 생명을 걸고 하나님과 사람들 앞에서 치열하게 고민하는 과정에서 당시 부패하고 타락한 교회를 향해 율법의 정죄로부터 벗어나 복음적인 자유와 하나님의 말씀인 성경만이 신앙의 유일한 원천이라는 개혁의 원리를 주창했다. 루터의 종교개혁의 원칙을 '오직 믿음', '오직 성경', 그리고

'오직 은혜'라는 세 가지 용어로 설명한다. 이 세 가지 원칙은 각각 독립적인 의미를 지니고 있으면서도 동시에 긴밀하게 연결되어 있다고 해야 할 것이다. 즉, '성경이 없는 믿음'이나 '은혜 없는 믿음'은 미완성의 신앙이기 때문이다. 루터는 오랜 시간 고뇌하는 가운데 성경을 읽으면서 "오직 믿음으로 말미암아 구원을 얻는다"는 말씀의 의미를 분명하게 깨달았다. 그리고 이 사실을 통해서 루터가 발견한 것은 복음의 진정한 의미이며, 참된 믿음이라는 것이 무엇인가라는 것이었다. 이를 통해서 루터는 소위 '이신칭의'를 세상에 외치기 시작했고, 하나님의 의와 인간의 의를 혼동하는 세계 속에 인간을 의롭게 하는 것은 인간의 의가 아니라 하나님의 의로 말미암는다는 사실을 분명하게 가르쳤다.

금년은 루터가 종교개혁을 일으킨 지 500년이 되는 해이다. 이제 우리는 '오직 믿음', '오직 성경', 그리고 '오직 은혜'에 바탕을 둔 루터가 전하려고 한 교회의 개혁 정신을 보다 깊이 되새겨야 할 필요가 있다. 분명 오늘의 한국 교회와 성도들은 "교회는 항상 개혁되어야 한다"는 명제를 잊지 말아야 할 것이다. 그리고 루터가 켜 놓은 진리의 등불을 들고 지금도 이 어두운 세상을 비추면서 하나님께 헌신함으로써 이 땅에 하나님의 나라를 세워가는 하나님의 사람들이 되기를 결단해야 할 것이다.

참고문헌

곤잘레스, 후스토 L.《종교개혁사》. 서영일 역. 서울: 도서출판 은 성, 1995.
곤잘레스.《기독교사상사(Ⅲ)》. 이형기, 차종순 역. 서울: 한국장로교출판사, 2002.
김은수. "종교개혁의 기초 원리로서의 '성경의 명료성' 교리와 해석학적 함의에 대한 연구: 마르틴 루터를 중심으로."〈한국교회사학회지〉, 제44집. 서울: 한국교회사학회, 2016: 109-167.
김종희. "칼빈의 'Sola Scriptura'."〈개혁논총〉, 27. 서울: 개혁신학회, 2013: 95-121.
대한예수교장로회총회교육부편.《16세기 종교개혁과 개혁교회의 유산》. 서울: 한국장로교출판사, 2003.
마석한. "루터의 종교개혁."〈역사와실학〉, 13. 서울: 역사실학회, 1991. 1: 621-653.
박희석 역.《신학사》. 서울: 성광문화사, 1989.
안재중. "젊은 루터의 절제된 삶과 영적 고뇌가 느껴지는 곳."〈한국기독공보〉 3073호. 2017년 1월 3일.
에릭슨, 밀라드 J.《복음주의 조직신학 하》. 신경수 옮김. 고양: 크리스챤다이제스트, 2007.
오주철.《조직신학 개정판》. 서울: 한들출판사, 2016.
워커, 윌리스턴.《기독교회사》. 송인설 옮김. 고양: 크리스천다이제스트, 2004.
이동희.《꺼지지 않는 불, 종교개혁가들》. 서울: 넥서스, 2015.
이은재. "마르틴 루터와 교회이해."〈신학과 세계〉, 88. 서울: 감리교신학대학교, 2016. 12: 185-215.
폭스, 존.《순교자 열전》. 홍병룡 옮김. 서울: 포이에마, 2014.
Althaus, Paul. *The Theology of Martin Luther.* trans. Robert C. Schultz. Philadelphia: Fortress Press, 1966.《마르틴 루터의 신학》. 이형기 역. 고양: 크리스챤다이제스트, 2017.

Andreas, W. *Deutschland vor der Reformation*. Berlin: Stuttgart, 1932.

Hägglund, Bengt. *History of Theology*, 2nd ed., trans. Gene J. Lund. Saint Louis: Concordia Publishing House, 1968.

Lohse, Bernhard. *Martin Luther: An Introduction to His Life and Work*. Edinburgh: T & T Clark, 2001. 이형기 역.《루터연구입문》. 고양: 크리스챤다이제스트, 2013.

Luther, Martin. *Werke, Kritische Ausgabe*. Weimarer Ausgabe, 1509.

Luther. *Ten Sermoms on the Catechism* (1528).

McGrath, Alister E. *Reformation Thought: An Introduction*. 4th ed. West Sussex: Wiley-Blackwell, 2012.

Schmid, H. D. *Fragen an die Geschichte*. Bd. 2, Frankfurt, 1975.

울
리
히
쯔
빙
글
리

제5장
조국의 구원만을 바랐던
울리히 쯔빙글리

16세기 초 인문주의자들은 고전문학뿐 아니라 초대교회 교부들의 저서들을 읽는 가운데 교회가 분명히 잘못되고 있다는 것을 인식하기 시작했다. 뿐만 아니라 교황과 사제들의 윤리적 타락과 부패 원인이 어디에 있는가를 연구하며 책으로 펴내기도 했다.[1] 그런데 이들 가운데는 로마 가톨릭 교회라는 질서 안에 있으면서 개혁하기를 원했던 에라스무스와 같은 사람들이 있었고, 반대로 인문주의와 결별하고 종교개혁 정신으로 완전한 개혁

---

1) 교황과 사제들의 부패와 타락을 질책하면서 쓴 대표적인 책이 에라스무스의 《우신예찬》(Moriae Encomium, 1510년)이다. 이 글이 발표되자 당시 학자와 사제들로부터 분노를 샀고, 그가 죽은 후에는 금서목록에 오르기도 했다. 이런 반응은 에라스무스가 글을 쓸 때부터 예측하고 있었다. 그는 토마스 모어에게 보내는 서문에서 이렇게 말했다: "아마도 이 글을 비판하는 사람이 없지 않아, 일부는 교회 학자가 쓰기에는 너무도 가볍다고 힐난하며, 일부는 점잖은 기독교인이 쓰기에는 너무도 신랄하다고 비난할 것입니다. 또 고성을 지르며 … 아무거나 가리지 않고 헐뜯는다고 질책할 것입니다." 에라스무스, 《우신예찬》, 김남우 옮김(파주시: 열린책들, 2011), 13-14.

을 원했던 사람들도 있었다. 그 대표적인 사람이 스위스 취리히에서 종교개혁을 한 울리히 쯔빙글리이다.

당시 스위스는 신성로마제국에 속해 있으면서 독립하려고 했는데, 이들은 왕정보다는 연방제를 추구했다. 그렇기 때문에 도시국가 형태인 스위스는 한 사람에 의해서 종교개혁이 일어난 것이 아니라 여러 도시들에서 각각의 인물들에 의해 이루어졌다. 즉, 스위스 북부 종교개혁은 쯔빙글리에 의해 취리히를 중심으로 일어났고, 남부는 베른을 중심으로 할러에 의하여, 뇌샤텔을 중심으로는 파렐에 의하여 일어났다. 그리고 칼빈은 스위스의 남부인 제네바에서 종교개혁에 성공하였다. 따라서 이 장에서는 16세기에 스위스가 직면하고 있던 상황을 살펴봄으로 에라스무스와 같은 인문주의자들에게 많은 영향을 받았음에도, 쯔빙글리가 추구하려던 교회개혁이 무엇이었는가를 함께 찾아보자.

1. 쯔빙글리 당시 스위스의 상황

스위스는 지정학적인 이유 때문에 13세기 중엽까지도 스위스의 언어, 문화, 정치, 경제는 통일되지 못했고, 국가 형체도 갖추지 않았다. 그러다가 1291년 각 지역 대표들이 모여 하나의 '계약 공동체'를 만들면서 비로소 나라를 이루게 되었다. 16세기 초반에 이르러 스위스는 명목상으로는 신성로마제국에 예속되었지만, 실제로는 13개의 '지역들'(Orte 혹은 Stande)로 구성된 완만한 연방제를 유지했다. 그리고 이 연방제는 모든 지역의 공동 이익과 안전을 찾는 동시에 각 지역의 자치권을 철저하게 보장해 주었다.[2]

---

2) 대한예수교장로회 총회교육부 편,《16세기 종교개혁과 개혁교회의 유산》(서울: 한국장로교출판사, 2003), 175-176.

> 쯔빙글리 당시의 스위스의 상황
> ① 스위스 도시국가들의 '계약 공동체'
> ② 스위스 젊은이들의 용병제 참가

도시국가로서 1351년에 계약공동체에 가입한 취리히는 대의회와 소의회로 구성되어 있었다. 대의회는 직종의 대표자들(이를 테면, 군인/기마병, 상인, 지주, 금융업자 등)이 162명으로 구성되었는데 이들에게는 입법권이 있었다. 반면에 소의회는 동업조합 대표 25명으로 구성되었으며, 행정권을 가지고 위원장이 시장이 되었다. 당시에 대의회의 주된 관심은 경제발전에 있었고, 소의회는 사회의 도덕질서를 바로 세우는 일이었기 때문에, 다른 관심사를 가진 양 의회는 종교개혁을 추진하는 동안 팽팽한 긴장 상황을 만들었다.[3]

한편, 취리히는 오래 전부터 스위스 내륙 지역과 독일, 오스트리아, 프랑스 등의 이웃 나라들과 국제무역을 하던 도시였으며, 특히 비단을 짜는 수공업이 일찍부터 발전하였다. 그런데 16세기 초반의 취리히를 비롯한 스위스는 수공업이 사양길로 들어서면서 경제적으로 위기에 처해 있었다. 때문에 주민들은 근근이 살아갔고, 농사를 지을 땅이 없는 농민들이 늘어났으며, 도시에는 날품팔이가 늘어나 빈민층이 두텁게 형성되었다. 이러한 상황에서 스위스의 많은 젊은이들은 가족을 위해 용병으로 다른 나라의 왕

---

3) Ibid., 176-177.
4) Ibid., 177. 스위스의 용병은 용맹하기로 이름 나 있어서 지금도 스위스의 젊은이들로 로마 교황의 수비대를 전담하고 있다. 그리고 스위스의 많은 젊은이들이 로마 교황의 용병이 되는 것을 영예롭게 생각하여 지원 경쟁율이 매우 높다. 특별히 교황 수비대에 지원하는 사람은 스위스 군인의 정규과정을 마치고, 로마 가톨릭 신앙을 지닌 단정한 젊은이로 엄격한 과정을 거쳐 선발된다. http://www.guardiasvizzera.va/content/guardiasvizzera/de.html. 2017년 5월 8일 검색.

이나 지배층을 위해 싸워야만 했다.[4] 수 백년의 전통으로 이어져온 스위스의 용병제도는 외국으로부터 돈을 받고 병역을 제공하는 용병제도(Reislaufen)가 가난한 스위스 경제의 중요한 한 부분을 차지했다. 그런데 스위스 용병제도는 역사의 어두운 한 단면을 보여주고 있는데, 이것이 쯔빙글리가 종교개혁을 주창하게 된 요인이 되기도 했다.

1494년 이탈리아의 국토가 유럽 전쟁터가 되었을 때에 스위스 용병의 수요가 급증하였다.[5] 당시 프랑스가 이탈리아에서 밀라노의 루도비코 스포르짜 군대와 전쟁을 벌일 때 스위스의 젊은이들이 처음에는 프랑스의 용병으로 참가했는데 급료를 지급하지 않자, 상부의 명령을 무시하고 스포르짜 군대에 투항하여 프랑스를 밀라노에서 쫓아내었다. 그런데 그 사이에 프랑스 전령이 스위스 각지를 오가며 돈 보따리를 풀자, 용병들이 프랑스 진영으로 옮겨가게 되었다. 그리하여 프랑스 군대와 스포르짜 군대가 노바라(Novara) 근처에서 싸우게 되었는데, 이것은 결국 스위스 용병들끼리 치른 전쟁이 되었다. 이후에 노바라 전쟁은 용병제도에 깊은 반성과 회의를 자아내게 하였다. 그리하여 1503년에 스위스연방공동체는 만장일치로 조약을 맺었는데 "어떤 사람도 외국돈(연금)을 받지 말아야 하며, 외국과 용병 계약을 하려면 모든 연방이 동의해야 한다"는 내용이었다.[6]

용병제도가 절정에 이르렀던 1500년 무렵에는 전체 인구 가운데 10-12%가 용병에 참가한 것으로 알려지고 있다. 바저(Johann Heinrich Waser) 연구에 의하면 15세기에서 18세기 사이에 프랑스 왕을 위해 싸웠던 스위스의 젊은이들은 매년 약 22,000명에 이르렀다. 이들의 평균 복무연한은 6년 정도였는데 이들 가운데 약 44%만 귀향했는데, 15%가 부상자

---

5) 이탈리아에서의 전쟁에 관한 내용은 "제6장 종교개혁의 꽃을 피웠던 존 칼빈"을 참고하라.
6) 대한예수교장로회 총회교육부 편, 180-181.
7) Hans Conrad Peyer, "Die wirtschaftliche Bedeutung der fremden Dienste für

였기에, 29% 정도만 정상적으로 일상적 삶에 복귀할 수 있었다.[7]

스위스 젊은이들이 용병으로 전쟁터에서 죽어야만 했던 슬픈 이야기는 스위스 루체른(Luzern)에 세워진 「빈사의 사자상」이 말해주고 있다. 1792년 프랑스 혁명 당시 프랑스 루이 16세를 지키던 근위대들이 도망간 상황에서 루이 16세가 고용한 스위스 용병들은 단 한 명도 도망가지 않고 혁명군에 맞서 전멸한 760명의 죽음을 기리는 의미로 세워졌다. 당시에 루이 16세가 "그대들은 이만 철수해도 좋다"고 이야기 했음에도 이들은 죽는 순간까지 국왕을 지켰다. 분노한 수만 명의 파리 시민들이 튈르리 궁(Palais des Tuileries)으로 진격하여 루이 16세를 끌어냈음에도 항복하지 않고 죽음을 선택한 이유는 자신들이 도망간다면 이후 후손들 역시 용병으로 일할 수 없을 것으로 판단했기 때문이다.

이와 같은 암담한 전쟁의 비애를 직접 경험하고 교회 위선과 모순을 바라보면서 종교개혁을 부르짖은 사람이 울리히 쯔빙글리이다. 마르틴 루터의 종교개혁은 어떻게 하면 하나님 앞에 의로운 존재로 설 수 있는가라는 '개인적 신앙 문제'로 고뇌하는 가운데 교황의

빈사의 사자상[8]

---

die Schweiz vom 15. bis zum 18. Jahrhundert," *Könige, Stadt und Kapital. Aufsätze zur Wirtschafts-und Sozialgeschichte des Mittelalters* (Zürich: Neue Zürcher Zeitung, 1982), 219-231; Historischer Verein des Kantons Schwyz (hg.), *Herren und Bauern 1550-1712. Geschichte des Kantons Schwyz*, Band 3 (Zürich: Chronos, 2012), 71; Hans Rudolf Fuhrer, Robert-Peter Eyer, *Schweizer in Fremden Diensten* (Zürich: Neue Zürcher Zeitung, 2006), 9; 정미현, "용병제도를 통해 본 츠빙글리 종교개혁의 사회 경제적 배경," 〈유럽사회문화〉, vol. 15(서울: 연세대학교 유럽사회문화연구소, 2015), 245.

면죄부를 거부하면서 시작되었다면, 쯔빙글리는 '애국적이며 지적인 사고'를 바탕으로 취리히에서 심각한 문제가 된 용병제도를 반대할 뿐만 아니라 폐지하려는 사회개혁과 맞물려 있었다고 해야 할 것이다.

2. 츠빙글리의 생애

울리히 쯔빙글리(Ulrich(혹은, Huldrych) Zwingli, 1484-1531)는 루터가 태어난 지 7주 정도 늦은 1484년 1월 1일 스위스 산간지대에 위치한 빌트하우스(Wildhaus)에서 아버지 울리히 쯔빙글리(Ulrich Zwingli)와 어머니 마가렛타(Magaretha) 사이에서 8남매(6남 2녀) 중 셋째로 태어났다.[9] 아버지는 마을의 행정관이었고, 가정은 유복했다. 아버지 형제들 가운데는 사제가 두 명이었는데, 새로운 인문주의 학문에 호감을 가지고 있었던 삼촌 바돌로메우스 쯔빙글리(Bartholomäus Zwingli)가 총명함을 보인 그의 교육을 맡았다. 1487년부터 발렌(Walen) 호수 근처에 있는 베젠에서 수석 신부로 있었는데, 쯔빙글리는 6살 때 이곳에서 학교 교육을 받았다. 그리고 10살 되던 해에는 바젤에 있는 라틴어 학교에서 교육을 받았

---

8) 길이 10m, 높이 6m에 달하는 대형 조각인 반사의 사자상은 1821년 덴마크의 조각가 베르텔 토르트발젠(1770-1844)이 기획하고 루카스 아혼(1789-1856)이 1824년 완성한 작품이다. 여기에서 사자는 죽어간 스위스 용병들을 상징하며, 심장이 찔렸음에도 불구하고 루이 16세가 속한 부르봉 왕조의 백합 문양이 새겨진 방패를 지키고 있는 것은 왕실에 충성스러운 용병들의 모습을 찬양하는 것이라고 한다. 죽어가는 사자의 눈이 유난히 슬프다. 마크 트웨인은 「루체른 사자상」을 보고 "지구에서 가장 슬픈 조각상"이라고 표현했다고 한다. 사자상 위에는 "HELVETIORUM FIDEI AC VIRTUTI"라는 라틴어 명문이 새겨져 있는데, 그 의미는 "헬베티아(스위스)의 충성심과 용감함"이라는 뜻이다. 스위스 용병들의 충성심과 용감함은 널리 알려져 이후에 나폴레옹이 러시아를 원정할 때에도 참여했다. 그 당시에도 스위스 용병들은 러시아 원정에서 7,000명이 700명으로 줄어드는 순간까지도 전장을 이탈하지 않고, 나폴레옹이 철군한 뒤에야 함께 스위스로 돌아왔다.

울리히 쯔빙글리

고, 2년 뒤에는 베른에서 교육을 받았다. 두 도시는 당시 인문주의가 활발하던 곳이었는데, 쯔빙글리는 인문주의자 하인리히 뵈플린(Heinrich Wölfflin) 문하에서 공부하였다.

그리고 1500년부터 1502년까지 그는 이탈리아 인문주의 사상과 르네상스 운동을 받아들인 오스트리아 비인의 콘라드 켈티스가 고전학 대가로 있던 비엔나대학에서 공부했다.[10] 그는 이곳에서 인문주의 영향을 받으면서 신앙 안에서의 참 자유를 경험했다. 그리고 1502년부터 1506년까지 세바스챤 브란트, 요한 로이흘린 등과 같은 인문주의 교수들이 가르치고 있었고, 알프스 이북에서 최초로 르네상스 운동을 받아들였던 바젤대학에서 계속 공부하여 1504년에 인문학 학사로 졸업하였다.[11] 그리고 1506년에 석사 학위를 받은 후 글라루스 교구 사제로 임명받았다.[12] 10년 동안 이곳에서 헬라어와 히브리어를 공부했고, 에라스무스(Desiderius Erasmus, 1466-1536)의 작품에 몰두하여 영향력 있는 설교

---

9) Estep R. William, *Renaissance and Reformation* (Grand Rapids: William B. Eerdmans Publishing Company, 1986), 162.

10) 대한예수교장로회 총회교육부 편, 178; 윌리스턴 워커는 쯔빙글리가 비엔나대학에서 공부한 시기를 1500년부터 1502년까지의 2년 동안이었다고 밝히고 있다(월리스턴 워커, 《기독교회사》, 송인설 옮김(고양: 크리스챤다이제스트, 2004), 499.

11) Estep R. William, 162-163; 쯔빙글리는 바젤에서 많은 인문주의자들과 교제했을 것이다. 당시 인문주의자들은 주로 인쇄업을 하면서 고전과 교부들의 작품을 출판하였다. 이곳에서 그는 후에 교회 개혁운동에 동참하게 될 콘라드 펠리칸과 레오 유트를 사귀었다.

12) 쯔빙글리는 1506년에 콘스탄츠에서 사제로 서품 받을 때에도 신학교육을 거의 받지 않았다. 그가 신학교육을 충분히 받지 않았음에도 사제로 일하게 된 것은 인문학 석사 학위를 받았기 때문이었다.

자가 되었고 북부 소수 인문주의자 그룹에서 존경받는 일원이 되었다.

글라루스에서 목회하던 시절에 스위스 용병제도는 절정에 이르렀다. 특히 프랑스의 밀라노 지배를 반대한 교황 율리우스 2세(1443-1513)가 스위스 용병으로 해결하려고 했다. 스위스는 프랑스와 맺은 용병 계약이 끝나가고 있었고, 그동안 밀린 급료로 불만이 높았다. 그렇지만 이들은 교황도 신뢰하지 않았다. 1510년 쯔빙글리는 "황소의 우화"(Fadelgedicht vom Ochsen)를 통해 스위스의 외교 정책과 용병 정책에 대한 자신의 견해를 밝혔다. 이 우화에서 유럽의 열강들과 파벌들이 짐승으로 묘사했는데, 사자는 합스부르크, 표범은 프랑스, 황소는 스위스로 묘사하였다. 그리고 스위스 연방공동체는 한결같이 교황 편에 서야 한다고 강조했다. 이 일로 교황으로부터 포상으로 해마다 50굴덴[13]의 연금을 받았다. 당시 글라루스에서 교황의 고액 연금을 받는 한 사람이 되었다. 2년 뒤 스위스 연방공동체가 이탈리아 파비아(Pavia)에서 프랑스와 일전을 결의했을 때 이 전쟁이 교황을 지키는 전쟁이며 민족의 자긍심이 달린 문제라고 이해했다.[14]

쯔빙글리는 1513년과 1515년 두 차례나 지역 출신의 젊은이들과 용병으로 노바라 전투에 참여했다. 첫 번째 원정은 승리로 끝났는데 교구 내의 신도들이 피정복지를 약탈하는 것을 목격하였다. 두 번째 원정은 정반대였다. 그는 두 전쟁에 참여하여 피비린내 나는 전쟁에 회의를 갖게 되었고 용병제도 폐지를 요청하면서 평화에 대한 열망이 생겨났다.[15] 이 열망이 평화를 외치는 인문주의자들과 교제하게 만들었다. 사실 쯔빙글리는 인문주의에 관심을 가지고 있었던 삼촌 바돌로메우스로부터 시작해서, 바젤과 비엔나도 인문주의의 중심지였기 때문에 인문주의에 영향을 받고 있었다고 해

---

13) 당시의 월급 수준으로 연봉 25굴덴 미만이면 가난한 수준이었다.
14) 대한예수교장로회 총회교육부 편, 182.
15) 용병제도 폐지에 대한 쯔빙글리의 강력한 요구는 결국 취리히 시의회가 1523년 1월에 폐지하였다.

야 할 것이다. 무엇보다 에라스무스는 쯔빙글리의 사상 형성에 많은 영향을 주었다. 그는 에라스무스를 통해서 성경의 권위와 성경을 이해하는 방법을 배웠으며, 실천적 기독교를 지향하는 윤리를 깨우쳤다. 그리고 평화사상과 설교의 중요성을 배웠다. 더 나아가 교회개혁을 위한 구체적인 방안도 배웠는데, 인간은 개인으로서 계몽과 교양을 통해 더 나은 인간이 되며 또 사회 전반도 더 좋은 사회질서로 발전해야 한다는 것이 중심 내용이었다.[16] 뿐만 아니라 에라스무스가 1516년에 편찬한《헬라어 신약성경》(*Novum Testamentum omne, Greek New Testament*)을 읽으면서 성경에 눈을 뜨게 되는데, 신약성경에 등장하는 교회들과 성도들의 교회생활 모습이 로마 가톨릭의 신앙 행습과는 많은 괴리가 있음을 알게 되었다.[17] 그리고 용병제도에 대한 모순은 에라스무스식 인문주의에 마음을 열게 하였다.

그런데 이 전쟁 이후 글라루스에서는 프랑스 편을 들어야 한다는 여론이 시작되었다. 스위스 연방공동체에서는 취리히만 교황 편을 들었고, 모두 프랑스 쪽으로 기울었다. 이때 교황 지지자로 알려진 그는 1516년에 정치적인 이유로 아인찌델른으로 인사 조치를 당했다. 1518년 12월 27일 취리히의 그로스뮌스터 교회 지도자들에게 청빙을 받고, 1519년 1월 1일부

---

16) 대한예수교장로회 총회교육부 편, 185.
17) 김승진,《종교개혁가들과 개혁의 현장들》(서울: 나침반출판사, 2015), 112. 쯔빙글리는 이때 면죄부 판매를 반대하고, 마리아보다는 그리스도를 예배하라고 가르치고, 교황제도에 대해서도 성경적인 근거가 약하다고 비판하였다. 이러한 정황들로 일부에서는 쯔빙글리의 종교개혁이 루터보다 앞선 1516년에 시작되었다고 평가하기도 한다. 그러나 당시 쯔빙글리가 로마 가톨릭의 폐해들에 대해서 비판하였지만 종교개혁가라기보다는 에라스무스주의자, 혹은 로마 가톨릭 내의 진보주의자의 비판이라고 해야 할 것이다. 그는 1520년까지 로마 가톨릭의 성직록을 받고 있었기 때문이다.
18) 쯔빙글리가 취리히의 그로스뮌스터교회로 청빙받은것은 교황파이면서도 개혁적인 성향을 띠고 있었기 때문이라고 할 수 있다. 당시 스위스 연방공동체에서 국제외교를 주도하고 있었던 취리히는 수년 전부터 프랑스와의 우호적인 관계가 소원

그로스뮌스터교회[19]

터 취리히에서 본격적인 목회를 시작하였다.[19] 이때는 정확히 35세가 되는 생일날이었다. 그가 취리히의 신부가 되었을 때는 루터와 비슷한 결론에 도달해 있었다.[20] 그런데 루터가 하나님과의 관계에서 번민과 고통 가운데 영적 순례의 길을 따랐다면, 쯔빙글리는 인문주의자들의 방법론에 의한 부지런한 성경연구와 당시에 마치 기독교인양 성행하던 미신에 대한 분노, 교회 성직자들의 부정과 부패 및 용병제도에 대한 비판 정신의 결과였다. 그는 복음을 선포하면서 초대교회 신앙 공동체와 함께 공동체의 도덕적 정결함도 가르치면서 이것이야 말로 취리히 교회가 모범으로 삼아야 할 것이라고 강조했다. 그의 설교는 평범하면서도 실제적이고, 인상적이며, 교리

해진 상태였던 반면에 합스부르크 왕가와 교황 쪽으로 다가가고 있던 상황이었다.
19) 그로스뮌스터교회는 로마네스크 양식으로 된 교회당으로서 1100-1200년경에 완공되었으며, 스위스에서 가장 아름다운 교회로 손꼽히고 있다. 교회당 터는 취리히에서 순교한 수호 성인 세 사람의 무덤이 있었다고 하고, 프랑크 왕국의 샤를마뉴 대제(Charlemagne the Great, 768-814)가 세운 교회가 있었다. 그래서인지 교회 외벽과 지하실에 칼을 들고 왕관을 쓴 그의 석상이 세워져 있다. 김승진, 119.
20) 쯔빙글리가 언제부터 취리히에서 종교개혁을 시작했는지에 대해서는 차이가 있을 수 있다. 가령, 윌리스턴 워커는 강력하게 종교개혁을 시작한 것이 1522년이었다고 한다. 윌리스턴 워커, 500; 쿠르트 알란트(Kurt Aland)는 1520년에 취리히에서 첫 번째 종교개혁이 있었다고 했다. Kurt Aland, 《네 사람의 개혁자들》, 이기문 역 (서울: 컨콜디아사, 1983), 85; 반면에 대한예수교장로회 총회 출판부에서는 쯔빙글리가 1519년 1월 1일에 그로스뮌스터교회 주임사제직에 부임하면서라고 밝히고 있다. 대한예수교장로회 총회교육부 편, 186-187.

적이기보다는 윤리적인 삶과 교회 정화에 대한 의지를 강하게 드러냈는데, 이것은 에라스무스식 교회 개혁을 대변하는 것이었다. 뿐만 아니라 당시에 일반적으로 잘 알고 있는 사제들의 도덕적 타락에 대해서도 지적하였다. 그리고 헤아릴 수 없을 만큼 수많은 성자들을 기념하는 축제일, 성자들에 대한 거짓말까지 덧붙여 부풀린 전설적인 일화 등의 성자숭배도 비판했다.

그런데 그 이전, 즉 1518년 8월에 흑사병이 취리히를 비롯한 스위스 북부지방을 휩쓸었다. 이때 수많은 사람들이 전염병으로 죽거나, 고통을 당했다.[21] 이때 부임한 쯔빙글리는 죽음을 두려워하지 않고 환자들을 정성껏 돌보았기 때문에 큰 신뢰를 얻었다. 그렇지만 자신도 결국 1519년 9월에 흑사병에 감염되어 1년 가까이 죽음의 문턱에서 고통 받다가 가까스로 건강을 회복했지만, 1520년에 동생 안드레아스(Andreas)가 이 병으로 죽었다. 이 사건으로 그는 하나님의 은혜와 도우심을 경험하게 되었고, 더 나아가 교회와 사회 개혁을 위해 자신의 전부를 던지겠다는 헌신을 다짐했다.[22] 이후로 그는 교황 연금을 거절하였다. 그리고 이때부터 인문주의적 개혁사상에서도 벗어나기 시작했다. 이러한 방향 전환을 가져오게 된 동기는 흑사병을 앓으면서 실존적인 신앙 체험을 한 것도 있지만 또 다른 동기는 신학적인 것이었다. 즉, 1522년에 그는 '권위의 문제'에 부딪혔다. 이

---

21) 1519년 8월과 1520년 2월 사이에 일어난 흑사병으로 취리히 인구 1/3에 달하는 사람들이 죽었다.
22) 김승진, 113.
23) 쯔빙글리는 무엇보다 자신이 주장하는 종교개혁을 옹호하기 위해 정치적이며 군사적인 고려에 깊이 관여하면서 에라스무스의 평화주의적인 입장을 버리게 된다. 더구나 1523년에 울리히 폰 후텐(Ulrich von Hutten, 1488-1523, 루터의 종교개혁기에 동시대인으로 인문주의자였고 독일 민중의 지도자로서 뮌처와 함께 하층민들(농민) 입장에서 개혁을 부르짖었다)이 취리히로 도피하여 에라스무스를 공격하는 글을 쓰자 에라스무스는 취리히가 후텐을 보호하고 있는 사실에 대해 비난하면서 쯔빙글리와 에라스무스와의 관계는 끝나고 말았다(후스토 L. 곤잘레스, 《기독교사상사(Ⅲ)》, 이형기, 차종순(서울: 한국장로교출판사, 2002), 101-102).

문제는 인문주의자들의 개혁 방안에 대한 회의에서 비롯된 것인데, 에라스무스를 비롯한 이들은 교황 권위를 인정하고 그 아래에서 개혁을 추진하자고 주장했다. 그러나 이러한 태도를 받아들일 수 없었던 쯔빙글리는 교황의 권위보다는 오직 성경의 권위를 인정했다. 결국 참된 권위가 어디에서 오는가에 대한 견해 차이로 인문주의자들과 갈라서게 되었다.[23]

1521년 4월 17일, 루터가 보름스 국회에서 종교개혁에 관한 입장을 밝혔던 다음 해인 1522년에 쯔빙글리는 취리히에서의 종교개혁을 강력하게 추진하기 시작했다. 즉, 본격적인 개혁 활동을 하게 된 계기가 1522년 사순절 첫 주일인 3월 9일 저녁에 일어난 소위 '소시지 사건'(Sausage Episode)이었다.[24] 사순절 기간에 쯔빙글리를 비롯한 그로스뮌스터교회 지도자들 12명이 스위스 독일어 성경 출판을 위해 인쇄업자인 크리스토퍼 프로샤우어(Christopher Froschauer. 1490-1564)의 집에 모여 작업을 하다가 돼지고기 소시지를 야식으로 먹었다. 이들 가운데는 아인찌델른의 신부이자 베드로교회 사제로 선출된 쯔빙글리의 친구 레오 유트와 당시 길드의 도제들과 수공업자 등 여러 명이 포함되어 있었다.[25]

그런데 프로샤우어가 소시지를 대접한 것은 "금식기간 중에 육체적으로 고된 노동을 하는 사람은 고기를 먹을 수 있다"는 교회가 정한 예외 규정에 근거한 것이었다.[26] 소시지 사건에 대한 소문은 빠르게 퍼져 나갔고,

---

24) 김승진은 이때가 4월 사순절 기간이었다고 밝히고 있다. 김승진, 114; 반면에 월리스턴 워커는 1522년 3월이었다고 기록하고 있다. 월리스턴 워커, 500.
25) 쯔빙글리는 그 자리에 함께 있었지만 실제로 소시지를 먹지는 않았던 것으로 전해진다. 그 이유는 선동적인 태도로 소시지를 먹는 사람들이 못마땅하였거나 혹은 이 일이 벌어지고 나서 그 다음에 일어나게 될 사태를 미리 짐작하면서 한 쪽으로 치우치지 않으려고 했던 것 같다. 대한예수교장로회 총회교육부 편, 189-190.
26) 사무엘 루츠, "자유로운 음식 규정에 대한 해설,"《츠빙글리 저작선집 I》, 임걸 (서울: 연세대학교 출판문화원, 2014), 43; 그런데 대한예수교장로회 총회교육부 편에서는 이 사건이 의도적으로 먹은 사건이었다고 밝히고 있다. 대한예수교장로회 총회교육부 편, 189.

결국 콘스탄츠 대주교에게까지 들어가자, 대주교의 강력한 지시로 취리히 시의회는 소시지를 먹은 지도자들을 체포하여 투옥시켰다. 이때 쯔빙글리는 시의회의 조치에 항의하면서 "자유와 음식의 선택에 관하여"(Concerning Freedom and Choice of Food)라는 글을 발표하였다.[27] 이 글에서 그는 사순절 기간의 금식 문제는 성경의 가르침에 따라 판단해야 한다고 전제한 다음 이 기간에 고기를 먹는 일이 죄라고 단정 지을 수 없으며, 따라서 이것을 어긴 사람이 처벌 받을 만한 성경적 근거가 없다고 주장했다.[28] 그러나 믿음이 약한 사람이나 전통 금식 규례를 지켜야 한다는 사람에 관해서도 그는 언급하였다. 즉, 금식 기간에 고기를 입에 대지 말아야 함을 굳게 믿고 있는 사람 앞에서 일부러 고기를 먹음으로써 그 사람을 시험에 들게 하지 말아야 한다는 것이다. 그리스도인은 자유함 가운데서 금식기간에도 고기를 먹을 수 있겠지만, 자신의 자유함이 피해가 가지 않도록 절제해야 하고 공공질서를 고려해야 한다는 것이다. 이 사건은 취리히에서 개혁운동이 불붙기 시작한 도화선이 되었다.[29]

한편, 취리히에서는 성자숭배에 대한 문제 제기와 수도원에 대한 비판

---

27) 이 글은 쯔빙글리가 1522년 3월 23일 사순절 세 번째 주일에 그로스뮌스터교회 강단에서 금식 규례문제에 대한 설교를 하였고, 같은 해 부활절 직후인 4월 16일에 이 설교를 출판하였다. 그 목적은 첫째, 쯔빙글리의 친구들을 주교의 공격으로부터 보호하고, 둘째, 교회의 규정 때문에 동요하는 사람들을 진정하게 하며, 셋째, 자신의 종교개혁적 주제들을 공개적인 방식으로 발표하기 위함이었다. 울리히 츠빙글리, "자유로운 음식 규정에 대하여,"《츠빙글리 저작선집 Ⅰ》, 임걸(서울: 연세대학교 출판문화원, 2014), 44; 정미현, 249-250.
28) 쯔빙글리는 사도 바울의 "깨끗한 자들에게는 모든 것이 깨끗하다"는 말로 자신의 견해를 피력하면서 전거로 삼았던 성경구절은 마 15:17; 막 7:5; 행 10:10; 고전 6:12; 고전 8:8; 골 2:16; 딤전 4:1; 딛 1:10-15; 히 13:9 등이다. 강경림, "쯔빙글리의 종교개혁 사상,"〈신학지평〉, vol. 8(안양: 안양대학교 신학연구소, 1998), 83.
29) 루터의 종교개혁이 면죄부에 대한 신학적인 반대에서 시작된 것이었다고 한다면, 쯔빙글리의 종교개혁은 "사순절에 육식을 할 수 있는가?"라는 실제적인 문제에서 출발되었다고 해야 할 것이다.

적인 여론이 새로운 사회적 갈등으로 점화되었다. 1522년 6월 하순이나 7월 초순 무렵, 쯔빙글리를 따르는 콘라드 그레벨[30]이 주도하여 이 문제를 제기하면서 시의회가 자신들의 편에 서 주도록 요구하였다. 그러던 어느 날 프라우뮌스터교회에서 탁발수도회의 수도사 람베르트(Franz Lambert)가 마리아와 성자들에 대해 전통적인 관점에서 강론하였다. 이 예배에 참석해서 강론을 듣고 있던 쯔빙글리가 느닷없이 "형제여, 네가 틀렸다!"고 크게 외치면서 곧 공개 신앙 토론회로 이어졌다. 그 결과 취리히 시의회는 7월 21일에 탁발수도회 소속 수도사들에게 앞으로는 오직 성경의 가르침에 따라 설교하도록 지시하면서 쯔빙글리의 견해가 옳다는 판단을 내렸다. 쯔빙글리는 두 달 후인 9월에 「영원히 순수한 성모 마리아에 대한 설교」(*Eine Predigt von der ewig reinen Magd Maria*)를 통해서 마리아에 대한 숭배를 비판하였다. 그는 마리아를 '하나님의 어머니'(theotokos)로 부르는 것을 인정하였지만, 마리아가 인간의 구원을 위해 중재 사역을 한다거나, 신앙과 경배의 대상이 되는 것을 단호히 거부하였다.[31] 마리아를 올바르게 존경하려면 그녀의 엄격한 윤리, 자기를 낮춤, 바위 같이 단단한 신앙을 본받아야 한다고 강조하였다. 그리고 1522년 7월 2일에 그는 콘스탄츠 주교에게 10명의 동료 사제들과 함께 복음에 대한 자유로운 설교를 보장할 것과 성직자 독신제도를 폐지하는 청원서를 작성하여 모든 사람들이 읽을 수 있도록 공개 서한으로 제출했다. 그런데 쯔빙글리는 이미 자신의 청원을 실천하고 있는 상태였다. 즉, 그는 1522년부터 미망인 안나 라인하르트

---

30) 콘라드 그레벨(Konrad Grebel, 1498-1526)은 후에 쯔빙글리의 교회에 대한 개혁의 속도가 너무 늦을 뿐만 아니라 미지근하다고 지적하면서 1521년 몇몇 사람들과 함께 펠릭스 만츠(Felix Manz)의 집에 모여 독자적인 모임을 결성하였다. 그리고 그들은 유아세례가 성서적 근거가 없음을 확인하고 서로에게 재세례를 시행하였다. 따라서 이들에게는 '재세례파'라는 이름이 붙게 되었다.
31) 마리아에 대한 논쟁은 다음의 책을 참조 바란다. 오주철, 《조직신학개론 개정판》(서울: 한들출판사, 2016), 283-288.

(Anna Reinhart, 1538년에 사망)와 동거하고 있었으며, 1524년 4월 2일에 결혼하여 4명의 자녀들을 두었다.[32]

쯔빙글리가 출판과 설교를 통해 교회개혁의 필요성을 주장하면서 취리히는 개혁에 대한 찬반 논쟁으로 심각한 상황이 되었다. 이에 따라 시의회는 공공질서와 스위스 평화를 위해 1523년 1월 3일 취리히에 소속된 사제들을 시청 회의실로 초청하여 1월 20일 공개토론회를 개최했다. 이 토론회는 모든 사람들이 내용을 잘 알아듣도록 지역 언어로 진행하였다. 이때 쯔빙글리는 토론을 위해 자신의 개혁사상을 짧은 형식으로 '67개 조항'을 준비했다.[33] 여기에서 그는 그리스도 중심적이고 성경 중심적인 신앙의 회복을 강조하였다. 그리고 그는 그리스도가 교회의 유일한 머리임을 선언했고, 성직자의 결혼을 옹호했다. 600명 이상 참석한 토론회 결과 시의회는 쯔빙글리가 로마의 대적자들에게 승리했다고 선언하였다. 결국 이 모임은 취리히에서 중세 로마 가톨릭 시대를 마감하고 새로

쯔빙글리의 부인 안나 라인하르트

---

32) 쯔빙글리의 자녀들로는 레귤라(Regula, 1524-1565), 빌헤름(Wilhelm, 1526-1541), 훌드리히(Huldrych, 1528-1571), 그리고 안나(Anna, 1530- ?)였다. 그리고 쯔빙글리의 서자(庶子)인 마이어(Gerold Meyer von Knonau)는 나중에(1531년) 쯔빙글리와 함께 카펠 전투에서 전사하였다. 대한예수교장로회 총회교육부 편, 193; 그런데 김승진은 8명의 자녀를 두었다고 기록하고 있다. 김승진, 114.
33) '67개 조항'은 유일한 구세주요, 중보자로서의 그리스도로 꽉 차 있고, 유일한 신앙의 규범으로서의 하나님의 말씀의 최고성을 명확하게 가르치고 있으며, 교황, 미사, 성자들의 기도, 인간 행위들의 공적론, 금식, 성지 참배여행, 독신생활, 연옥 등등 비성경적인 인간의 계율들을 거부하며 공격하고 있다. 그런데 '67개 조항'은 토론회를 위해 특별히 쓴 것이 아니라 설교를 내용별로 정리한 것이었다. 따라서 이 글은 종교개혁을 위한 프로그램이 아니라 '신앙에 관한 해명서'이다. Estep R. William, 176.

운 국가교회가 시작되는 첫 모임이었다고 할 수 있다.

공개 토론회 이후 취리히의 그로뮌스터교회는 1523년 8월에 바뀐 예배 의식에 따라 독일어로 예배를 드렸다. 사람들은 성자들의 성상과 성화를 교회 밖으로 치웠다. 모든 분위기가 쯔빙글리에게 상당히 유리한 쪽으로 움직였다. 이 분위기를 간파한 그는 8월 22-23일에 콘스탄츠 교구와의 관계를 청산하기로 결심했다. 그런데 이러한 쯔빙글리의 판단에 깜짝 놀란 에라스무스는 9월 8일 쯔빙글리에게 신랄한 비판을 퍼부었다. 쯔빙글리는 이제부터 본격적으로 에라스무스와는 다른 길을 걷게 되었다.[34]

개혁의 물살이 급류를 타면서 수녀들이 수도원을 떠나기 시작했고, 사제들이 결혼하였다. 이후 계속된 몇 차례의 공개토론회에서도 쯔빙글리의 주장이 시의회에 받아들여졌다. 1524년 1월 13일부터 14일 이틀 동안 개최된 토론회에 로마 가톨릭측에서 호프만과 4명의 사제가 참석하여 시의회가 새로 구성한 위원회(6명의 시의원과 6명의 신학자)에 쯔빙글리와 엥겔하르트와 유트를 고발하였다. 이에 쯔빙글리는 자신의 입장을 변호하였고, 토론회 결과 1월 29일에 시의회가 쯔빙글리의 입장이 옳다는 판정을 내리면서, 이것을 거부하는

취리히 논쟁(Zürich disputation)에 관한 역사화
(Sigmund Widmer)

---

34) 대한예수교장로회 총회교육부 편, 194; 특별히 1차 논쟁은 자연적으로 다음과 같은 결과를 낳게 되었는데, 수도원은 문을 닫게 되고 병원이나 학교로 사용되었으며, 세례는 자기 나라 말로 행해졌고, 미사와 성상숭배는 거절되었다. Philip Schaff, *History of the Christian Church*, Vol. Ⅷ (Grand Rapids, Mich.: erdmans Co., 1984), 54.

사람은 누구를 막론하고 이 도시국가를 떠나야 한다고 선포했다. 이제 이 도시에 남아 있는 사제들은 개혁에 동참하든지 이 도시를 떠나든지 하나를 선택해야만 했다. 그리하여 호프만은 취리히를 떠날 수밖에 없었다.

그런데 1523년 가을에 가졌던 두 번째 신앙 공개토론회 기간에 쯔빙글리를 따르던 몇 명이 불만을 품었다. 교회개혁을 좀 더 분명하고 철저한 방식으로 이끌기를 원하는 이들에게 쯔빙글리의 개혁 방식은 온건하다 못해 너무 미온적이었기 때문이다. 더구나 이들은 시의회가 개혁의 주도권을 쥐고 있다는 사실이 불만스러웠고, 무엇보다 쯔빙글리가 이것을 잘 받아들이고 있다는 점에 대해 의아스러워 했다. 그래서 쯔빙글리와의 사이에 틈이 생기기 시작하였다. 그런데 실상 쯔빙글리는 점진적인 개혁을 좋아했다. 그는 유트에게 보낸 편지에서 "천천히 나아감으로써 우리는 우리의 목적을 성취한다"고 썼다.[35] 그러나 급진적 개혁을 지지하는 사람들은 정부 관료들을 기다리지 않고 빨리 변화시킬 것을 원하였다. 이들은 결국 후에 '재세례파'(anabaptist)[36]로 쯔빙글리와는 다른 길을 걷게 된다.

취리히를 중심으로 개혁운동이 전개되면서 스위스는 신앙적으로 양분되기 시작했다. 즉, 북부지방에서는 쯔빙글리의 개혁사상을 수용했으나, 우리(Uri), 슈비츠(Schwyz), 운터발덴(Unterwalden) 등 산간지대의 도시들은 로마 가톨릭에 충성하고 있었다. 이러한 도시들은 1529년 4월에 오스트리아 합스부르크가의 페르디난트 공작(Count Ferdinand of Hapsburg)

---

35) 윌리스턴 워커, 501.
36) 이들은 세례의 중요성을 인식하여 확고한 신앙을 가진 자들만이 세례를 받도록 해야 한다고 주장했다. 심지어 30세 이상이 되어 세례를 받아야 한다고 주장했는데, 그것은 예수님도 30세에 공생애를 시작하셨고, 아담도 30세 가량에 창조되었기 때문이라는 것이다. 그리고 이들은 박애주의를 주장하면서 원수를 사랑하라고 하여 터키인들이 쳐들어오더라도 공격하지 말고 선행을 베풀어야 한다고 했다. 이런 점들은 시의회 사람들에게 매우 혐오적이었으며, 적과 동침하는 오해를 받아서 무참하게 처형당하였다. 그래서 이들을 '급진파'(radicals)라고 부르기도 한다.

과 동맹을 맺고 취리히를 무력으로 위협했다. 무엇보다 이것은 로마 가톨릭 신앙을 수호하기 위해 오랜 정적(政敵)이었던 합스부르크가 출신인 찰스 5세와 타협하는 것을 의미하였다. 따라서 종교적 차이점으로 스위스의 내란은 불가피하게 되었다. 그리하여 쯔빙글리는 1529년 6월 군대를 이끌고 카펠(Kappel)로 진군하여 로마 가톨릭교회의 주력 부대를 무찔렀다. 제1차 카펠전투에서 승리한 후 6월 26일에 제1차 카펠평화조약(the First Peace of Cappel)을 맺어 로마 가톨릭의 도시들은 페르디난트와 맺은 조약을 취소하고, 개혁운동에 대한 박해를 종식하며 종교의 선택은 개인의 자유에 맡겨야 함을 합의하였다.

그런데 로마 가톨릭을 따르는 도시들이 이 약속을 이행하지 않자 쯔빙글리는 개혁적인 도시들과의 결속을 다지기 위해 스위스 내륙으로 들어가는 길목을 차단하면서 이들을 고립시키는 경제 봉쇄령을 내렸다. 이 일로 인해 1531년 10월 11일에 로마 가톨릭 5개 도시들(루체른, 우리, 슈비츠, 운터발덴, 추크)이 연합하여 8,000명의 군대를 이끌고 취리히의 카펠로 진군해 들어왔다. 취리히의 지도자들은 적진의 깃발을 볼 때까지 전쟁이 시작되는 것을 모르고 있을 정도였다. 쯔빙글리는 도시가 본격적으로 방어선을 마련하기까지 지연작전을 펼 1,500여 명의 선발군에 합세하여 진군하였다가 목에 치명상을 입고 생포되었다. 그는 로마 가톨릭의 고해신부 도움을 거절한 후 죽었는데, 그의 시체는 몇 토막으로 잘려서 불태워졌고, 그

---

37) 쯔빙글리의 죽음에 관하여는 미코니우스(Oswald Myconius, 1488-1552), 부쳐(Martin Bucer, 1491-1551), 그리고 불링거(Johannes H. Bullinger, 1504-1575)의 글들에서 발견되고 있다. 이들이 진술하기로 쯔빙글리는 대단히 많은 적군들에게 압도된 몇 사람의 자기 백성들을 보고 이들을 구해내든 아니면 그들과 함께 죽든 적진을 향해 돌진했다고 한다. 전투가 끝난 후 저녁 무렵, 군인들에게 발견된 그는 기도하기 위해 손을 모은 채로 눈은 하늘을 응시하며 땅위에 쓰러져 죽어 있었다고 한다. 강경림, 112; Walther Köhler, *Das Buch der Reformation Huldrych Zwinglis* (München: Reinhardt, 1931), 346.

재는 똥과 함께 섞어져 공중에 뿌려졌다.[37] 이것은 쯔빙글리의 육체가 개신교 성자 유골로 수집되는 것을 막기 위한 로마 가톨릭의 비열한 행위였던 것이다.

　그리고 한 달도 안 된 1531년 11월 20일에 제2차 카펠평화조약이 체결되었다. 이 조약을 통해 제1차 평화조약을 전면적으로 무효화하였고, 프로테스탄트들은 당시 전쟁에 소요된 경비들을 보상해 주기로 하였다. 그 대신 각 자치주들은 독자적으로 자신들이 원하는 종교를 선택할 권리를 갖게 되었다. 이후 취리히에서도 로마 가톨릭의 활동이 자유롭게 되고 개혁운동에 방해가 시작되었지만 대다수의 시민들은 로마 가톨릭으로 돌아가지 않았다. 그리고 쯔빙글리의 갑작스러운 죽음에도 그의 제자이며 후계자였던 하인리히 불링거가 그로스뮌스터교회를 담임하면서 종교개혁을 계승해 나갔다.[39] 지금도 카펠에 서 있는 기념비에는 쯔빙글리가 죽을 때 남겼다는 말, "너희가 나의 몸을 죽일 수는 있을 것이나 나의 영혼은 죽일 수 없

쯔빙글리의 죽음[38]

---

38) 칼 야우슬린의 1889년 작품. 로마 가톨릭교회 측의 병사가 부상당해 기진해 있는 쯔빙글리의 목에 창을 꽂으려 하고 있다. 이에 쯔빙글리는 손을 모은 채 최후의 기도를 드리는 자세를 취하고 있다. http://www.tonyfelich.com/2010/05/brutal-death-of-ulrich-zwingli.html. 2017년 7월 11일 검색.
39) 쯔빙글리가 그로스뮌스터 교회를 섬겼던 기간이 18년이었던 것에 비해 불링거는 하나님의 부르심을 받을 때까지 44년 동안 이 교회를 섬겼다.

을 것이다"라는 글이 새겨져 있다. 스트라스부르크의 개혁자였던 부쳐의 말처럼 "참으로 그는 그리스도의 영광과 조국의 구원만을 바랐던" 개혁자이자 애국자였다.

3. 쯔빙글리의 신학사상

한 개인에게 형성된 사상은 살아온 삶의 환경과 시대적 상황 속에서 끝없이 고뇌하는 가운데 형성되는 것이다. 이런 점에서 스콜라신학에 정통했을 뿐만 아니라 인문주의의 영향을 많이 받은 쯔빙글리는 인문주의자로써 당시 로마와 그리스 고전들과 교부들의 저작들을 광범위하게 읽었으며, 특별히 어거스틴에게 커다란 영향을 입었다. 이것은 그의 저작들 속에 어거스틴이 자주 언급되고 있는 사실에서 확인할 수 있다.[40]

또한 비텐베르크에서 종교개혁을 시작한 루터와 취리히에서 종교개혁을 한 쯔빙글리는 많은 문제에서 본질적으로 일치하였지만, 예배 의식과

---

40) Philip Schaff, 30.
41) 쯔빙글리와 루터의 관계에 있어서는 세 가지 다른 견해가 존재한다.
첫째는, 베른레와 캐엘러와 파르너의 견해로, 쯔빙글리는 처음에 에라스무스 영향 아래 인문주의적인 개혁을 추진하였다. 그러다가 1519년부터 루터의 글을 읽기 시작하였다. 루터는 그에게 사도 바울을 바르게 이해하게 인도하였고, 종교개혁 사상의 핵심인 '오직 은총!'의 진리를 깨우치게 하였다. 이러한 루터의 영향으로 쯔빙글리는 에라스무스와 절교하게 되었다.
두 번째는, 리히의 견해로 쯔빙글리는 1520년까지 루터의 신학사상에 관하여 자세히 듣지 못하였다. 무엇보다도 1520년에 루터가 발표한 '종교개혁에 관한 3개의 글'을 읽지 않았다. 쯔빙글리는 루터의 개혁운동이 인문주의적 성경을 띠고 있다고 파악했다. 따라서 루터의 신학은 쯔빙글리의 신학 발전에 절대적인 영향을 끼친 것이 아니라 약간의 도움을 주었을 뿐이다.
세 번째는, 로흐의 견해로 그는 리히의 견해를 받아들여 발전시켰다. 즉, 쯔빙글리가 무조건 에라스무스를 추종하지 않았으며, 그는 1515-1516년에 이미 에라스무

옛 예배 순서에 대한 태도는 루터보다 훨씬 급진적이었다.[41] 이것은 각자가 살아온 인생 경로에서 비롯된 듯하다.[42] 즉, 루터가 수도사 출신으로 개인의 구원에 관한 신앙적 문제로부터 온갖 고민과 번민과 공포를 거쳐 오직 믿음에 의한 칭의라는 성경에서 위로를 발견했다면, 쯔빙글리는 성경이야말로 기독교 신앙의 원천이기 때문에 이것을 공부하고 연구한 인문주의자였다. 이것은 쯔빙글리가 루터보다 이성의 힘에 긍정적인 입장을 취했음을 의미한다. 그리고 루터에게 그리스도인의 삶은 죄 용서와 하나님과의 화해 안에 있는 자유의 삶이었다면, 쯔빙글리에게서는 더 나아가 성경에 제시한 하나님의 뜻에 일치하는 삶이었다. 더욱이 루터의 주된 관심은 영혼 구원이었고, 쯔빙글리는 용병제라는 사회적 문제에 직면하면서 사회개혁과 맞물려 있었다. 이런 점에서 쯔빙글리의 신학사상을 살펴보자.

1) 성경론

쯔빙글리에게 성경은 하나님의 말씀이다. 그는 또한 하나님의 말씀과 인간의 말을 구별하였다. 인간은 죄인이고, 이러한 인간의 말은 아무리 훌륭한 가르침일지라도―심지어 교황의 말이나 교부들의 가르침이라도―하나님의 말씀과 동등할 수 없다. 쯔빙글리는 성경에 기록된 하나님의 말씀을 강조하되, 이 말씀은 단순히 글로 전해 내려오는 기록 문서가 아니라

스의 그늘에서 벗어나는 성경 이해를 하기 시작했다고 보았다. 게블러(U. Gäbler)의 입장에 따르면 1519-1520년경에 루터는 쯔빙글리의 신학사상에 전혀 영향을 끼치지 않았다는 것이다. 대한예수교장로회 총회교육부 편, 231-232.
42) 두 사람 간에 차이가 있었음에도 불구하고 쯔빙글리가 루터를 칭찬한 것은 확실하다. 그는 루터를 가리켜 종교개혁의 '엘리야'라고 불렀고, '로마교의 야생 곰을 죽인 다윗'이라고도 불렀으며, '천년에 한 사람 나타날까 말까 하는 아주 정확하게 성경을 파고드는' 하나님의 군병이라고도 불렀다. 무엇보다 쯔빙글리는 루터의 이신칭의론에 전적으로 동의하고 있었다. Oskar Famer, *Huldrych Zwingli*, vol II (Zürich: Zwingli Verlag, 1943), 322.

'지금 여기'에서 사건으로 일어나는 '기쁜 소식, 곧 복음'이고, 이 복음은 '구원을 일으키는 권능'으로서 우리 가운데서 역사한다. 이 말씀 사건 속에서 하나님은 인간에게 다가오신다. 이 말씀 사건 속에서 하나님의 나라가 임하고, 이 말씀은 세상을 변화시키는 권능으로 역사한다. 이와 함께 이 사회 현실 속에서 '하나님의 의'가 이루어지게 된다.[43]

쯔빙글리는 성경을 강조했다. 그리하여 연속적인 성경강해 전통을 수립하고, 예언(Prophecy) 모임을 조직하고,[44] 성경 전체를 하나님 말씀으로 받아들이는 자세를 가졌다. 성경에 대한 이런 견해를 가진 쯔빙글리는 취리히 그로스뮌스터교회에서 사역하면서 신약성경 첫 장인 마태복음부터 강해하기 시작하였다. 그리고는 계속해서 한 권의 성경을 택하여 끝까지 설교하는 방식으로 성경 전체를 설교해 나갔다. 이러한 방법은 로마 가톨릭이나 루터가 교회력에 따라서 주어진 본문을 선택적으로 설교한 방식과는 다른 것이었다. 그는 선택적인 본문 설교가 하나님의 말씀 전체를 보지 못하게 만들뿐만 아니라 설교자에 따라 선호하는 본문만 설교하게 된다는 점에서 하나님 말씀을 대하는 올바른 태도가 아니라고 생각했다. 이러한 쯔빙글리의 설교 방식은 개혁교회의 중요한 전통으로 자리 잡고 있다.

---

43) 대한예수교장로회 총회교육부 편, 222-223.
44) '예언 모임'은 우리가 쉽게 생각하는 주술적인 형태의 예언을 하는 모임이 아니다. 아침마다 7시에 설교자들, 전직 성직자들, 기관 목사들, 그리고 라틴어 학교들의 상급생들이 구약을 공부하기 위해 교회당의 성가대석에 모였다. 참가자 중 젊은 사람이 그 날의 본문을 라틴어 성경(Vulgata)으로 읽으면, 선생이 그 본문을 다시 히브리어로 읽고 설명해 준다. 세 번째로 다시 70인 성경에서 헬라어로 읽는다. 그 다음에 네 번째로 라틴어로 된 본문을 놓고 토론하며, 교회에서 어떻게 설교되어야 할지에 대해 가르친다. 다섯 번째로 참가자는 스위스, 독일말로 본문을 놓고 설교한다. 이 '예언'은 곧 취리히 아카데미의 핵심이었으며, 모든 종교개혁적 아카데미 유형이었고 출발점이었다. 이 정신은 곧 1529년에 '취리히 성경'(Züricher Bible)을 펴내게 하였다. 이 성경은 신 구약성경을 완벽하게 종교개혁적으로 번역한 것이었다. 강경림, 103-104.

쯔빙글리는 인문주의자들로부터 학문적인 훈련을 받은 후에 일평생 그 방법을 견지하였다. 이것은 특히 원자료로 돌아가려는 인문주의자들의 습관이라고 할 수 있다. 따라서 쯔빙글리도 기독교 신앙생활의 원천이 성경이라고 이해하였는데, 이것은 그 무엇도 성경의 권위를 넘어설 수 없다는 것이다. 그러므로 쯔빙글리는 궁극적 교회의 권위는 기독교 공동체에 있고, 신자들의 지역교회는 그리스도의 유일한 주권과 그를 통한 구속을 증거하는 하나님에 의해 영감된 성경의 주권 아래에 있다고 믿었다. 이 권위는 공동체의 유익을 위하여 성경에 맞게 행동하는, 정당하게 조직된 시정부의 기관을 통하여 행사된다. 오직 성경이 명하는 것이나 성경 안에 분명히 허락된 것만이 구속력이 있고 허용된다.[45] 한편으로, 쯔빙글리는 성령께서 성경의 해석자라고 보았다. 그러면서 그는 사제가 성경 해석을 독점하는 일은 옳지 못하다고 보았다. 왜냐하면 성령은 사제(주교)뿐만 아니라 교회의 모든 성도들에게 역사하시기 때문이다. 또한 성경을 바르게 해석하기 위해 성경원어 곧 신·구약성경을 기록한 헬라어와 히브리어를 배우는 일이 중요하다고 보았다.[46]

2) 교회론

쯔빙글리는 공동체적인 삶을 강조하였다. 개인은 공동체의 일원이고, 그리스도인은 교회 공동체의 일원이다. 지역교회 또한 온 세상에 흩어져 있는 우주적인 교회의 일원이다.[47] 그는 교회를 가리켜 믿음의 공동체라면서 이 교회 공동체의 표지는 훈련에 있는 것이 아니라 믿음에 있다고 하였다. 그는 「67개 논제강해」(*Exposition of the Sixty-Seven Theses*)에서

---

45) 윌리스턴 워커, 500-501.
46) 대한예수교장로회 총회교육부 편, 223.
47) Ibid., 228-229.

'교회'라는 단어에 세 가지 의미를 부여하고 있다. 첫째, 교회는 그리스도의 신부이다. 이것은 모퉁이돌이 되시는 그리스도 예수에 대한 믿음 안에서 기초되고 세워지는 모든 사람들을 의미한다. 이 교회의 부분이 되는 모든 사람들은 절대 정죄될 수 없다. 이런 의미에서 교회는 성령에 의해 모아진 그리스도의 신부이다. 둘째, 교회는 자신을 그리스도인이라고 부르는 모든 사람들의 몸이다. 그리고 셋째, 교회란 고린도교회, 혹은 안디옥교회와 같이 특별한 지역 공동체를 의미한다.[48] 이와 같은 입장에서 쯔빙글리는 교회란 "하나의 믿음 안에서 주 예수 그리스도 안에서 토대를 두고 세워진 모든 사람들의 공동체"라고 정의를 내리고 있다.

쯔빙글리는 「참된 종교와 거짓 종교에 대한 주석」(*Commentary On True and False Religion*)에서 '교회'라는 단어를 "실제로 거의 믿음을 갖지 않더라도 기독교 환경 속에서 살면서 스스로를 그리스도인이라고 생각하는 모든 사람들을 위해" 사용하고 있다. 그렇지만 그는 티 한 점 없이 깨끗하고 순수한 교회를 주장하는 재세례파를 맞이하여 교회 안에는 알곡과 쭉정이가 뒤섞여 있다고 보았다. 특별히 교회의 머리는 교황이 아니라 그리스도이시며, 교황은—당시의 정황에서—적그리스도라고 비판하였다. 사제에게 주어진 과제는 목자, 예언자, 파수꾼 역할을 하는 것인데, 사제는 교회 안에서뿐만 아니라 일반 사회(사회, 정치, 경제 영역)에서도 이 역할을 하도록 부름받았다면서 「67개 조항」 가운데 27항에서 다음과 같이 말하고 있다.

> 모든 그리스도인은 서로가 다 그리스도의 형제이다. 어느 누구도 아버지로서 다른 사람 위에 군림할 수 없다(마 23:8-10). 수도단, 분파, 도당 등이 여기에 해당한다.

---

48) 김기련, 《종교개혁사》(충남: 목원대 출판부, 2001), 240.

이러한 맥락에서 쯔빙글리의 사회윤리가 전개된다. 사회 전체(혹은 국가)가 하나님의 다스림 아래 있다는 전제에서 하나님의 다스림, 곧 하나님 나라의 오심은 이 세상 한 가운데서 하나님의 의(義)를 이루어 가는 것으로 파악하였다. 하나님의 의는 개인과 사회 전체를 향한 하나님의 도덕적 요구이다. 하나님의 의는 절대적인 척도요 기준으로서 인간 만사(萬事)를 비추어 보아야 한다. 그리고 하나님의 의는 '사랑의 계명'으로 요약된다. 이에 비해 인간의 의(義)는 상대적인 의로서 부차적인 것이다. 즉, 인간의 의는 사랑의 계명을 실천할 수 없는(불가능) 인간을 위하여 그 대안으로 주어진 것이다. 이 점에서 하나님의 의와 인간의 의는 서로 구별된다. 그러나 양자는 분리될 수 없다. 즉, 인간의 의가 하나님의 의로부터 떨어져 존재할 수 없다는 뜻이다. 인간의 의는 규범을 하나님의 의(성경에 계시된 하나님의 의)에서 찾는다. 따라서 인간의 의는 하나님의 의를 향해 나아가고, 세상 나라는 하나님 나라를 향해 나아간다.[49]

쯔빙글리는 「67개 조항」에서 35항부터 43항까지 국가와 교회의 관계에 대해 언급하고 있다. 먼저 성경에 근거해서 국가의 권위는 그 자체 영역에서 교회보다 우위에 있다고 조심스럽게 언급하고 있다. "가이사의 것은 가이사에게 하나님의 것은 하나님께 바치라"(마 22:21)는 그리스도의 명령에 따라 국가에 순종하며 복종해야 한다는 것이다. 쯔빙글리에게 가시적인 교회는 로마 가톨릭의 교황과 주교들이 아니라 그리스도에 대한 신앙을 고백하는 전 세계에 있는 모든 사람들을 가리킨다.[50] 따라서 세속정치는 하나님의 명령 위에서 진실한 것을 확실히 하기 위한 최소한의 모든 가능한 예방조치를 취해야 한다는 것이다.[51]

이와 같은 입장에 따라 쯔빙글리는 교회와 국가의 관계에서 국가교회

---

49) 대한예수교장로회 총회교육부 편, 229.
50) 정승훈, 《종교개혁과 21세기》(서울: 대한기독교서회, 2001), 265.
51) Ibid., 83.

체제를 주장하였다. 그는 교회와 국가(정부)의 긴밀한 협력을 강조하였다. 즉, 기독교인으로 구성된 시의회는(기독교적 성격을 갖고) 교회의 가르침과 실천에 일일이 관여할 권리와 책임이 있으며, 교회는 독자적으로 결정 내릴 수 없다고 보았다. 그 대신 교회의 자유와 자율성은 복음 선포에 보장되어 있다고 보았다. 이러한 구조 속에서 교회와 국가(정부)는 양립하거나 마주보며 대치하는 것이 아니라 각자 자기 영역에서 공동으로 하나님 나라를 이루어 가는 것으로 보았다.[52] 즉, 쯔빙글리는 정치가들의 의무는 복음을 지키고, 종교를 보호하며 사악한 자들을 징벌하는 것이라고 하였다. 그는 세속정치는 성경이 말하는 하나님의 뜻과 율법을 적절히 실행하여 모든 사람으로 하여금 도덕적으로 새롭게 살도록 해야 한다. 이것이 국가가 해야 할 중요한 과업이라는 것이다. 이런 의미에서 관원도 사제들 못지않게 하나님이 세우신 주의 종으로서 질서를 유지하고, 우상숭배를 억제하며, 하나님의 말씀을 전파하기 위해 임명된 자들이라고 생각했다.[53]

3) 성찬론

성찬에 있어서 그리스도의 임재가 어떻게 이루어지는가에 대한 견해는 종교개혁자들의 분열을 가져왔다. 루터보다 인문주의 전통에 가까운 쯔빙글리는 이성을 긍정적으로 사용했기 때문에 성찬에 대한 이해에 있어서 합리적인 '기념설' 혹은 '상징설' 입장을 취하였다. 이런 점에서 쯔빙글리는 성례라는 개념을 별로 좋아하지 않았다. 왜냐하면 성례가 오랫동안 로마 가톨릭 안에서 잘못 이해되어 사용되었다고 생각하기 때문이었다. 그는 자유하시는 성령을 강조하면서 성령은 성례를 들어 쓰시되 반드시 성례를 통해서만 역사하시는 것은 아니라고 강조했다. 성례는 거룩함의 표지(標

---

52) 대한예수교장로회 총회교육부 편, 231.
53) 이은선, 《칼빈의 신학적 정치 윤리》(서울: 기독교문서선교회, 1997), 52.

識, Zeichen)인데, 성례가 결코 거룩함과 동일시(identify) 될 수 없다는 것이다. 즉, 성례전을 베풀 때 유념할 것은 성례는 '이미 받은 은총의 표지'이지 '은총의 수단이 아니라는 것' 이다.[54]

사실 쯔빙글리가 중요하게 생각한 것은 우리를 구원하는 떡이 아니라 우리를 위해 십자가에 희생제물로 바쳐진 그리스도이며, 떡을 먹는 행위가 아니라 그리스도를 믿는 믿음이라는 것이다. 쯔빙글리가 떡과 포도주를 상징에 불과하다고 말하는 것은 우리의 구원이 떡과 포도주 자체 안에 있는 내재적 능력 때문에 그것을 먹음으로써가 아니라, 떡과 포도주가 상징하는 예수 그리스도의 대속적 죽음과 그에 대한 믿음으로 말미암는 것임을 강조하려는 의도에서였다. 즉, 떡과 포도주는 심령을 자유롭게 할 힘이 없으며, 그렇기 때문에 성례 자체가 구원의 수단이 될 수 없다. 그에게서 그리스도의 몸을 육적으로 먹는 것 자체가 믿음을 일으키고 죄의 용서를 이루어준다는 견해를 지지하는 것은 우상숭배의 절정이라고 보았다. 따라서 '화체설' 이나 '공재설'은 모두 믿음의 역할을 약화시키거나 제거하는 것이며, 구원 자체를 위태롭게 하는 것이다.[55] 쯔빙글리에게 성찬이란 확신을 가지고 있는 신자들과 참여하는 자들을 위한 '기념식' 일 뿐이었다.

기독교 교리에 있어서 쯔빙글리가 루터와 가장 다른 점이 성찬에 대한 해석이었다. 루터는 그리스도가 성찬에서 '이니라'(est)는 의미를 문자적으로 받아들이면서 그리스도의 몸과 피가 '실재적으로' 혹은 '본질적으로' 봉헌된 떡과 즙에 임재하고, 떡과 즙에 참여하는 모든 사람들에 의해 ― 죄 용서에 의해 구원에 이른 신자이든, 저주에 이른 불신자이든 ― 진짜로 받아들여진다고 가르쳤다. 그러나 쯔빙글리는 이것을 '상징한다'(significat)로 번역했다. 따라서 그는 성찬에서 어떤 그리스도의 육체적 임재도 부정했

---

54) 대한예수교장로회총회교육부 편, 224-225.
55) 이수영, "쯔빙글리의 성찬론," 〈교회교육〉, vol. 189(서울: 장로회신학대학교 기독교교육연구원, 1992), 55-56.

다. 그에게 있어서 물질적인 예품들, 그리고 이에 동반하는 물리적 행위들은 단지 영적 실재의 표시, 또는 상징들에 불과했다. 따라서 쯔빙글리는 성찬 논쟁에 있어서 마가복음 14장 22절의 '이니라'를 '상징이니라'고 해석했다. 쯔빙글리가 보기에 루터의 그리스도의 육체적 임재 주장은 불합리한 로마 가톨릭 미사의 잔재였다. 육체적 몸은 오직 한 장소에만 있을 수 있고, 그리스도의 몸은 승천 이후 하늘에 계신다. 게다가 육체적인 것들은 영적인 실재를 담거나 전달할 수 없다. 쯔빙글리의 견해는 독일어권 스위스뿐만 아니라 남서 독일의 많은 지역으로부터 동의를 얻었다.

로마 가톨릭측은 개신교의 분열에 기뻐했고, 루터교 안의 로마 가톨릭적 요소를 강조함으로 독일과 스위스 개신교도들 사이의 분열을 더욱 조장하였다. 그리하여 헤세의 영주 필립(Landgrave Philip of Hesse)의 중재로 1529년 10월 1일부터 3일까지 온건한 노선을 걷던 종교개혁의 중요한 지도자들이 말부르크(Marburg)에 모였다. 비텐베르크로부터 루터와 멜랑히톤, 스트라스부르크에서 부쳐(Bucer), 바젤로부터 요하네스 외콜람파디우스(Johannes Oecolampadius, 1482-1531), 그리고 취리히에서는 쯔빙글리가 모였다. 쯔빙글리와 루터 사이의 중재는 부쳐가 맡았다. 부쳐는 쯔빙글리와 함께 실제적 임재를 거절하였고, 영적으로 먹고 마심을 강조했다. 그리고 루터와 함께 그는 성찬에 있어서 영혼을 위한 하나의 유익한 은사를 인식하고 있었다.[56] 그러나 말부르크 담화에서 루터와 쯔빙글리는 15개 조항의 이슈들 가운데 14개 항에는 동의했으나 마지막 15항목 때문에 결별하였다. 여기에서 루터는 충격을 받아 얼떨떨한 상태에 있던 쯔빙글리에

---

56) 강경림, 108-109.
57) 이 당시의 상황에 대해 불링거는 이렇게 기록하였다:
 "이에 쯔빙글리는 '이 세상에 사는 사람들 중에 다른 사람들과 하나가 되고 싶지 않은 사람은 아무도 없을 것'이라면서, 그는 '비텐베르크 사람들을 포함하여, 루터 및 그 일행을 기꺼이 형제로 받아들이고 싶다'고 말하였다. 외콜람파드, 부쳐, 그리고 헤디오도 같은 생각이었다. 그런데 루터는 이들을 결코 형제로 받아들이려

게 "너희는 우리와 다른 영을 가지고 있다"고 말하고는 떠났다.[57]

4. 나가는 글

인문주의자요, 신학자이며, 개혁주의 전통의 아버지로서 쯔빙글리는 카펠전투에서 젊은 나이에 세상을 떠났다. 그에게는 자신의 사상을 성숙시킬 시간이나 또는 개혁신학의 견고한 해설을 제시할 시간적 여유가 주어지지 못했다. 그럼에도 그는 우리에게 중요한 믿음의 유산을 남겨 주었다. 그것은 "오직 하나님께 영광"(Soli Deo Gloria)이다. 쯔빙글리에게 있어서 교회 개혁의 본질은 하나님 외의 그 어떤 것, 혹은 어떤 사람에게 한 조각의 마음도 빼앗기지 않는 것이었다. 쯔빙글리는 성경을 중심 위치에 올려놓았으며 성경을 경건의 샘으로 만들었다. 그는 루터와 마찬가지로 행위에 의한 구원의 성취를 반대하였다. 무엇보다 단순히 교회 개혁만을 위해서가 아니라 취리히 시의 사회적이며 정치적인 개혁을 위해서도 노력하였다. 그는 취리히 전체를 하나님이 원하시는 공동체로 만들기 위해 자신에게 맡겨진 역할을 다하였다.

특별히 쯔빙글리의 전쟁터에서의 죽음은 안정된 국가(정부) 없이는 교회의 생존과 효과적인 복음 전파가 힘들다는 그의 '국가 교회', '민족 교회' 사상과 깊은 관계가 있다고 생각이 된다. 물론 '국가 교회'나 '민족 교회' 개념이 우리와 같은 상황에서 적용하기에는 신학적으로 문제가 없는 것이 아니지만, 우리는 쯔빙글리에 대해 역사적인 상황을 고려하지 않고 비판할 수 없을 것이다. 그런 점에서 그가 처했던 상황은 마치 일제 침략기

하지 않았다. 그는 자신의 성례전론이 틀렸다고 주장하는 사람들에게 상처를 받았다면서, 그들과 형제가 되려면 먼저 그들이 (하나님 말씀과 다른) 자신의 이론을 고수하지 말아야 한다고 말하였다."

에 용감하게 독립운동을 전개했던 한국 교회의 상황을 방불케 한다. 북쪽으로는 독일, 서쪽으로는 프랑스, 남쪽과 동쪽에는 친로마 황제 제국들의 (이탈리아 등) 틈바구니 속에서 험악한 알프스 산지에 흩어져 있는 목장 촌락들을 통합해서 오늘의 스위스라는 독립 국가의 기초를 형성하는 것이 쯔빙글리에게는 절대절명의 과제였다. 따라서 루터의 종교개혁이 자기 구원의 확신에 대한 몸부림에서 출발했다면, 쯔빙글리의 종교개혁은 스위스 국민들, 곧 자신이 사랑하는 조국의 백성들의 구원에 대한 열망에서 시작되었다. 쯔빙글리의 이러한 종교개혁적인 몸부림은 하나님의 말씀이 변화시키는 대상은 비단 교회뿐만 아니라 사회적, 정치적 삶을 포함한다는 것이 오늘 우리의 시대에 주는 특별한 의미라고 해야 할 것이다.

참고문헌

강경림. "쯔빙글리의 종교개혁 사상." 〈신학지평〉, vol. 8. 안양: 안양대학교 신학연구소, 1998: 66-114.
곤잘레스, 후스토 L. 《기독교사상사(Ⅲ)》. 이형기, 차종순. 서울: 한국장로교출판사, 2002.
김기련. 《종교개혁사》. 충남: 목원대출판부, 2001.
김승진. 《종교개혁가들과 개혁의 현장들》. 서울: 나침반출판사, 2015.
대한예수교장로회 총회교육부 편. 《16세기 종교개혁과 개혁교회의 유산》. 서울: 한국장로교출판사, 2003.
루츠, 사무엘 "자유로운 음식 규정에 대한 해설." 《츠빙글리 저작선집 Ⅰ》. 임걸. 서울: 연세대학교출판문화원, 2014.
에라스무스. 《우신예찬》. 김남우 옮김. 파주시: 열린책들, 2011.
오주철. 《조직신학개론 개정판》. 서울: 한들출판사, 2016.
워커, 윌리스턴. 《기독교회사》. 송인설 옮김. 고양: 크리스챤다이제스트, 2004.
이수영. "쯔빙글리의 성찬론." 〈교회교육〉, vol. 189. 서울: 장로회신학대학교기독교교육연구원, 1992: 53-60.
이은선. 《칼빈의 신학적 정치 윤리》. 서울: 기독교문서선교회, 1997.
정미현. "용병제도를 통해 본 츠빙글리 종교개혁의 사회 경제적 배경." 〈유럽사회문화〉, vol. 15. 서울: 연세대학교 유럽사회문화연구소, 2015: 241-270.
정승훈. 《종교개혁과 21세기》. 서울: 대한기독교서회, 2001.
츠빙글리, 울리히. "자유로운 음식 규정에 대하여." 《츠빙글리 저작선집 Ⅰ》. 임걸. 서울: 연세대학교출판문화원, 2014.
Aland, Kurt. 《네 사람의 개혁자들》. 이기문 역. 서울: 컨콜디아사, 1983.
Famer, Oskar. *Huldrych Zwingli*. vol Ⅱ. Zürich: Zwingli Verlag, 1943.
Fuhrer, Hans Rudolf. *Robert-Peter Eyer, Schweizer in Fremden Diensten.*

Zürich: Neue Zürcher Zeitung, 2006.

Kantons Schwyz (hg.) *Historischer Verein des. Herren und Bauern 1550-1712. Geschichte des Kantons Schwyz, Band 3.* Zürich: Chronos, 2012.

Köhler, Walther. *Das Buch der Reformation Huldrych Zwinglis.* München: Reinhardt, 1931.

Peyer, Hans Conrad. "Die wirtschaftliche Bedeutung der fremden Dienste für die Schweiz vom 15. bis zum 18. Jahrhundert." *Könige, Stadt und Kapital. Aufsätze zur Wirtschafts- und Sozialgeschichte des Mittelalters.* Zürich: Neue Zürcher Zeitung, 1982.

Schaff, Philip. *History of the Christian Church.* vol. VIII. Grand Rapids, Mich.: erdmans Co., 1984.

William, Estep R. *Renaissance and Reformation.* Grand Rapids: William B. Eerdmans Publishing Company, 1986.

존 칼빈

제6장
종교개혁의 꽃을 피웠던 존 칼빈

16세기 중세시대 로마 가톨릭의 타락과 부패에 항거하여 일어난 종교개혁 운동은 한 지역에서 일어난 단순하고 획일적인 운동이 아니라 여러 지역에서 매우 복잡하고 다양한 성격을 가지고 일어난 것이었다. 즉, 마르틴 루터와 멜랑히톤 등을 비롯해서 독일의 비텐베르크를 중심으로 일어난 루터파 종교개혁 운동과 쯔빙글리와 불링거(Heinrich Bullinger, 1504-1575) 등을 비롯해서 취리히를 중심으로 일어난 종교개혁 운동, 그리고 파렐(Guillaume Farel, 1489-1565)과 칼빈 등을 비롯해서 제네바를 중심으로 일어난 종교개혁 운동, 부쳐(1491-1551)와 카피토(Wolfgang Capito, 1478-1541) 등을 중심으로 스트라스부르크에서 일어난 종교개혁운동들이었다. 특히 루터를 제외한 대부분의 종교개혁 운동은 스위스를 배경으로 하고 있다.

그러나 스위스에서 일으킨 종교개혁자들의 면면을 살펴보면 쯔빙글리를 비롯한 소수를 제외하고는 실상 스위스로 신앙의 자유를 찾아 망명한 프랑스인들에 의해서 일어났다. 루터가 종교개혁을 한참 이끌고 있을 때,

또 쯔빙글리가 세상을 떠난 후에 프랑스인으로서 제네바에서 종교개혁을 일으킨 사람이 칼빈이다. 그런데 칼빈은 실상 어떤 교파도 만들지 않았음에도 그의 사상들은 루터보다도 프로테스탄티즘에 끊임없이 많은 영향을 끼치고 있다. 루터가 없었다면 프로테스탄티즘을 시작하기 어려웠을 것이지만, 칼빈이 없었다면 프로테스탄티즘이 생존하기 어려웠을 것이다. 이런 점에서 이 장에서는 칼빈 당시의 프랑스 상황과 그의 생애 및 신학사상에 대해 살펴보자.

1. 칼빈 당시 프랑스의 상황

이탈리아와 신성로마제국 독일과 같은 서유럽 국가들이 이슬람 세력과 북방 이민족들의 침략에 맞서 싸우는 동안 비교적 자유로울 수 있었던 프랑스는 16세기 초에 이르러 통일과 중앙집권화를 완료한 국가로 자리 잡았다. 그리고 강력한 중앙집권화는 국제적으로 프랑스의 위상을 강화하는 결과를 가져왔다. 그 대표적인 것이 이탈리아 침략이다. 샤를 8세는 1494년 7월, 나폴리의 페르디난도 1세(1423-1494)가 죽자 나폴리 왕국의 왕위에 대한 앙주 가문(Angevin)의 승계권을 요구하며 1495년 2월 나폴리를 점령했다. 그러나 같은 해 3월에 베네치아, 밀라노, 피렌체, 교황령, 스페인, 신성로마제국 등이 베네치아 동맹을 결성하자 샤를의 군대는 후퇴하였다.

> **칼빈 당시 프랑스의 상황**
> ① 강력한 중앙집권을 통한 주변국과의 전쟁
> ② 이탈리아 르네상스 인문주의의 확산
> ③ 국왕이 주교와 수도원장을 직접 임명
> ④ 로마 가톨릭측 귀족과 위그노들과의 갈등에 의한 전쟁과 박해

그런데 샤를 8세가 앙부아즈 성에서 27세에 불의의 사고로 죽자 프랑스의 왕 위에 오른 오를레앙 공작 루이 12세(1462-1515)는 '한 하나님, 한 신앙, 한 법, 한 왕'이라는 구호 아래 강력한 왕정을 중심으로 한 중앙집권적 체제를 구축하는 데 많은 노력을 기울였다. 그리고 루이 12세를 이어 왕이 된 프랑수아 1세(1494-1547)는 1515년 9월 13-14일에 벌어진 마리냐노 전투에서 승리한 후, 1516년에 프리부르에서 스위스의 도시국가들과 영구적인 강화를 체결했고,[1] 이후 프랑스 왕은 스위스 용병들에 대한 배타적인 충원권을 차지했다. 그리고 교황 레오 10세와 '볼로냐 조약'(Concordat of Bologna)을 맺었다.[2] 이 조약은 프랑스 왕과 로마 가톨릭 교황과의 관계를 규정지은 것으로 프랑스 내에서의 주교와 수도원장은 국왕이 임명하는 것이었다. 따라서 프랑스 국왕은 서유럽의 다른 나라들과는 달리 한층 강화된 강력한 권력을 이용하여 도처에서 자율적인 힘들을 제압하고 중앙의 권위를 강화하는 것에 주저하지 않았다.

그럼에도 16세기 프랑스는 다른 곳에서는 볼 수 없는 분열과 내부적 갈등을 겪어야 했다. 그것은 칼빈주의자들인 '위그노'와 로마 가톨릭 사이에서 계속되는 투쟁은 피로 피를 씻는 참담한 잔혹성을 연출하였다.[3] 당시 국왕을 비롯한 전통 귀족층에서 로마 가톨릭을 따랐던 프랑스로서는 활발한 상업과 전문직을 통해 신흥 세력으로 성장한 '위그노'들을 용납할 수

---

1) 마리냐노(Marignano) 전투는 스위스 역사에 있어 전환점으로 여긴다. 이후 스위스 군사력의 확장이 영원히 끝났을 뿐만 아니라 스위스의 중립이 시작되었다.
2) 스위스 용병에 관하여는 앞의 "제5장 울리히 쯔빙글리"에서 쯔빙글리 당시의 스위스 상황을 참고하라.
3) 1560년에 프랑스 칼빈주의자들을 가리켜서 위그노(Huguenot)라고 불렸다. 위그노라는 이름의 기원은 확실하지 않다. 프랑스 개신교 신자들이 주로 밤에 남몰래 모일 때 이들이 마치 전설적인 인물 위고 왕(King Hugo)의 귀신이 밤에 돌아다니는 것과 흡사하다고 해서 천박하게 멸시하는 투로 부른 단어이다. 김재성, 《개혁신학의 광맥》(서울: 이세서원, 2004), 207.

없었다. 그렇지만 당시 프랑스의 로마 가톨릭의 사제들은 세속적이고 탐욕적이었으며 방탕했다. 이들은 잦은 비행과 낮은 수준의 신학 지식, 임지 부재 등의 많은 문제들을 안고 있었다. 주임 사제직이나 주교직을 차지했던 유복한 사제들은 임지에 머물지 않으면서 성직록을 받았고, 미사 집전은 가난하고 교양 없는 사제들에게 맡겼다. 이러한 사제들은 중세 말에 경험한 흑사병으로부터의 끔찍한 충격으로 불안해하는 일반 백성들의 절박한 정신적 욕구에 적응하지 못했다.[4]

이와 같은 시기에 이탈리아에서 시작된 르네상스 인문주의가 프랑스 지식인들에게 확산되고 있었다. 이러한 지적인 교류는 특히 1494년 이후 프랑스와 스페인이 이탈리아에서 전쟁을 벌이면서 한층 활발해졌다. 무엇보다 프랑스의 파리는 다른 지역, 즉 이탈리아의 여타 지역들보다 평화와 안정을 누릴 수 있었기 때문에 파리대학의 학자들은 학문 연구에 매진할 수 있었다.[5] 그리고 이들 인문주의자들에 의해 프랑스의 교회개혁이 시도되고 있었다. 프랑스 교회개혁의 최초 징후는 1516년에 파리에서 북동쪽으로 약 41km에 위치한 모(Meaux) 지방에 주교로 임명된 기욤 브리쏘네(Guillaume Briconnet, 1470-1534)에 의해서 나타났다. 개혁적인 성향을 가진 브리쏘네는 1518년부터 국왕의 지원으로 온건한 인문주의적 개혁을 실험하여, 주임 사제들을 교구에 거주하게 하고, 성경을 신도들에게 설명해주며, 1523년에는 신약성경을 프랑스어로 번역했다. 그리고 개혁운동을 함께 한 파리대학의 교수 자크 르페브르(Jacques Lefevre d'Etaples, 약 1450-1537)를 보좌사제로 임명하고, 자신의 주교구에서 극심한 부패를 청산하려고 힘썼다. 이와 같은 노력으로 인문주의적 종교개혁을 추구하는 사람들이 1520년부터 이 도시로 모여 들었다.[6] 르페브르는 1517년 루터가

---

4) 다니엘 리비에르, 《프랑스의 역사》, 최갑수 옮김(서울: 까치글방, 2013), 147.
5) 북유럽에서의 르네상스에 관하여는 "제1장 종교개혁 당시 유럽의 상황"을 참조하라.

95개 조항을 붙이기 전인 1508년, 원어 성경연구의 필요성을 강조하는 논문을 발표했다. 그는 대담하게도 '구원은 신앙으로 얻는 것이지 헌금이나 면죄부로 얻는 것이 아니'라고 주장했다. 최고의 유일한 권위는 성경이며 미사는 상징적인 본질일 뿐이라면서, 평신도들이 알아듣지도 못하는 라틴어 설교와 사제들의 독신제도, 성자숭배 등은 잘못된 것이라고 지적했다. 르페브르가 이렇게 개혁적인 주장을 펼칠 수 있었던 것은 프랑수아 1세의 누이였던 마르그리트(Marguerite de Navarre, 1492-1549)가 있었기 때문이다.[7]

그런데 1522년 8월 8일, 프랑스 최초의 루터주의자였던 장 발리에르(Jean Vallière)가 혀가 잘리고 산 채로 화형 당하자 프랑스의 개혁운동은 역풍이 불기 시작했다. 이 사건으로 두려움에 사로잡힌 브리쏘네는 개혁적인 성향을 가진 친구들이 더 이상 자신의 교구에서 설교하는 것을 금하였다.[8] 그리고 지역 공의회(synod)를 소집하여 루터의 저작들을 정죄하였고, 연옥과 성인숭배, 마리아 숭배 등을 비판하는 설교를 하는 사제들을 책망하였다. 브리쏘네가 루터를 비난할 즈음 인문주의자 파렐은 1523년에 보르도(Bordeaux)에서 루터의 이념을 전파했다.

---

6) 이들은 독일의 종교개혁과는 달리 로마 가톨릭과 단절은 추구하지 않고, 단지 고전 연구와 원어 연구를 기반으로 성직자들의 지적 수준을 향상시키고 확대시킴으로써 장기적으로는 교회 안의 비리 척결을 통해 교회 개혁운동을 시도하게 되는데, 이들을 가리켜서 '모(Meaux) 그룹'이라고 한다.
7) 마르그리트는 나바르 왕 엔리케(Enrique II, 1503-1555)와 결혼했으며, 프랑스에 거주하고 있었을 때부터 프랑스 출신의 인문주의자들을 지원한 학식 있는 인물이었다. 따라서 이곳 나바르 왕국과 프랑스 국경 바로 건너 스트라스부르크와 제네바 등 여러 도시들에서 프로테스탄트 서적들이 계속 프랑스로 밀수입되었다. 그리고 마르그리트는 프랑스로부터 도망온 프로테스탄트 망명객들을 보호해 주었는데, 그들 가운데는 파렐과 칼빈, 베자도 있었다.
8) 그러나 브리쏘네도 결국 소르본느에서 종교재판에 회부된 후 프랑수아 1세에 의해 투옥되었다. 그리고 르페브르와 그의 제자들은 스트라스부르크로 피신하였다.

무엇보다 모(Meaux) 그룹에 관대했던 프랑수아 1세가 1525년 2월에 스페인과의 파비아 전투에서 6,000-8,000명의 프랑스 군이 전사하며 자신도 포로가 되는 굴욕을 겪게 되었다.[9] 이 사건 이후 국왕의 통치력이 크게 약화되자, 로마 가톨릭 사제들의 요구로 개혁자들을 탄압하기 시작했다. 즉, 당시 사제들은 부패와 타락을 공격하는 개혁자들 때문에 어려운 처지에 있었다. 프랑수아 1세는 포로로 실추된 자신의 위신과 국력을 회복하기 위해 사제들의 강력한 도움을 필요로 했기 때문에 자연스럽게 손을 잡을 수밖에 없었다. 이들은 국가 기강을 확립하고 국민적 통합을 이루기 위해서는 종교적 통일이 중요하다면서 개혁자들을 탄압하기 시작했다. 이러한 정치적 상황의 변화로 파렐은 바젤로 피신하였고, 결국 모(Meaux)에서 시작되었던 개혁운동은 1525년에 붕괴되었다.

그런데 프랑수아 1세의 종교정책은 항상 모호하였다. 왜냐하면 그는 '위그노'들을 용납하여 국가가 분열되는 것을 원치 않았지만, 동시에 적수였던 찰스 5세를 괴롭히기 위해 독일 내에서의 루터교를 지원하였다. 그러나 1534년 10월 17일과 18일 밤에 페라(Feret)가 이끄는 루터파의 과격한 개신교인들이 파리 시의 벽에 로마 가톨릭의 미사를 비난하는 '벽보'를 붙이는 사건이 일어났다.[10] 이때 앙부아즈 성에 머물고 있던 국왕 침소의 문에까지 벽보를 붙였다. 이러한 일련의 행위에 국왕이 분개하면서 탄압의 진영에 가담하는데, 1534년부터 1538년까지 조직적으로 일어났다.

1547년에 사망한 프랑수아 1세의 왕위를 계승한 아들 앙리 2세는 아버지의 정책을 계승하였는데 위그노에 대해서는 보다 지속적이고 잔인하였다. 그러나 이러한 박해에도 최초의 위그노 교회가 앙리 2세의 재위 중인 1546년에 설립되었다. 그리고 4년 후 제1차 전국 총회가 소집되었을 때에는 국가 전역에 교회들이 존재하였다. 파리 근처에서 비밀리에 회집된 이

---

9) 다니엘 리비에르, 144-145.
10) 벽보에 관한 내용은 뒷부분의 "2. 존 칼빈의 생애"에서 참조하라.

총회에서는 「신앙고백」(Confession of Faith)과 「치리서」(Discipline)를 채택하였다. 이 회의 직후 앙리 2세는 마상 무술 시합에서 얻은 부상으로 사망하였고, 그 후 네 아들 가운데 셋이 연이어 왕위를 계승하였는데, 곧 프랑수아 2세(1544-1560), 샤를 9세(1550-1574), 그리고 앙리 3세(1551-1589)이다. 이들의 모친 캐더린 드 메디치(Catherine de Medici, 1519-1589)는 자녀들을 통해 국가를 통치하려는 권력의 야심에 가득 찬 여성이었다.[11]

그러나 이러한 캐더린의 야망은 기즈가의 지도자들에 의해 방해를 받을 수밖에 없었다. 원래 로렌(Lorraine) 지방 출신인 기즈가는 프랑수아 1세의 치세 중 두각을 나타내어 세력을 잡았다. 프랑수아 2세는 국정에 별다른 관심이 없었으므로 장군이었던 프랑수아 드 기즈(François de Guise, 1519-1563)와 로렌의 추기경이던 동생인 찰스, 두 형제가 실권을 잡고 통치하였다. 그리고 이러한 모습은 전통 있는 귀족 가문들, 특히 왕과 혈연관계에 있는 '혈연 왕자들'의 반감을 샀다. 이들 가운데는 앙투안 드 부르봉(Antoine de Bourbon, 1518-1562)과 그의 동생 루이 드 꽁드(Louis de Conde) 등이 있었다. 앙투안은 제인 달베르트와 결혼하였는데 그녀는 나바르의 마르그리트의 딸로서 어머니의 종교를 따라 칼빈주의자가 되었다. 남편인 앙투안과 시누이 루이도 그녀의 신앙을 따랐으므로 결국 프로테스탄트주의가 왕국의 최고위층의 귀족들에게 침투한 셈이었다. 그런데 기즈가는 완강한 로마 가톨릭으로서 프랑스 내에서의 프로테스탄트 신앙을 제거하려고 함으로써 이들 간의 투쟁은 종교적 색채를 강하게 띠었다.[12]

---

11) 후스토 L. 곤잘레스, 《종교개혁사》, 서영일 (서울: 도서출판 은성, 1995), 169.
12) Ibid., 170-171.

앙부아즈 성에 매달려 있는 위그노들

1560년 3월에 젊은 왕 프랑수아 2세를 사로잡고 정부를 부르봉으로 이전하려는 '앙부아즈의 음모'가 발각되었는데,[13] 여기에 가담한 대부분의 인사들은 위그노였다. 그리고 이때 기즈가의 손에 의해 투옥된 인물들 가운데에는 루이 드 꽁드가 포함되어 있었다. 이 사건은 로마 가톨릭과 위그노를 막론하고 전통적 귀족 가문들 사이에 커다란 불안과 소요를 가져왔다. 그것은 전통적 귀족 가문의 특권이 크게 약화될 것을 두려워한 까닭이었다. 그런데 이때 프랑수아 2세가 급서(急逝)했다. 어머니인 캐더린은 이 기회를 놓치지 않고 10살 난 아들 샤를 9세를 위한 섭정직을 차지하였다. 그리고는 기즈 가문에게 여러 차례 모욕과 수모를 당하였기 때문에 먼저 루이 드 꽁드를 사면하고, 위그노와 연합하여 로렌가, 즉 기즈가의 세력을 제한하였다. 이 당시에 이미 위그노들이 숫자는 강력했는데, 프랑스에는 약 2천 개 이상의 위그노 교회들이 존재하였다.

캐더린은 신념에 근거해서라기보다는 로렌가를 견제하려는 정치적 책

---

13) 프로테스탄트를 탄압하는데 앞장 섰던 로마 가톨릭측의 기즈 가문에 반발한 위그노들이 1560년 3월에 앙부아즈 성(Chateau d' Amboise)에 머물고 있던 왕을 탈취하고, 기즈 가문의 세력을 제거할 목적으로 공격하였지만 기즈 가문이 이끄는 왕립군의 기습 공격을 받고 패퇴하였다. 그 결과 기즈의 무자비한 보복이 자행되었는데, 수많은 교수형이 약 한 달간 지속되었다. 종료될 때까지 약 1,200명의 위그노들을 마을 벽에 목매 달았다. 이것은 결국 2년 뒤에 시작된 위그노전쟁의 전초전이라고 할 수 있다.

략으로 위그노들을 지원하면서 1562년에 '성 저맨 칙령'(The Edict of St. Germain)을 반포하였다. 이것에 의하면 위그노들은 예배 장소를 소유하거나, 허락받지 않고 총회를 소집하거나, 자금을 모집하거나, 군대를 모집하는 등의 사항은 금지되었으나 예배할 수 있는 자유는 주어졌다. 그렇지만 기즈가는 캐더린의 권위에 대항하여 이 칙령을 거부하였다. 칙령이 반포된 두 달 후, 이들 두 형제는 약 200명 가량의 무장 귀족들과 함께 바시(Vassy)에서 위그노들이 예배드리고 있던 마굿간을 포위한 후 닥치는 대로 살육하였다. 바로 이 '바시의 학살 사건' 이야말로 결국 프랑스 전체를 전화(戰禍)로 휩쓴 기나긴 종교전쟁의 효시가 되었다. 이러한 몇 차례의 싸움 끝에 양측은 본격적으로 군대를 일으켜 전쟁에 돌입하게 되었다. 로마 가톨릭은 기즈 공 아래, 그리고 위그노들은 가스파르 콜리니(Gaspard de Coligny, 1519-1572) 제독의 지도 아래 모여 들었다. 바시의 학살 사건이 일어난 지 꼭 1년 만에 양측은 위그노에게 상당한 자유를 허락하는 휴전 협정에 조인하였다. 그러나 평화는 오래 가지 못하였는데, 1567년부터 1570년 사이에 두 전쟁이 발생하였기 때문이다. 이 전쟁으로 나바르의 앙뚜안이 부상으로 죽고(1562), 기즈의 프란시스 공은 위그노 자객에게 암살당했으며(1563), 루이 드 꽁드는 포로로 잡혔다가 죽었다(1569).[15]

1570년 8월에 생 제르맹 앙 라예(Saint German En Laye)에서 평화협정이 체결되었고, 이 조약에 의해 귀족들에게는 완전한 예배의 자유가 주어지고, 위그노들에게는 프랑스 각 통치 구역마다 두 곳의 예배 처소가 허락되었다. 그리고 이것을 보장하기 위해 무장한 4개의 도시 즉,

바시 대학살 사건을 묘사한 그림[14]

라 로쉘, 코냑, 몽또방, 라 샤리테가 위그노 수중에 들어왔다. 위그노들은 사실상 국가 안에 있는 무장 국가가 된 것이다. 그런데 기즈의 공작 헨리는 아버지가 콜리니 제독에 의해 암살되었다고 확신하여 복수를 꿈꾸고 있었고, 캐더린 역시 국왕의 신임과 존경을 받고 있는 위그노 출신의 콜리니 제독의 날로 커져 가는 영향력을 내심 두려워하고 있었다. 따라서 콜리니 제독을 제거할 음모가 진행되고 있었다. 당시 나바르의 국왕이었던 헨리 부르봉과 프랑스 국왕의 누이동생 마르그리트 발로아의 혼인을 위해 주요한 위그노 지도자들이 파리로 모여들었다. 결혼식은 축제와 화해의 분위기 속에 8월 18일 거행되었다. 그런데 이때 루브르(Luvre) 궁으로부터 숙소로 돌아가던 콜리니가 저격당하여 왼팔에 총상을 입고 오른 손가락 하나를 잃게 되었다. 이러한 사태에 격분한 위그노 지도자들은 진상 규명을 요구하였고, 샤를 9세는 즉각 수사에 착수하여 당시에 사용한 총이 기즈 공에게 속한 것이며, 자객은 캐더린 소유의 말을 타고 도주했다는 증거가 드러났다. 분노한 국왕은 수사가 계속 진전되는 동안 기즈가 출신들의 궁정 출입을 금지하였다. 그러나 음모가들은 보다 극단적인 방법을 취하였다. 캐더린은 샤를 9세에게 왕위를 박탈하려는 거대한 위그노들의 음모가 진행되고 있으며, 그 주모자는 콜리니라고 모함하였다. 평소에 우유부단하던 성격의 국왕은 이 말을 믿었고, 그리하여 프로테스탄트들에 대한 치밀하게 준비된 끔찍한 학살 사건이 진행되고 있었다.[16]

---

14) 1562년 3월 1일 프랑스 파리에서 얼마 떨어지지 않은 바시에서 일어난 사건이다. 그림 왼쪽에 원 안에 있는 바와 같이 바시 성당 앞에서 환하게 웃으며 학살 현장을 쳐다보는 두 사람이 바로 기즈 가문의 프랑수아 드 기즈와 찰스 기즈 형제이다. 돌멩이에 맞아 고통스러워하는 모습은 보이지 않는다. 역사책에 의하면 이 바시 지역은 1258년에 왕 직할지에서 벗어나며, 1552년부터 한 고위직 귀족의 미망인이 마을을 만들기 시작했다는 기록이 있었다. 이 귀부인은 학살의 주범인 기즈의 어머니 앙뚜아네뜨였다.
15) 윌리스턴 워커, 《기독교회사》(경기: 크리스챤다이제스트, 2004), 577.

1572년 8월 24일, 성 바돌로메 축제날 밤,[17] 샤를 9세와 캐더린의 허락 아래 기즈 공은 파리의 치안유지 책임을 맡은 자들에게 자세한 지시를 내렸다. 즉, 누가 어디에 머물고 있으며, 이들을 어떻게 처치해야 할 것까지 상세하게 하달되었다. 새벽에 파리 도심에 있는 생 제르맹 록스루아(Saint Germain-l'Auxerrois) 교회당의 종소리가 울렸다. 이 종소리를 신호로 기즈 가문을 중심으로 한 로마 가톨릭 세력은 결혼식에 참석하려고 파리에 모여 있던 위그노를 학살하기 시작했다. 기즈 공 자신도 침상에 누워 있던 콜리니를 습격하여 중상을 입혔다. 숨이 끊어지지 않은 그를 공작이 기다리고 있는 곳을 향해 창문으로 집어 던졌다. 기즈 공은 그를 발로 찬 후 살해하였다. 그의 시체는 참혹하게 난자당했으며, 후에는 몬트파우콘(Montfaucon)의 교수대에 매달리게 되었다. 한편 약 2,000명 가량의 위그노들도 비슷한 운명을 맞았다. 이러한 파리의 학살은 곧 전국적인 학살을 예고하는 신호였다. 기즈 공은 왕국 구석구석까지 같은 조처를 취하도록 명령하였다. 그 결과 일주일 만에 약 10만 명의 위그노들이 프랑스 전역에서 조각조각 찢겨져 죽었다.

이 소식은 전체 유럽으로 전파되었다. 프랑스 정부의 원조 아래 모병된 군사들을 이끌고 브뤼셀 향해 진군하던 오렌지 공(1533-1584)은 즉각 군사를 해산시키고 원정을 해산하였다. 잉글랜드에서는 엘리자베스 여왕

---

16) 후스토 L. 곤잘레스, 173-174.
17) 바돌로매는 예수의 열두 제자 중 한 사람으로 공관복음서와 사도행전에 그의 이름이 나온다. 바돌로매에 관한 자세한 이야기는 성경에 나타나지 않지만 교회 전승에 따르면 그는 인도, 아르메니아, 페르시아 제국의 여러 곳에서 복음을 전하다가 마지막에는 칼로 살갗이 벗겨져 순교당했다고 전해진다. 그래서 사도이며 순교자인 바돌로매는 로마 가톨릭교회에서 성인으로 추대되었는데, 칼에 가죽이 벗겨져 죽었기 때문에 가죽을 다루는 피혁 노동자와 제화공의 수호 성인으로 지정되었다. 그리고 로마 가톨릭교회에서 바돌로매의 축일은 8월 24일이다. 박경수, "프랑스 중교개혁의 현장을 찾아(3): 성 바르톨로뮤 축일의 학살," 〈기독교사상〉 vol. 696(서울: 대한기독교서회, 2016. 12), 241-242.

바돌로매 축일에 학살을 당하고 있는 위그노들[18]

(Elizabeth I, 1533-1603)이 상복을 입었다. 로마 가톨릭 신자였던 황제 막시밀리안 2세(1527-1576)까지 이 소식에 공포를 금치 못하였다. 이를 놓고 미슐레는 "성 바돌로메의 날의 대학살은 하루가 아니라 온 계절에 가득했다"고 적고 있다. 그러나 로마 가톨릭의 교황청과 스페인의 반응은 달랐다. 교황 그레고리 13세(1502-1585)는 유혈극을 비난하면서도 성 바돌로메 축제일 밤을 축하하여 「테 데움」(Te Deum)을 부르도록 명령했고, 하루를 축제일과 희년으로 정하고 매년 영광스러운 학살 사건을 기념하기 위해 같은 조처를 취하도록 하였다. 심지어 교황은 축포를 터뜨리고 환희의 날을 선포했으며, 영광의 '승리'를 기념하기 위해 "1572년 위그노들의 학살"(Ugonottorum Strages, 1572)이라고 적힌 기념주화를 만들었다. 그리고 스페인 사가들은 필립 2세가 학살 소식을 들었을 때에 생전 처음으로 공식

---

18) 가운데 2층에서는 위그노의 지도자였던 콜리니가 살해 당해 바깥으로 내던져지고 있다. 루브르 광장, 노트르담 광장, 파리 시청 광장 등 도심 곳곳에서 위그노 학살이 진행되었으며, 군중들이 집어던진 시신들이 파리를 가로지르는 센 강을 피로 붉게 물들이고 떠내려가 지금의 에펠탑 근처에 쌓여 언덕을 이룰 지경이었다.

석상에서 웃음을 터뜨렸고, 그도 역시 「테 데움」을 비롯한 다른 축하들도 준비하라고 명령했다.

그러나 캐더린과 로마 가톨릭의 강경파들은 아무 유익도 얻지 못했다. 왜냐하면 1572년 8월 사태의 결과로 새로운 시민전쟁이 예고되었기 때문이다. 제 4, 5, 6, 7차의 위그노 전쟁들(1572-1573, 1574-1576, 1577, 1580)이 파괴와 처참함으로 끝났으나 위그노의 세력은 전멸되지 않았다. 1574년 샤를 9세가 죽고, 괴팍하고 우유부단한 동생 앙리 3세가 왕위를 계승했다. 그리고 프랑스에서 로마 가톨릭을 지지하는 측에서도 분리 조짐이 보였는데, 오래 전부터 로마 가톨릭을 따르는 사람들 가운데서도 질질 끄는 내란이 국토를 황폐하게 하고, 스페인의 음모에 구실만 줄뿐이라고 생각하는 계층이 상당수 있었다. 폴리티크(Politiques)로 알려진 이 그룹은 위그노와 평화 기반을 마련해야 하며 이것은 불가피한 일이라고 확신했다.[20] 1598년 앙리 4세(1553-1610)에 의해서 공포된 낭트칙령(the Edict of Nantes)은 위그노들은 원하는 대로 예배를 드리며 신앙할 수 있는 권리를 갖게 되었지만, 지정된 도시와 영지에서만 제한적으로 허락되었다. 그리고 위그노에게 200명의 무장한 성채와 군대 보유권을 주었다.

그러나 로마 가톨릭만을 국교로 인정함으로써 절대왕정에 대한 교황

그레고리 13세가 만든 위그노 학살 기념주화[19]

---

19) 오른쪽 주화의 모습에서 볼 수 있듯이 교황은 그들이 자행한 바돌로메 대학살을 천사들의 거룩하고 위대한 사역으로 미화했다.

1. 칼빈 당시 프랑스의 상황

청의 지원을 받기 위해 루이 14세(1638-1715)가 1685년 10월 18일에 '퐁텐블로 칙령'(Edict of Fontainebleau)을 내려 낭트칙령을 철회하였다. 낭트칙령이 철회되자 위그노들은 신변의 보장을 받지 못하게 되었고, 계속된 박해에 견딜 수 없었던 그들은 네덜란드와 잉글랜드, 그리고 오늘의 독일이 된 프로이센 등지로 떠나갔다. 그런데 16세기와 17세기에 로마 가톨릭으로부터 박해를 받던 위그노들은 당시 첨단산업이라고 할 수 있는 모직물과 견직물, 제지, 시계 등의 산업에서 온갖 시행의 착오를 통해 자신들만이 축적하고 있었던 기술 장인들이었다. 수공업의 쇠퇴로 가난했던 스위스는 당시 시계 장인들이었던 위그노들이 프랑스로 이주해 옴으로써 시계를 포함한 정밀기계산업의 메카가 될 수 있었다. 뿐만 아니라 잉글랜드와 독일이 각종 혜택을 경쟁적으로 베풀면서 위그노들을 자국으로 유치하려고 노력했던 일은 잘 알려져 있는 사실이다.[21] 즉, 독일은 위그노들을 유치하는 일에 있어서 후발주자였지만 가장 적극적으로 나섰다. 그리하여 당시 프로이센의 발전을 위해 무엇보다도 인재가 필요하다고 생각했던 프리드리히 빌헬름은 1685년 11월 8일에 위그노들을 적극적으로 유치하고자 각종 혜택을 제공하겠다고 약속하면서 포츠담 칙령을 공포했다. 이 칙령으로 인하여 약 5만 명의 위그노들이 함부르크, 베젤, 쾰른 등으로 이주하여 양모, 실크, 레이스, 염색, 그리고 마감작업 공장 등을 세웠다. 당시 독일은 이들의 정착을 돕기 위해 일정 기간 동안 세금 면제 혜택을 부여하거나 설비와 자금을 파격적으로 지원한 것은 물론이다.[22] 독일의 부국강병은 이때부터 시

---

20) 윌리스턴 워커, 580-581.
21) Praxi. A Feasibility Study: Employing the Skills and Experience of Refugees in the International Development Sector. London: Praxis Community Projects, 2002.
22) W. C. Scoville, "Minority Migrations and the Diffusion of Technology," *The Journal of Economic History*, vol. 11, No. 4(1951). 347-360; 베를린의 근위병 광장에 오늘날에도 위용을 자랑하고 있는 프랑스성당을 건립한 것은 이때 위그노

프리드리히 빌헬름이 위그노들을 환영하는 모습[23]

작되었다고 말할 수 있을 것이다. 잉글랜드도 특별 이민법까지 제정하여 위그노들의 정착을 도왔으며, 그들을 위해 특허 보호와 상공업 우대 정책을 시행했다. 결국 위그노들의 이동으로 말미암아 잉글랜드와 독일이 앞서거니 뒤서거니 산업혁명을 이끌어가게 되었던 것이다. 반면에 종교와 이념을 문제 삼아 부유한 장인계층이었던 위그노들을 쫓아낸 프랑스는 경제적으로 엄청난 손실이 되었을 뿐만 아니라 이후 산업혁명의 물결에서 결정적으로 뒤처지게 되었다.[24]

지금까지 살펴본 바와 같이 역사에서 프랑스는 칼빈주의가 치열한 고난 속에서 인정을 받은 특별한 수난사를 가지고 있다. 그래서 프랑스 개혁신학은 다른 나라들보다 활발하게 발전되지 못하였다. 그것은 21세기인

들에게 제공한 여러 혜택 가운데 하나였다.
23) 1685년 포츠담에서 프리드리히 빌헬름이 프랑스 위그노들을 환영하고 있다. 후고 포겔의 1884년 작. 김재한, "부강한 프로이센의 출발점은 개방 천명한 포츠담칙령," 〈중앙선데이〉, 2015. 11. 8, 452호 28면.
24) 이정동, 《축적의 길》(서울: ㈜ 지식노마드, 2017), 83-84.

1. 칼빈 당시 프랑스의 상황   197

지금까지도 마찬가지다.[25]

2. 존 칼빈의 생애

존 칼빈(John Calvin, 1509-1564)[26]은 1509년 7월 10일 오늘날의 벨기에와 프랑스 파리 사이에 있는 누아용(noyon)에서 4남 2녀 중 넷째로 태어났다.[27] 이때 마르틴 루터는 비텐베르그대학에서 첫 번째 강의를 끝마친 후였다. 아버지 게라르 코뱅(Gérard Cauvin)은 자수성가한 사람으로써 누

---

25) 종교개혁이 시작되면서 16세기 초에 프랑스에는 많은 위그노들이 있었는데, 많을 때는 전체 국민의 3분의 1 이상이었던 것으로 알려졌다. 그러나 위그노들은 이후에도 계속 학살되었다. 현재 프랑스의 위그노는 전체 국민의 1% 내지 2%에 지나지 않는다.
26) 현재 칼빈의 이름은 통일되지 않고 각각 달리 불리고 있다. John Calvin(요한 칼빈, 영어), Jean Calvin(쟝 깔뱅, 프랑스어), I(j) ohannes Calvinus(요하네스 칼비누스, 라틴어), Johannes Calvin(요하네스 칼빈, 독일어), Johannes Calvijn(요하네스 깔베인, 네덜란드어) 등이다. 그러나 최근 학계에서는 지명과 인명을 출신지 언어 발음으로 부르기에 근간에 학계에서는 대부분 쟝 깔뱅이라고 부르고 있다. 그러나 이 책에서는 '존 칼빈'으로 표기한다.
27) 누아용은 파리에서 50km 정도 떨어진 중세풍의 작은 도시이다. 칼빈 연구의 대가인 에밀 두메르그(Emile Doumergue, 1844-1937)는 19세기 말 누아용에 들렀다가 탄식한 적이 있었다. 그것은 누아용 역 앞에 서 있는 동상은 그 도시가 낳은 세계적 인물인 칼빈이 아니라 동상에 기록된 설명을 보아야 알게 되는 자크 사라쟁(Jacques Sarrazin, 1588-1660)이라는 화가 겸 조각가였다(현재 사라쟁의 동상은 사라진 상태이고 하단만 남아 있다). 누아용의 시민들은 칼빈과 자크 사라쟁 사이에서 자크 사라쟁을 선택했다. 이것은 프랑스에서의 칼빈의 위치를 알게 해준다. 프랑스에서 칼빈에 대한 반감은 널리 퍼져 있었기 때문에 칼빈이라는 인물이 그렇게 자랑스럽게 생각되지는 않았을 것이다. 더욱이 누아용의 조상들은 당시 교회와 분쟁했던 칼빈의 부친과 형 샤를르를 이단으로 정죄하고, 그의 가족들을 사실상 추방한 역사를 가진 상황에서 칼빈을 긍정하는 것은 조상들을 부정하는 것으로 생각할 수 있었을 것이다. 결국 프랑스 로마 가톨릭, 혹은 프랑스 대중들은 칼빈을

아용 감독 비서관과 대성당 참사회의 법률 자문관이었다. 어머니 쟌느 느 프랑스(Jeanne le France)는 칼빈이 여섯 살 되던 해인 1515년에 세상을 떠났다. 칼빈의 아버지는 누아용 시를 통치하고 있던 주교 샤를 드 앙제(Charies de Hangert)의 귀족 가문과 친하게 지냈다. 때문에 칼빈은 이 집안 자제들과 친하게 지냈기 때문에 종교개혁가들 가운데 드물게 상류 사회의 생활양식이 몸에 익혔다.

칼빈은 아버지의 주선으로 1521년 12세 때부터 누아용 대성당에 있는 라 제시느 제단의 성직록(Benefice)을 받았다.[28] 이 수입으로 그는 1523년 파리대학에 들어갔고 처음에는 마르쉬대학에서 마튀랭 꼬르디에(Mathurin Cordier, 1479-1564)에게 라틴어를 배우면서 뛰어난 문장력의 기초를 닦을 수 있었다.[29] 그리고 그는 로마 가톨릭의 정통주의 요새로서 혹독한 신앙훈련을 시키는 곳으로 유명한 몽때귀대학으로 전학하였다. 이곳에서 스코틀랜드 철학자 마조르(John Major, 1470-1550)로부터 아리스토텔레스 철학과 유명론의 논리를 훈련받았고, 1527년 문학석사 학위를 받았다. 학생 시절에 많은 친구들과 우정을 나누었는데, 그 가운데 왕의 주치의요 인문주의의 열렬한 지지자인 기욤 콥(Guillaume Cop) 집안과 절친했다.[30]

칼빈의 아버지는 그에게 신학과 사제 교육을 시킬 생각이었으나, 1527

비방하고 외면했던 반면에 프랑스 개신교도들은 칼빈을 존경하고 그 정신을 잇기 위해 노력했다. 이오갑, "칼빈 500년: 역사 속의 칼빈과 그의 현재성," 〈신학사상〉, 145(2009), 68-69.
28) 그가 받았던 성직록은 성당에서 미사를 드릴 때 신부들을 돕는 대가로 지급되는 일종의 장학금이었다.
29) 칼빈이 마르쉬대학에 다닌 것은 몇 달 되지 않았지만 이곳에서 마튀랭 꼬르디에와의 만남은 아주 특별한 것이었다. 칼빈은 후에 제네바교회를 조직할 당시 꼬르디에를 초청했고, 교회로부터 추방될 때에도 함께 하였다. 이러한 기억들로 인해 데살로니가전서를 주석했을 때 스승이었던 마튀랭 꼬르디에에게 헌정했다.
30) 윌리스턴 워커, 529.

서재에서 성경을 읽고 있는 칼빈[31]

년 누아용 대성당 참사회와 다툰 후에 법률 공부를 시키기로 작정했다. 그래서 칼빈은 1528년부터 유명한 법학자 피에르 드 레뚜왈르가 있는 오를레앙대학으로 갔고, 1529년에는 이탈리아의 유명한 법학자 알치아티의 강의를 듣기 위해 부르주대학으로 옮겼다. 그는 인문주의에 강한 매력을 느꼈고, 평생의 친구인 독일 학자이며 루터의 영향을 받은 볼마르(Melchior Wolmar, 1496-1561)의 도움으로 오를레앙과 부르주에서 그리스어를 배웠고, 3년간의 수학 후에 법학 학사를 받았다. 1531년 5월 26일 아버지 장례를 치른 후 1532년 1월에 오를레앙대학에서 법학박사 학위를 받았다. 칼빈은 인문주의 입장에서 1532년 4월 4일에 처녀작인《세네카 관용론》(de Clementia)을 출판했다.[32] 이 책은 칼빈의 경

---

31) 칼빈 뒤의 책장에 있는 책들은 모두 그가 쓴 성경의 주석서들이다.
32) 대한예수교장로회 총회교육부 편,《16세기 종교개혁과 개혁교회의 유산》(서울: 한국장로교출판사, 2003), 260-261. 칼빈이 23세가 되기 전에 쓴 이 책의 완전한 제목은 이렇다.《로마의 집정관이며 가장 유명한 철학자인 관용론에 관한 두 권의 책, 네로 황제에게 바침: 노용 출신 존 칼빈에 의해 설명된 주석》. 이 책에서 그는 자신을 인문주의자로 소개하면서 종교, 신앙, 사상 등에서 다른 견해를 가진 사람들에 대하여 관용할 것을 주장하였다. 특히 프랑스 공공 재판소에서의 형집행 부조리를 신랄하게 비판하였고, 프랑스 왕은 참된 관용으로 백성들에게 선정을 베풀어야 할 것을 주장하였다. 오덕교,《종교개혁사》(수원: 합동신학대학원 출판부, 1998), 177-179; 김승진은 칼빈이《세네카 관용론》을 왈도파 교인이었던 에띠엔

이로운 박식함과 심오한 도덕적 가치 감각을 보여주고 있다. 그러나 이 글에서 칼빈은 그 시대의 종교 문제에 대해서는 전혀 관심을 나타내지 않았다. 그는 그저 진지하고 박학한 인문주의자일 뿐이었다.

칼빈이 어떻게 로마 가톨릭과 결별하게 되었는지, 그리고 언제 이러한 결단을 내렸는지는 알려져 있지 않다. 루터와는 달리 칼빈은 자신의 영적 갈등에 대한 글을 거의 남기지 않았다. 따라서 칼빈의 회심 방법을 둘러싸고 '갑작스런 회심' 또는 '점진적 회심'으로 의견이 나누어진다. 점진적 회심을 주장하는 사람들은 대체로 로마 가톨릭 진영의 칼빈 연구가들인데, 그들은 칼빈이 '니고데모파들'[33]의 신앙 형태를 취했다고 보거나 칼빈을 중세 전통과의 연속성 속에서 보려고 한다. 그러나 칼빈은 자신이 '갑작스런 회심'(subita conversio; a ssudden sonversion)을 경험했다고 주장한다. 《시편 주석》의 서문에서 자신의 회심 체험을 다음과 같이 묘사하면서도 정확한 날짜를 밝히지 않는다.

> 하나님께서는 나를 갑자기 개종하도록 하시어 나의 마음을 복종시키셨고 가르치기 쉽게 인도하셨다. 당시 나는 어린 시절보다 심령이 매우 강퍅한 상태에 있었는데, 하나님으로부터 오는 진정한 경건의 맛과 지식을 음미하게 되자, 나는 즉시 이 방면에 보다 큰 진보를 이루고자 하는 간절한 염원에 불타게 되었다.[34]

느 드 라 뽀르쥬의 집에 머물면서 썼다고 밝히고 있다. 뽀르쥬는 유럽의 여러 도시들을 돌아다니면서 옷 장사를 했는데, 루터와 그의 개혁활동을 칼빈에게 전해 주었다. 김승진, 《종교개혁가들과 개혁의 현장들》(서울: 나침반출판사, 2015), 133.

33) '니고데모파' 란 칼빈 당시에 주로 프랑스에서 마음속으로는 종교개혁 사상을 동조하거나 반대하지 않으면서도 로마 가톨릭 사회로부터 오는 불이익 때문에 종교개혁적 신앙을 외적으로, 그리고 공적으로 표시하지 않는 사람들을 말한다.

34) Lewis W. Spitz, *The Reformation: Basic Interpretations* (Lexington, MA: D. C. Heath and Company, 1972), 202; 김승진, 133.

이때가 1532년 봄 그의 첫 번째 책의 출판과 1534년 봄 사이의 시기로 보고 있다.[35] 그 때부터 종교가 칼빈의 사고 속에 첫 번째 자리를 차지하였다. 1533년 11월 1일, 만성절에 친구였던 니콜라스 콥(Nicolas Cop, 1501-1540)[36]은 마튀렝교회에서 파리대학교 총장 취임 연설을 하면서 에라스무스와 루터의 말을 빌어 개혁을 호소하였다. 성경 본문은 마태복음 5장 3절, "심령이 가난한 자는 복이 있나니"였는데, 이 취임사는 성경적이고 복음적인 신앙에 관해 밝히면서 당시의 교회와 사회의 부조리와 부패를 비판하는 내용이었다.[37] 즉, 오직 그리스도만이 유일한 중보자로서 구원을 모두 이루심으로 율법을 완성하셨기 때문에 이제는 사제들이나 성인들의 공로가 필요 없다는 부분을 읽을 때 이곳에 있는 청중들은 경악하지 않을 수 없었다. 왜냐하면 사제와 성인의 중보를 부인한다는 것은 당시의 체제 자체를 부인하는 것이었기 때문이다. 이 연설문을 칼빈이 썼다고 주장되지만, 그럴 가능성은 희박하다.[38] 그러나 칼빈은 확실히 이 연설문의 어조에 동감하였고, 당시 프랑수아 1세는 '루터파'를 금하였기 때문에 큰 소동이 일어났다.[39]

---

35) 어떤 학자들은 이 회심의 시기를 1528년에서 1530년까지 추정하고 있다.
36) 니콜라스 콥은 왕의 의사로서 에라스무스와 절친하게 지내던 기욤 콥의 셋째 아들로 칼빈보다 네 살 많았다. 콥이 취임 연설을 한 이틀 후에 그의 설교에 이단 시비를 제기하는 고소장이 파리 국회에 제출되었고, 결국 국회의 소환장에 응하여 법원으로 향하던 중, 자신이 투옥될 것을 알고 아버지의 고향인 바젤로 도피하였다. 당국은 그의 목에 300리브의 현상금을 걸었다. 이 사건으로 칼빈은 콥의 설교문을 작성했다는 혐의를 받았다. 그리고 이 일로 칼빈의 집이 압수 수색을 당하기도 하였다. 당시 칼빈은 수색을 당하고 있는 동안 변장하여 이곳을 빠져 나왔다.
37) 김승진, 133.
38) 이것에 대해《16세기 종교개혁과 개혁교회의 유산》에서는 칼빈이 직접적인 영향으로, 또는 칼빈 자신에 의해서 쓰여졌다고 밝히고 있다. 대한예수교장로회 총회 교육부 편, 261; 김승진도 이 취임사를 작성한 인물이 칼빈이었다고 밝히고 있다. 김승진, 133.
39) 윌리스턴 워커, 531.

이듬해인 1534년 10월 17일과 18일에 또 하나의 큰 사건이 일어났는데, 앞에서 이미 밝힌 마르꾸르의 '미사 반대 벽보 사건' 이다. 이때 분노한 프랑수아 1세는 수백 명의 관련자들 가운데 35명을 이단자라는 이름으로 처형시켰는데 이들 가운데는 파리의 상인이며 칼빈의 친구인 에띠엔느 드 라 뽀르주와 친동생인 삐에르도 있었다. 니콜라스 콥의 「연설문」(Concio academica)과 벽보사건은 왕과 위정자들에게 이단자들의 은밀한 활동이 프랑스 국가와 로마 가톨릭의 질서를 심각하게 훼파한다는 것을 단적으로 보여준 사건이었다. 무엇보다 당시 정치적으로 수세에 몰려 있던 프랑수아 1세는 교황 바오로 3세의 환심을 사기 위해 프랑스 내의 이단자들을 섬멸 하겠다는 칙령을 발표하였다.[40]

프랑스에서의 위그노들에 대한 박해가 극심해지자, 칼빈은 파리 등으로 전전하다가 '샤를 데스쁘빌르' 라는 가명으로 1534년 4월까지 프랑스 남서부의 시골 마을에 사는 친구인 앙굴렘 성당의 주임신부 루이 뒤 틸레 (Louis du Tillet)의 집으로 피신하여 이곳에서 그의 《기독교 강요》 초판을 준비하기 시작했다.[41] 그리고 같은 해 5월 4일 고향을 잠시 방문하였는데,

---

40) 김승진, 134; 프랑수아 1세는 찰스 5세와 대립해 있는 독일 루터파의 지원을 얻기 위해 위그노들에 대한 자신의 박해를 '눈 가리고 아웅' 하는 식으로 속이려고 했다. 그래서 프랑스 박해를 설명하기 위해 1535년 2월 공개서한에서 프랑스의 개신교가 어떤 정부도 참을 수 없는 무정부적 의도를 가지고 있다고 비난했다. 이에 칼빈은 중상모함을 받는 동료 신자들을 변호해야 함을 절감하면서 앙굴렘에서 시작한 《기독교 강요》를 급히 완성하고 프랑스 왕에게 보내는 편지를 서문으로 1536년 3월에 출판하였다. 윌리스턴 워커, 531; 벽보 사건으로 인한 극심한 박해로 사도렛(Cardinal Jacopo Sadolet, 1477-1547)이나 인문주의자였던 기욤 부데(Guillaume Bude, 1468-1540) 등은 로마 가톨릭에로 재개종하였다. 심지어 틸레도 재개종의 길을 걸었다. 프랑수아 1세는 자기 영내의 개신교도들은 독일의 루터란들과는 달리 재세례파의 교리를 따른다고 선동하였다. 존 칼빈, 《기독교 강요》, 문병호 옮김(서울: 생명의 말씀사, 2012), xxviii; 어떤 의미에서 칼빈이 《기독교 강요》를 저술한 중요한 동기 가운데 하나가 벽보 사건이었다고 할 수 있다.

41) 《기독교 강요》 초판은 1536년 봄, 바젤에서 출판인 토머스 플라테르(Thomas Plat-

여기서 그동안 받아오던 성직록을 포기함으로써 로마 가톨릭과 공식적으로 결별했다.[42]

마르꾸르의 현수막 사건으로 인한 박해가 재개되자 칼빈은 프랑스에서 로마 가톨릭으로부터 핍박받고 있는 종교개혁 운동의 지지자들을 변호하기 위해서 1535년 8월에 《기독교 강요》(Institutes of the Christian Religion)를 탈고하고 이 책을 헌정 받을 프랑스 왕 프랑수아 1세에게 보내는 서문을 8월 23일에 쓰고, 1536년 3월 바젤에서 출판했다. 6장의 요리문답 형식으로 된 《기독교 강요》는 증보를 거듭하여 결국 1559년의 칼빈의 최종판에서 80장의 기념비적인 저서가 되었다. 《기독교 강요》의 초판에서 처음 4장은 율법, 신경, 주기도문, 성례 등을 다루고 있었다. 마지막 2장은 보다 논쟁적인 표현으로 로마의 '잘못된 성례들'과 기독교인의 자유 문제에 관한 프로테스탄트의 입장을 요약하였다. 한편, 《기독교 강요》 최종판의 제1권은 창조와 인간론, 하나님과 계시 문제를 다루고 있다. 제2권은 구속주로서의 하나님, 그리고 이 구속의 사역이 어떻게 우리에게 처음에는 구약을 통하여, 후에는 예수 그리스도를 통하여 알려졌는가를 다룬다. 제3권은 우리가 어떻게 성령을 통하여 예수 그리스도의 은혜에 참여할 수 있

---

ter)와 발싸사르 라시우스(Balthasar Lasius)에 의해 간행되었다. 책의 이름은 다음과 같았다; 《기독교 강요, 경건에 관한 전체 개요 대강(大綱)과 구원의 교리를 앎에 필요한 모든 것들, 경건에 힘쓰는 모든 사람들에게 가장 합당한 최근에 편집된 작품》(Christianae religionis institutio, totam fere pietatis summam et quidquid est in doctrina salutis cognitu necessarium complectens, omnibus pietatis studiosis Iectu dignissimum opus ac recens editum.) 존 칼빈, xxx; 당시 틸레의 집에는 그의 부친이 사용하던 약 3, 4천여 권의 고서들이 있었고, 이것이 칼빈에게 시의 적절하게 자신의 신학 지식을 발휘할 수 있는 좋은 기회가 되었다. 그리고 이것을 바탕으로 칼빈은 여기에서 《기독교 강요》의 기본 체계를 세울 수 있었다. 은신처로서의 틸레의 집이 칼빈에게는 날선 말씀의 검을 만들어낼 개혁의 연장들이 잘 갖추어진 훌륭한 대장간과 같은 곳이었다.

42) 대한예수교장로회 총회교육부 편, 261; 당시 교회법에 의하면 25세가 되어 공식적으로 교회 봉사에 입문하지 않으면 교회 봉급을 포기해야 하는 것이 관례였다.

으며, 이에 따른 성령의 열매들은 무엇인가를 보여주고 있다. 그리고 마지막으로 제4권은 이러한 참여를 위한 '외형적 방법들'을 취급하는데, 이것이 곧 교회와 성례들이다.

스스로 학문과 저술의 소명을 받았다고 생각한 칼빈은 종교개혁의 지도자로서 명성을 날리는 것이 아니라 조용한 환경 속에서 성경 연구와 저술에 전념하고 싶었다. 그리하여 그는 이탈리아의 페라라(Rerrara)를 잠시 방문한 후 남부 독일 알자스(Alsace) 로렌 지방의 도시 스트라스부르크(Strassburg)에 정착하기로 결정하였다. 이곳에는 프랑스에서 신앙의 자유를 찾아 이주해 온 프로테스탄트가 득세하고 있었으며 신학적, 문학적 활동이 활발하여 그가 원하는 사역을 위한 분위기가 조성되어 있었다. 그런데 프랑수아 1세와 신성로마제국의 황제 찰스 5세와의 제3차 합스부르크-발루아 전쟁으로 파리로부터 스트라스부르크에 이르는 도로가 차단되어, 그는 남쪽 우회 도로상에 있는 제네바(Geneva)를 경유하려고 하였다.[43]

당시 제네바에는 프랑스 출신인 파렐에 의해 개혁운동이 일어나고 있었다. 그러나 로마 가톨릭 신앙과 전통에 젖어 있던 제네바 시의원들과 시민들을 대상으로 파렐 혼자만으로는 종교개혁을 진행하기가 힘에 부쳤다. 파렐은 젊은 동역자의 도움을 간절히 기다리고 있던 중에 뒤 틸레로부터 칼빈이 제네바에 머물고 있다는 소식을 들었다. 그러자 파렐은 제네바에 머물고 있던 칼빈을 찾아가 제네바의 종교개혁 운동을 도와달라고 부탁했다. 그러나 칼빈은 자신보다 20세나 연장자인 파렐의 요청을 처음에는 거부했다. 개인 연구에 전력해야 한다고 결심한 칼빈으로서는 다른 일에 얽매이고 싶지 않아서 자신은 개혁가가 되지 못하고 공부하는 것을 좋아하기 때문에 스트라스부르크로 갈 것이라고 했다. 파렐이 보기에 칼빈의 태도는 자기중심적이고 이기적으로 행동하는 것처럼 보였다. 그리하여 하나님의

---

43) Ibid., 262-263.

칼빈을 협박하는 파렐

명령을 거부하고 다른 곳으로 도망갔다가 물고기의 뱃속에 들어간 요나의 예를 들면서 자신의 요청을 받아들이지 않으면 칼빈도 그렇게 될 것이라고 설득했다. 파렐의 협박에 가까운 설득 앞에 칼빈은 스트라스부르크로 가려던 여정을 포기하고, 요청을 받아들이지 않을 수 없었다. 칼빈은 이 사건을 《시편 주석》의 서문에서 다음과 같이 회고하고 있다.

> 내가 이제 은거하려고 했던 스트라스부르크에 가는 최단 지름길이 전쟁으로 말미암아 폐쇄되었기 때문에, 나는 이 제네바에서 하루 이상을 머물지 않고 빨리 그곳을 지나가려고 했다. … 내가 몇 가지 개인적 연구를 위해서 자유를 얻기 원한다는 사실을 듣고 난 뒤에 그의 간청으로는 아무 것도 얻지 못한다는 것을 알고 나서, 그는 이렇게 큰 도움이 절실히 필요할 때에 내가 돕기를 거절한다면 하나님께서 나의 휴가와 평안을 저주할 것이라는 저주의 말까지 했다. 이 말에 너무나도 놀라고 두려움에 사로잡혀 나는 계속하던 여행을 포기하고 말았다. 여기서 나의 부끄러움과 소심함을 느꼈지만 어떤 특정한 직분을 그런 식으로 소홀하게 하는 것은 아니었다.[44]

결국 파렐에게 설득 당한 칼빈은 1536년 9월 1일에 제네바 시의 생 피에르 성당의 설교단에 서게 되었다. 이때 그의 나이 28세였다. 그는 파렐이 시작한 제네바에서의 종교개혁 운동에 자의반 타의반으로 발을 들여놓게 되었다. 칼빈은 파렐과 함께 제네바에서의 종교개혁을 펼쳐나가면서 파렐이 강력하게 협박성 도움을 요청할 수밖에 없는 상황을 이해할 수 있었다. 당시 제네바는 제2 외국어가 프랑스어였기 때문에 프랑스에서 온 정치범들을 비롯한 범죄자들이 많았다. 더구나 로마 가톨릭으로부터 자유를 획득한 것은 1534년 초였고, 미사가 완전히 폐지된 것은 그해 11월 말이었다. 칼빈이 제네바에 도착했을 무렵에는 베른(Bern)의 원병으로 간신히 로마 가톨릭측 군대를 몰아낸 지 불과 3-4개월 밖에 되지 않았다. 따라서 우상에 대한 파괴와 곳곳에서 일어나는 소요, 정치적인 불안과 신앙적 혼란, 거기에 프랑스에서 도망친 범죄자들로 제네바 시와 시민들의 도덕적인 상태는 너무나도 해이해져서 마치 범죄의 도시와 같았다. 거기에 종교개혁 운동을 반대하는 자유주의자들의 집단적인 반발도 결코 만만치 않았다.

제네바에서 성경 강사로 매우 소박하게 시작한 초기 칼빈의 존재는 미미했다. 칼빈이 제네바에서 성경을 가르치는 교수(사)(doctoc)로 1536년 9월 5일에 파렐이 제네바 시 소위원회에 소개하였지만, 시의 서기는 이름을 몰라 월급 명부에 '저 프랑스 사람'(Ille Gallus)이라고 기록할 정도였다. 그는 1년이 지나도록 설교자로 임명되지도 못했다. 그러나 파렐보다 점점 더 큰 영향력을 발휘하였다. 그들의 첫 번째 공동의 일은 베른의 영향 아래 있던 보오(Vaud)와 로잔(Lausanne)에서 종교개혁을 효과적으로 실현하기 위해 베른에 있는 목사들과 시 당국을 돕는 것이었다. 로잔에서는 칼빈의 가장 가까운 친구 비레(Pierre Viret, 1511-1571)가 목사로 임명을 받아 1559년까지 일했다.[45]

---

44) Ibid., 263.

무엇보다 칼빈과 파렐은 제네바에서 3가지 일을 목표로 하면서 1537년 1월 소의회에 칼빈이 작성한 제안서들을 제출하였다. 첫 번째, 성찬은 매달 시행한다. 성찬을 더 잘 준비하기 위해 시정부는 시의 구역마다 "행실이 바른 특정한 사람들"을 지명해야 하고, 이들은 목사와 연결되어 신앙훈련을 위해 출교까지 할 수 있도록 행실이 나쁜 사람들을 교회에 보고하게 한다. 이것은 제네바를 모범적인 공동체로 만들고, 고유의 영역 안에서 교회의 독립을 주장하려는 칼빈의 첫 번째 시도였다. 두 번째는 칼빈에 의해 준비된 요리문답 채택이었다. 이를 위해 1537년 프랑스어판 《제네바 요리문답》(Catechismus Genevenis Prior, 라틴어판은 1538)과 《제네바 신앙고백》(Confession de la foi Geneve)이 확정되었다. 그리고 세 번째는 파렐이 만들었을 신조를 시민들에게 강제로 부과한 것이었다. 그러자 소의회는 이 제안을 상당히 수정하여 채택하였다.[46]

이제 제네바 시민들은 누구든지 관원 앞으로 나와 오른손을 들고 칼빈이 만든 신앙고백을 준수하겠다고 서약을 하든지, 제네바를 떠나야 했다. 그런데 제네바 시민들에게 프랑스에서 온 무명의 젊은이가 이끄는 새로운 훈련과 새 신조에 동의하라는 강압적인 시도는 강력한 반발에 부딪혔다. 더구나 신앙고백을 하지 않은 사람과 부도덕한 행위를 한 사람은 성찬에

---

45) 칼빈의 어린 동료이자 후계자였던 베자(Theodore de Beze, 1519-1605)는 칼빈의 전기에서 당시 제네바의 위대한 설교자 세 사람을 회상하였는데, 칼빈과 파렐과 비레였다. 베자는 파렐이 설교 전달에 있어 가장 뜨겁고, 열정적이고, 강력한 설교자였으며, 비레는 언변이 가장 뛰어나서 청중들은 그의 기술적이고도 아름다운 언어에 매료되었다. 비레의 설교를 들으며 앉아 있노라면 시간가는 줄 몰랐다고 한다. 이에 비해 칼빈은 가장 심오한 설교자로서 그의 설교는 "가장 중요한 통찰들로" 빼곡히 채워져 있었다. 말하자면, 칼빈은 최고의 내용을 가졌고, 비레는 최고의 웅변술을, 파렐은 최고의 열정을 가졌다. 따라서 베자는 "이 세 사람을 합쳐 놓은 설교자가 있다면 절대적으로 완전할 것"이라고 결론지었다. 팀 켈러, 《팀 켈러의 설교》, 채경락 역(서울: 두란노, 2016), 24-25.
46) 윌리스턴 워커, 534.

참여할 수 없었다. 그리고 성찬에 참여하지 못하는 사람은 시민으로서도 자격이 없었다. 그에게는 물건을 사거나 팔아서도 안 되었다. 여기에 불응하면 제네바에서 추방당했다. 이때 시 당국이 성찬을 1년에 네 번으로 제한하려고 했지만, 칼빈은 성찬을 매주 행할 것을 요구했다. 성찬의 위력은 대단했는데 제네바 시민들은 자신들이 성찬에서 배제되는 것을 전전긍긍하며 두려워했다.

결국 1537년 11월에 시의회는 칼빈이 만든 신앙고백에 서약하지 않는 사람을 추방시키고, 부도덕한 사람을 성찬에 참여하지 못하게 하는 결정을 문제 삼았으며, 1538년 1월 4일에는 누구도 성찬에서 제외시킬 수 없다는 결정을 내렸다. 설상가상으로 같은 해 2월에 시행된 선거에서 칼빈의 개혁을 못마땅하게 여기든가 반발하는 사람들이 대거 시의원에 당선이 되었다. 그리고 칼빈을 반대하던 장 필립(Jean Phillip)이 시장으로 당선되었다. 새로 구성된 시의회는 칼빈과 파렐에게 교회 규칙 시행은 목사만이 아니라 시 당국 관료에게도 맡기라는 새로운 지시를 내렸다. 이에 반발한 칼빈과 파렐을 포함한 목사들은 부활절에 성찬을 집전하지 않겠다고 선언했다. 그러자 시의회는 이들에게 설교를 금지시켰다. 그러나 칼빈은 이러한 조치에 불복하고 1538년 부활절에 생 삐에르 성당에서 설교하면서 성찬에 대해 이렇게 말했다.

> 주님의 성스러운 육체를 개들에게 던져버리느니 차라리 죽어버리겠다.[47]

평소에 폭음, 폭식, 방종, 심지어 음행을 하다가 주일에 집례되는 성찬식에 참여하는 사람들에게 칼빈과 파렐은 수찬정지 명령을 원했다. 이것이 시정되지 않자 칼빈과 파렐은 성찬 집례를 거부한 것이다. 다음날 칼빈에

---

47) 이동희, 《꺼지지 않는 불, 종교개혁가들》(서울: 넥서스, 2015), 115.

게 개로 취급 받은 시 당국은 '대의회' 총회를 소집하여 시의회 설교 금지령을 위반한 칼빈과 파렐에게 사흘 안에 제네바를 떠나라는 명령을 내렸다.[48] 결국 칼빈은 파렐과 비레와 함께 성찬 문제로 제네바 시의회와 갈등 끝에 1538년 4월 23일 추방 명령을 받고 제네바에 온지 18개월 만에 이곳을 떠났다.

파렐은 이후에 스위스 개신교 당국의 중재로 제네바에 돌아오려다 실패한 후 뇌샤텔에서 목회하며 여생을 살았다. 반면에 성찬 의식 문제로 시의회와의 갈등 끝에 추방당한 칼빈은 취리히를 거쳐 바젤로 갔다. 칼빈이 바젤에 머물고 있을 때, 스트라스부르크에서 종교개혁을 진행하고 있었던

제네바에서 쫓겨나는 칼빈과 파렐

---

48) Ibid., 114-115; 이 당시 제네바에서의 사역이 얼마나 힘들었던지 훗날 칼빈은 자신이 제네바로부터 추방령을 받았을 때, 사실 내심 속으로는 다음과 같이 말하며 쾌재를 불렀다고 회고했다. "나는 마음이 그다지 강하지 못하여 몇 가지 어려움으로 인해 제네바로부터 추방당하게 되자 기뻐서 어쩔줄 몰랐다." 이러한 표현을 볼 때, 칼빈이 제네바의 산적한 문제들 앞에서 겪은 고민이 얼마나 컸던가를 충분히 짐작하게 한다.

마르틴 부쳐는 스트라스부르크로 초청하려고 몇 번이나 시도했지만 성공하지 못했다.[49] 그렇지만 파렐이 칼빈을 제네바에 초청할 때 사용했던 것과 같은 협박조의 설득으로 그를 초청하는데 성공했다. 칼빈은 이 사실을《시편 주석》서문에서 회고하고 있다.

> 파렐이 나에게 행했던 그와 같은 방법으로 마르틴 부쳐는 나를 다시 새로운 임지로 초청했다. 그가 나에게 보여주었던 요나의 예는 나를 완전히 굴복시켰고, 나는 다시 가르치는 직분을 수락했다.[50]

칼빈은 1538년 9월 5일 스트라스부르크에 도착한 후 9월 8일 성 니콜라 교회에서 설교하였다. 그는 이곳에서 종교적 박해를 피해 400-600명 정도 모이는 프랑스 난민들의 교회인 부끌리어 개혁교회 담임목사로 3년을 섬겼다. 그리고 1539년 2월 1일부터 스트라스부르크대학(소위 Gymnasium)의 신학 교수로 공식 임명되었다.[51] 1540년 8월에는 제자인

---

49) 스트라스부르크에서 만난 부쳐는 칼빈의 목회에 실제로 많은 도움을 주었다. 칼빈은 부쳐의 개혁사상에 큰 감화를 받았다. 특히 예배와 찬송의 개혁에 대하여 중요한 모티브를 제공받았다. 또한 교회 직분론과 예배 절차 및 교리 문답 구조 등을 수립하는데도 큰 영향을 받았다. 부쳐는 16세기 목회 분야에서 가장 중요한 저서 가운데 하나인《참된 목회》(Ture Pastoral Care)를 저술했으며, 여러 명의 개혁자들과 뜻을 모아《4대 도시 신앙고백서》(Confession of the Four Cities)를 작성하였다. 그는 교회의 화합과 일치를 강조한 신학자였으며, 개혁교회에서 처음으로 권징을 교회 표지로 채택한 목회자로 유명하다. 그는 1546년 스트라스부르크가 찰스 5세의 군대에 함락되자 영국으로 떠나 케임브리지 대학의 흠정교수가 되어 봉직하다가 1551년에 하나님의 품으로 떠났다.
50) 대한예수교장로회 총회교육부 편, 264-265.
51) 스트라스부르크 체류 초기에 칼빈에게 슬픈 일이 잇달아 일어났다. 칼빈의 간호를 받던 파렐의 조카가 흑사병으로 죽었고, 제네바에서 함께 추방되었던 동료 맹인 목사는 갑자기 타계하고 말았다. 게다가 사촌 피에르 로베르 올리베땅의 급사 소식이 전해졌다. 이러한 일들이 예고하듯이 스트라스부르크에서의 목회도 결코 만만한 것은 아니었다. 하지만 칼빈은 훗날 자신이 추방당한 것을 회상하면서 스트라

칼빈 탄생 오백주년 기념 달력에서 보여주는 칼빈의 결혼식 모습[52]

베자의 소개로 만난 재세례파 교인이며 네덜란드 출신(현재는 벨기에에 속함)의 두 아이들을 가진 미망인이며 6살 연상인 이델레트 드 부레(Idelette de Bure, 1503-1549)와 결혼했다.[53] 이델레트는 건강이 좋지 못했음에도 순복의 성품으로 죽기까지 칼빈의 충실한 반려자가 되었다. 그는 이곳에 있는 동안에 특별히《기독교 강요》제2판(1539년)과 자신의 첫 번째 성경

스부르크에서의 목회는 경험이 부족하고 단점이 많은 자신을 하나님이 훈련시키신 것이라고 공개석상에서 몇 번이고 고백하였다.
52) 이 기념 달력에 보면 신부 이들레트 드 부레는 혼수라고는 두 자녀뿐이며, 가난한 신랑 칼빈은 고양이 두 마리〉뿐인 해학적인 그림이다. 두 사람이 그만큼 가난했다는 것이다.
53) 베자는 흑사병으로 남편을 잃은 그녀를 가리켜 '엄숙하고 존경스러운 부인' 이라고 평하였다. 주례는 파렐이 하였다. 그러나 칼빈의 결혼과 가정생활은 평온하지 못했다. 그녀 사이에 낳은 아들은 3살 되던 때에 죽었다. 칼빈은 "우리 아버지는 자녀를 위해 무엇이 최선인지를 아신다"고 말하면서, 자녀가 없다고 많은 사람이 비방할 때, "나는 무한히 셀 수 없는 영적인 아들을 가지고 있다"고 응수하기도 하였다. 그러나 몇 년 후인 1549년에 아내도 여의었다. 그때 칼빈은 아내가 죽기 전에 그녀가 첫 번째 남편과의 사이에서 얻은 두 자녀를 자신의 친자녀처럼 돌보겠다고 약속하며 괴로워하는 아내를 위로하였다. 그러나 칼빈에게 남겨진 두 의붓자녀들은 불행한 삶을 자초하였다. 이것은 그에게 적잖은 충격과 근심이 되었다. 이러한 이유 때문인지 칼빈은 재혼하지 않고 독신으로 살았다.

주석인《로마서 주석》(1540년)을 출판하고,[54] 라틴어 초판《기독교 강요》(1536년)를 1541년에 프랑스어로 번역했다.[55]

그런데 칼빈이 스트라스부르크에서 교회 개혁에 박차를 가할 때 제네바 상황은 좋지 않게 진행되고 있었다. 1540년 초에는 네 명의 목사 중 두 명이 분쟁과 혼란으로 제네바를 떠났고, 프랑스와 베른이 제네바 독립을 위협하고 있었다. 무엇보다 칼빈을 추방시킨 장 필립 시장 일파가 1539년에 베른과 불평등 조약을 맺었다. 다음 해 이 당파는 전복되었고, 협상자들은 반역으로 정죄되었다. 칼빈에게 우호적인 당파가 다시 권력을 잡았고, 그 지도자들은 제네바에로의 귀환을 요청했다.[56] 이러한 상황일 때 로마 가톨릭 추기경 야고보 사돌레토가 1539년 3월 제네바 시민들을 로마 가톨릭으로 회유하기 위한 글을 썼는데, 여기에 대해 반박할 수 있는 사람이 제네바에는 없자 시의회가 칼빈에게 반박문을 부탁했다. 칼빈은 이 요청을 기꺼이 받아들여 "사돌레토에 대한 답변" 형식으로 조목조목 반박했다.[57] 칼

---

54) 칼빈은 이 주석의 서문에서 로마서를 바르게 이해한다면 성경의 모든 숨겨진 보화에 이르는 열쇠가 될 것이라면서 로마서 전체의 개요를 제시하였다. 칼빈이 보기에 로마서야말로 하나님의 진리를 명확하게 드러내 보여주는 또 하나의 중요한 계시였다. 칼빈의 주석의 독창적인 성격을 이해하려면 그의 첫 주석 작품인 로마서의 헌사를 살펴보면 유익할 것이다.

55) 칼빈이 번역한《기독교 강요》프랑스어 판은 프랑스에 있는 개혁자들을 지원하기 위한 의도가 있었지만 정작 프랑스 당국은《기독교 강요》라틴어판과 프랑스어판 모두를 금서목록에 포함시켰다. 그리고 파리 국회는 1542년 7월에 포고령을 내려《기독교 강요》를 소지하고 있는 사람은 자진해서 신고하라고 명령하였다.

56) 윌리스턴 워커, 535; 이 당시 칼빈은 이미 교회개혁 운동에서 가장 중요한 지도자로 부상하고 있었다. 그는 스트라스부르크 시로부터 존경받았고, 찰스 5세가 개신교와 로마 가톨릭 사이의 재통합을 위해 마련한 독일에서 열렸던 종교간의 대화모임들(1540, Hagenau; 1540-1541, Worms; 1541, Regensburg)에 대표 가운데 한 사람으로 참여했다. 그리고 거기에서 로마 가톨릭 신학자들은 물론이고, 멜랑히톤을 비롯하여 다른 독일 개혁자들과 우정을 나누었다. 대한예수교장로회 총회 교육부 편, 265; 윌리스턴 워커, 535.

57) 칼빈은 제네바 시의회로부터 사돌레토의 글에 대한 반박문을 요청받고 6일만에 작

빈의 반박문이 탁월했다는 소문이 시민들에게 퍼졌고, 3년 전과는 달리 그를 지지하는 지도자들이 많아졌다. 그리고 이전에는 항상 베른, 바젤, 취리히 등이 제네바에 대한 지배권을 행사했으나, 지금은 독자 노선을 택할 수 있게 되었다. 제네바가 칼빈에게 돌아오도록 여러 번 요청했지만 몇 번이나 거절했다. 스트라스부르크에서 행복하고 만족한 생활을 하던 칼빈이 제네바로 가고 싶지 않았던 마음은 1540년 3월 29일에 쓴 편지 내용에서도 확인할 수 있다.

이 십자가를 지는 것보다 차라리 100번 이상이라도 다른 죽음의 고통을 당하는 것이 나을 것 같다.[58]

그러나 1541년 2월말에 파렐이 강력한 어조로 제네바에로 귀환할 것을 독려하는 편지와 부처의 권유로 일정 기간만 머물겠다고 약속하고 제네바로 돌아왔다.[59] 1541년 9월 13일, 3년 4개월 전 칼빈을 추방했던 시의회와 시민들은 기마대까지 동원하며 열렬히 환영해 주었다. 그리고 시의회는

성했다. 이 서신은 짧고 정확하게 교황청의 부정을 지적하면서 종교개혁의 가르침을 설명해 로마 가톨릭의 공세를 무력화시켰다. 이동희, 116; 그런데 토니 레인은 사돌레토의 글에 대한 반박문을 단 하루만에 썼다고 밝히고 있다. 토니 레인,《기독교 사상사》, 김응국(서울: 나침반사, 1987), 289.

58) 이동희, 116.
59) 대한예수교장로회 총회교육부 편, 265-266; 제네바 시의회는 칼빈의 귀환을 본격적으로 논의하기 시작하면서 다양한 방법과 절차를 통하여 칼빈을 압박하였다. 제네바 총회에서는 이전에 결의했던 칼빈과 파렐에 대한 추방령을 취소하는가 하면, 제네바 원로원도 칼빈의 귀환을 도와달라는 간곡한 청원서를 스트라스부르크, 취리히, 바젤 등에 보내었다. 이러한 움직임을 감지한 칼빈은 결코 그곳으로 돌아가고 싶지 않다는 마음을 파렐에게 호소하였다. 하지만 제네바 측의 공식 초청장을 받아 본 이후 마음이 흔들리기 시작하였다. 제네바에서 보낸 편지는 진실하다 못해 애절했기 때문이었다. 실제로 칼빈은 스트라스부르크에 장기적으로 살 계획을 가지고 있었다. 이것은 그가 1539년 7월에 의복 재단사 길드에 등록하는 동시에 값을 치르고 스트라스부르크의 시민권을 얻었다는데서 짐작할 수 있다.

9월 21일 칼빈의 개혁 노선에 순응하고 적극적으로 협력할 것을 약속하고 그의 복귀를 결의하였다. 칼빈은 스트라스부르크에서 3년간 목회경험을 통해 그의 신앙적인 면에서는 더욱 성숙해져 있었고, 이전에는 파렐의 개혁을 돕는 입장이었지만 이제는 자신의 주도 하에 강력하게 개혁을 단행할 수 있는 영적 지도자가 되어 돌아왔다. 여기에서 칼빈의 개혁가로서의 인생이 다시 시작되고 있었다.[60]

칼빈은 제네바를 하나님의 거룩한 도성으로 만들고 싶었다. 그런데 한 번 실패를 경험한 칼빈은 제네바를 보다 성공적으로 개혁하기 위해서는 무엇보다 튼튼한 법적 장치의 필요성을 느꼈다. 그리하여 자신이 1537년에 제안한 것보다 훨씬 더 분명한 제네바 교회 헌법인 《제네바 교회 규범》(*Ecclesiastical Ordinances of Geneva*) 초안을 1541년 9월 16일에 작성하여 25인의 소의회와 200인의 대의회를 거쳐 11월 20일에 인준 받았다.[61] 이 법령은 그리스도가 그의 교회에 목사(Pastors), 교사(Doctors, 혹은 박사), 장로(Elders), 집사(Deacons)의 네 직분을 세우셨다고 하며, 각 직분의 의무를 규정하였다. 그리하여 목사는 매주 모여서 보통 콩그레가시옹(Congregation)으로 알려진 곳에서 공개 토론, 목사 후보자 심사, 성경 주석을 한다. 교사들은 신자들에게 참된 교리를 가르치고, 칼빈이 시의 종교 훈련에 본질적이라고 생각한 제네바 학교제도에서 가르칠 책임이 있었다. 집사는 빈민, 구제, 병원 감독의 책임을 맡았다. 그리고 장로는 칼빈 제도의 핵심이었는데, 이 장로는 오늘날 당회(Presbytery) 기원이 되는 것으로써 이들은 12명의 평신도들로 소의회에서 2명, 60인 의회에서 4명, 200인

---

60) 칼빈이 제네바로 돌아와 교회에서 행한 첫 번째 설교에 대해 제네바 시민들은 궁금해 하고 있었다. 그렇지만 자신이 1536년에 추방당해 겪었을 섭섭함에 대해서는 한 마디도 언급하지 않았다. 그는 서두에서 사역의 본질에 관한 짧은 설명을 한 후, 당시 제네바를 떠남으로써 더 이상 진행할 수 없었던 성경 부분을 이어서 강해하였다.
61) 김승진, 139.

의회에서 6명을 선출했다. 이들은 목사들(1542년 9명)과 함께 '교회 법원' (Consistoire)을 구성하고 매주 목요일마다 회합하여, 교회 권징 문제를 다루었다.[62] 필요하면 이들은 회개하지 않는 자들을 출교할 수 있었고, 이보다 중죄이면 시 당국에 위탁할 수도 있었다. 칼빈은 출교권을 교회 독립을 위해 가장 중요한 권리로 생각하였고, 1555년에 출교권이 확보될 때까지 이보다 더 큰 열정으로 투쟁해야 할 부담을 느낀 적은 없었다.[63]

이제 모든 제네바인들의 생활은 처음부터 끝까지 교회 법원의 감시 아래 있었다. 사실 칼빈은 제네바를 완전한 기독교 공동체 모델로 만들기 원했다. 칼빈의 주도로 이루어진 제네바에서의 철저한 종교개혁으로 주로 프랑스로부터 많은 고위직과 지식층과 부유층의 피난민이 몰려왔고, 이탈리아 북부, 네덜란드, 스코틀랜드, 잉글랜드에서도 왔다. 그리고 이들은 곧 제네바 생활에 매우 중요한 요인이 되었다. 칼빈 뿐만 아니라 동료 목사들도 모두 외국인이었다. 그렇기 때문에 사실 처음부터 그의 지도에는 두 가지 요소로 인하여 반대가 있었다. 하나는 칼빈의 훈련을 짜증스럽게 생각하는 것이고, 더 강력한 것은 칼빈과 그의 동료 목사와 피난민들이 영웅적 독립 전통을 가진 도시에 낯선 멍에를 강요하고 있다고 느끼는 옛 제네바 시민 가족들로 인한 것이었다.[64]

---

62) 교회 법원에서는 "제네바 교회 규범"을 위반하는 자, 이단자, 목회자에 대해 반항하는 자, 비도덕적 반윤리적인 행위를 하는 자, 더 나아가서는 세속적 범죄 행위를 하는 자까지 관장하였다. 음주, 무도, 사치, 비속한 노래 등을 엄격하게 금하는 등 시민들의 일상생활까지 규제하였다. 교회 법원은 출교 이 외의 형법상의 처분을 할 수 없는 것이 원칙이었으나, 실제로는 타 법정에서도 종교재판이 시행될 수 있어 1542년부터 1546년 사이에 58명이 사형에, 76명이 추방되었다. 손두환, 《종교개혁사》(서울: 도서출판 씨토스, 1999), 131; 그런데 칼빈이 규제하려고 했던 이러한 규칙들은 대개가 중세기의 전통적 관습이었다. 이런 점에서 새로운 것은 이것들을 시행하려는 칼빈의 결의였다. 즉, 귀족 계층도 면죄되는 일 없이 제네바 사회의 전 분야에 걸쳐 시행하려는 결의였던 것이다. 토니 레인, 286.
63) 윌리스턴 워커, 535.

따라서 칼빈의 사역이 제네바에서 충돌이 많았지만 특별히 두 가지 사건이 중요하다. 첫 번째 사건은 전에 파리에서 갈멜수도회 수도사였고, 지금은 제네바 근처 베이지(Vergy)의 의사인 제롬 볼섹(Jerome Bolsec, 1524-1584)이 일으킨 것이었다. 콩그레가시옹 모임에서 볼섹은 칼빈의 예정설을 비난했다. 볼섹의 주장에 의하면 예정론은 하나님을 죄의 원인으로 만든다는 것이다. 이것은 칼빈의 권위의 근거 자체를 공격하는 것이었다. 그 이유는 제네바에서 칼빈이 유일하게 의존할 수 있는 것은 그가 신뢰할 만한 성경의 해석자라는 것이었기 때문이다. 칼빈은 1551년 10월 시 정부에 볼섹을 고소했고, 그는 결국 로마 가톨릭교회로 돌아갔으며, 심하게 비방하는 전기를 저술하여 칼빈에게 복수하였다.65) 그렇지만 칼빈은 이 사건으로 자신의 예정론을 기독교 교리 가운데 아주 중요한 것으로 더 많이 강조하게 되었다.

칼빈의 생애에 결정적인 타격을 주었던 중요한 사건은 세르베투스(Michael Servetus, 1511-1553)와의 논쟁이었다. 그는 스페인 출신으로 의사요, 법률가요, 신학자였으며, 또한 혈액 순환을 발견하여 다방면에서 천재적인 소질을 가지고 있던 사람이었다. 1531년 그가 20세 되던 해에 《삼위일체론의 오류에 관하여》(*De Trinitatis Erroribus*)를 출간하여 화제를 모았는데, 1533년에는 《기독교의 회복》(*Christianism Restitutio*)으로 칼빈의 《기독교 강요》를 공박하고 전통적인 신학을 공격하였다. 그는 "삼위일체론자들에게는 하나의 절대적인 하나님은 없고, 삼분되고 집합되고

---

64) Ibid., 536; 제네바에서 존경받는 인물 가운데 한 사람이었던 카드 제조업자 피에르 아모(Pierre Amo)는 칼빈을 가리켜 "제네바를 프랑스인이 지배하도록 만든 자"라고 비방했다. 그러나 그는 대가를 톡톡하게 치러야 했다. 즉, 속옷 차림으로 횃불을 들고 시내를 순회하며 칼빈에게 용서를 구하라는 처벌이 내려졌던 것이다. 존경받던 제네바 시민이 굴욕을 당하는 모습을 목격한 시민들의 불만은 더욱 커졌고, 이에 시당국은 성 제르베교회 앞에 교수대를 세웠다. 이동희, 119.
65) 윌리스턴 워커, 536-537.

합성된 하나님이 있을 뿐이다. 이런 것이 하나님일 수 없다. 삼위일체론자들은 악마의 세 우상을 예배하고 있는데, 이것은 그리스 신화에 등장하는 케르베로스(Cerberus)처럼 머리가 셋 달린 괴물이다"라고 주장했다. 그는 삼위일체뿐만 아니라 동정녀 탄생, 유아세례, 그리스도의 신성 등을 부인했다. 그는 이러한 저작으로 프랑스에서 체포되어 로마 가톨릭 법정에서 사형 선고를 받고 리용 감옥에서 수감 중 탈옥하여 제네바로 왔다. 그렇지만 그는 결국 1553년 8월 체포되어 유스티니안 법정에서 칼빈과 격렬한 논쟁을 하였다. 소의회에서 삼위일체와 유아세례를 반대했다는 죄목으로 산 채로 화형에 처해질 것을 언도 받았다. 자유파는 칼빈에 대항하는 세르베투스를 지지했지만, 결국 그는 1553년 10월 27일 화형을 당했다. 그의 처형을 놓고 역사와 후대의 사람들은 세르베투스의 화형에 대한 비난과 함께 그 책임을 칼빈에게 돌리고 있다.

그러나 이것은 오해에서 비롯된 것이다. 삼위일체론이나 기독론 이단자들이 화형을 당하는 것은 16세기의 종교적 보편 관행이었다. 그리고 기독교 모든 교파들(중세 로마 가톨릭교회, 루터파, 개혁파, 재세례파 등)은 다른 교파들의 그리스도인들을 처형했는데, 상대적으로 중세 로마 가톨릭이 다른 교파들을 가장 많이 처형했고, 칼빈이 속한 개혁파가 가장 적게 하였다. 또한 세르베투스를 처형할 수 있는 권한이 칼빈에게는 없었고, 제네바 시정부에 있었는데, 제네바는 세르베투스 처형 전에 대표적인 교회들과 스위스의 여러 도시들을 중심으로 여론조사 과정을 거친 유일한 시정부였다. 그리고 여론조사 편지를 받은 교회들과 여러 도시들은 이단자 세르베투스를 화형에 처해 달라는 내용으로 회신했다.[66] 무엇보다 칼빈은 옥중에

---

66) 제네바 시는 세르베투스를 사형 집행하기 이전에 많은 도시들과 교회들에게 세르베투스의 형 집행에 관한 설문조사를 했는데, 설문에 참여한 스위스의 모든 도시들과 교회들은 만장일치로 그를 사형에 처할 것을 동의하면서 회신했다. 대한예수교장로회 총회교육부 편, 268.

있는 그를 방문하여 한시라도 잘못된 교리를 취소하고 살길을 얻으라고 목회 상담적 차원에서 호소했지만, 세르베투스는 모욕하면서 거부했다. 마지막으로 칼빈은 제네바 시정부를 찾아, 만약 세르베투스를 처형해야 할 경우, 고통스런 화형 대신 참수형을 호소했지만, 제네바 시정부는 그의 요청을 거절하였다. 그리고 세르베투스가 1553년 제네바 시정부에 의해 화형 당한지 약 450년 후인 1903년 11월 1일 제네바 동편 아누마스

세르베투스 순교 기념비[67]

지역 섬벨(Champel, Anumas)에 칼빈의 정신을 따르는 사람들과 학자들이 합심하여 비관용의 시대에 행해졌던 종교적인 탄압을 반성하고 세르베투스 처형에 대한 "속죄의 비석"(Tombstone of Fongiveness)을 세우면서 그 비문에 다음과 같은 글을 새겨 넣었다.

> 1511년 9월 29일에 아라곤 주 빌르뉴브에서 출생한, 자유 신앙의 사도요 자유상의 순교자인 마이클 세르베투스는 칼빈에게 고발되어 1553년 10월 27일에 제네바에서 산 채로 화형에 처해졌다.[68]

---

67) 이 순교비의 뒷면에는 다음과 같은 비문이 적혀 있다: "우리의 위대한 개혁가인 칼빈을 충성스럽게 그리고 감사하며 따르고 있는 추종자들은 칼빈 당시에 범했던 실수와 그리고 칼빈이 종교개혁의 참 원리들과 복음에 따라서 행한 일이기는 했지만 양심의 자유에 심각한 상처를 입힌 실수에 대해서 안타까워하면서 이와 같이 화해를 위한 기념비를 세우노라. 1903년 10월 27일." 김승진, 153.

68) Jerome Friedmann, "Michael Servetus: Advocate of Total Heresy," Hans-Juergen Goretz, ed. *Profiles of Radical Reformers* (Kitchener, Ontario: Herald Press, 1982), 247.

위의 사실로부터 칼빈과 제네바 시정부와 칼빈의 후손들은 완전히 무흠한 자들이 아니었지만, 역사적 상황 속에서 합리적인 절차를 밟고, 책임 있는 행동을 하려고 노력한 것에 대해 평가할 수 있다. 칼빈이 1541년에 제네바로 다시 돌아온 이후부터 1555년에 출교권이 확보될 때까지의 14년간 계속된 개혁을 위한 투쟁은 분명히 그의 승리였다. 1555년 2월 선거에서 소의회의 행정관 4명이 모두 칼빈파에서 선출되었고, 200명의 의회도 절대 다수가 친(親) 칼빈파에서 선출되었다. 자유파에 속하여 칼빈 반대운동을 전개했던 페랑과 버틀러, 그리고 그의 추종자들도 세르베투스의 죽음 이후 제네바를 떠났다. 1555년 1월 장로회는 정부 간섭 없이 출교시킬 수 있는 교회 법원의 권리를 영구적으로 승인받았다. 23년 동안 칼빈의 지도력에 따라 제네바는 무질서와 범죄의 도시에서 종교개혁의 모범적인 도시가 되었고, 개혁가들의 지상천국이 되었다. 당시에 종교적인 박해를 받던 사람들은 종교의 자유를 찾아, 혹은 종교개혁의 모본을 본받기 위해 제네바로 모여들었다. 이에 대해 스코틀랜드의 종교개혁자 존 낙스(John Knox)는 다음과 같이 말했다.

> 사도 시대 이래 지구상에 존재했던 그리스도의 가장 완전한 학교이다. 다른 곳에서도 나는 그리스도가 참되게 전파되기를 바란다. 나는 아직도 그처럼 진실하게 개혁된 관례나 종교를 어느 곳에서도 본 적이 결코 없었다.[69]

1559년 제네바 시는 칼빈에게 시민권을 줌으로써 그에게 경의를 표했다. 그런데 칼빈이 비록 제네바에서 종교개혁을 진행했음에도 그의 최대의 관심사는 조국인 프랑스에 있었다. 그리하여 그는 신앙의 자유를 찾아 제네바로 왔던 프랑스의 프로테스탄트들을 훈련시킬 학원을 세웠는데, 이것이

---

69) 토니 레인, 288.

제네바 아카데미였다.[70] 제네바 아카데미는 오늘날 제네바대학의 전신이다. 그는 스트라스부르크에서 보았던 교육 방식으로 아카데미를 세웠는데, 그 해 6월 5일 개교와 동시에 162명이 등록하였고, 테오도르 베자(Theodore Beza, 1519-1605)가 원장으로 선출되었다. 5명의 교수진과 함께 칼빈은 신학을 가르쳤다. 이 학교는 루터파와 구별되는 개혁파 신학교육의 중심지가 되었는데, 이 학교에서 수백 명의 목사들이 프랑스 뿐만 아니라 네덜란드, 잉글랜드, 스코틀랜드, 독일, 이탈리아 등으로 파송되었다.

칼빈의 개혁운동은 생존 시에 이미 큰 영향을 미쳤다. 프랑스의 위그노(Hugnote) 운동이 칼빈의 사상을 받아들여 1552년 파리대회에서 칼빈주의적 신조를 채택했고, 네덜란드에서는 칼빈주의자 브라이(Bray)에 의해 1561년 벨직 신앙고백이 채택되었다. 그리고 스코틀랜드에서는 1560년 제자인 낙스에 의해 장로교 신조가 채택되어 장로교 국가가 되었다. 잉글랜드 교회는 칼빈주의 영향 하에 '39개 신조'를 채택했고, 이것은 청교도 운동의 효시가 되었다. 독일 남부지역은 칼빈주의 일색으로 변하여, 1563년에는 하이델베르크 교리문답이 채택되었다. 스위스에서도 취리히, 바젤, 베른 등이 칼빈주의를 따르게 되었다.

칼빈은 몸이 허약한 사람이었다. 그가 그토록 하나님의 절대주권을 강조한 데에는 그의 병약한 건강상태도 한 몫 했을 것이다. 그는 스스로 하나님의 도우심 없이는 살 수 없는 사람이라고 생각했다. 그는 말 그대로 걸어

---

[70] 제네바 아카데미는 개혁파 종교개혁을 유럽의 전역으로 확산시키는데 결정적인 역할을 했다. 특히 제네바가 프랑스와 국경을 맞대고, 프랑스어를 제2 외국어로 사용했기 때문에 프랑스에서 망명한 프로테스탄트 신자들이 유난히 많았다. 제네바아카데미가 설립되었던 1559년부터 칼빈이 죽은 1564년까지 처음 5년 동안에 339명의 학생이 등록하였는데, 그들 가운데 프랑스에서 온 학생들이 적게는 60%에서 많게는 80% 이상을 차지하였다. 따라서 제네바에서 훈련받은 이들 프랑스 출신의 학생들은 고국으로 돌아가 프랑스 개혁교회를 위해 일했다. 박경수, "프랑스 종교개혁 현장을 찾아(1): 위그노, 그들은 누구인가," 〈기독교사상〉 vol. 694(서울: 대한기독교서회, 2016. 10), 250.

다니는 병동이었다. 실제로 그는 위궤양, 관절염, 천식, 폐병 등으로 고통받으면서도 열정적인 사역을 계속했다. 그는 연 200회의 설교와 200회 강의를 하였고, 성경 각 권의 주석을 썼다. 그는 《기독교 강요》를 계속 재편집했고 20편에 달하는 신학 논문을 발표했다. 그의 저작 전집은 모두 59권에 달한다. 그는 임종이 가까울 무렵 자신을 추종하는 사람들에 의해 성인(聖人)으로, 혹은 자신의 무덤이 성지(聖地)가 될 것을 염려하여 비명 없는 무덤에 묻어 달라는 유언과 함께

"내가 잠잠하고 입을 열지 아니하옴은 주께서 이를 행하신 연고니이다"(시 39:9).

라는 시편의 말씀을 묵상하면서 1564년 5월 27일에 55세의 나이로 하나님의 품으로 돌아갔다.

칼빈의 작별 인사[71]

3. 칼빈의 신학사상

1) 성경론

곤잘레스(Justo L. González)에 의하면, 루터는 성경과 전통이라는 양자 사이의 긴장관계에서 성경의 우위성을 확신했다. 그러나 기독교 인문주의자로서 성경에 접근한 쯔빙글리는 후대의 전통보다 성경이 더 좋은 증언이라는 관점에서, 성경이 전통보다 역사적으로 우선하고 신앙의 기초가 된다고 생각하였다.[72] 그런가 하면 칼빈에게 있어서는 성경이 최고 권위를 지녔다는 것을 말하기 위해, 그는 '오직 성경으로'(*Sola Scriptura*)라는 지극히 기본적인 입장을 취했다. 그는 이 원칙에 근거하여 계시에 있어서 오직 성경만이 실제적이라는 것으로부터 출발했다. 칼빈은 인간의 마음 속에는 본능적으로 하나님에 대한 지식이 존재한다. 그는 무지를 핑계거리로 삼지 못하게 하기 위해 하나님은 친히 자신의 신적 위엄을 어느 정도나마 알 수 있도록 사고력을 모든 사람들 속에 심어 놓으셨다. 그리고 사람의 마음에 새겨져 있는 하나님에 대한 자각은 없어지지 않는다고 하였다.[73] 그렇지만 인간의 무지와 악의로 하나님을 아는 지식이 짓눌리거나 더럽혀졌다.[74]

뿐만 아니라 하나님은 전혀 무지하고 어리석은 사람들조차 무지를 핑계 삼을 수 없도록 만물 속에 자신의 영광의 흔적을 확실하고 분명하게 새

---

71) 조셉 어농, 1831년 작품, 제네바 종교개혁박물관 소장. 병상의 칼빈은 그를 보러 먼 길을 달려온 파렐에게 마지막 이별을 고한다. 파렐은 칼빈보다 20년 이상 연배이지만 그의 역량을 높이 평가하고 진심으로 존경했다. "칼빈의 작별 인사"에 그려진 그의 마지막 모습은 마치 누더기 같이 초췌하기만 하다.

72) Justo L. Gonzal〉z, *A History of Christian Thought*. 3vols. 2nd ed. (Nashville: Abingdon Press, 1987), 3: 72-73.

73) 존 칼빈, 《기독교강요 (상)》 원광연 옮김(고양: 크리스챤다이제스트, 2011), 49-52.

74) Ibid., 53.

겨 놓으셨으며 자신을 분명히 드러내셨다. 그렇지만 인간은 무지와 몽매함에 경솔함과 얄팍함이 합쳐져서 하나님 대신 우상과 환영을 만들어 섬김으로 하나님을 아는 지식을 가로막고 있다.[75] 따라서 사람이 우주의 창조자이신 하나님께로 올바로 이끌림을 받기 위해서는 그보다 더 나은 도움이 필요한데, 이것이 하나님의 말씀이라는 빛인 성경이라는 것이다. 즉, 우주의 창조자이신 하나님을 다른 온갖 거짓 신들과 구별해주는 확실한 증표들을 배우기 위해서는 반드시 성경으로 돌아가야 한다.[76] 칼빈은 이것을 안경에 비유하고 있다.

> 가령 노인이나 눈이 흐린 사람, 혹은 시력이 좋지 못한 사람에게 아무리 훌륭한 책을 내어놓는다 해도 그 사람들은 그것이 좋은 책이라는 것을 인정하면서도 눈이 흐리기 때문에 두 단어도 연달아 읽지 못할 것이다. 그러나 안경의 도움을 받으면 아주 또렷하게 그 책을 읽어 내려갈 수가 있을 것이다. 이와 마찬가지로, 하나님에 관한 갖가지 혼란스런 지식을 우리 마음에 제대로 모아주며, 우리의 우둔함을 몰아내고, 참되신 하나님을 분명하게 보여주는 것이 바로 성경인 것이다.[77]

위의 글과 같이 칼빈은 시력이 나쁜 사람이 책을 읽기 위해서는 안경이 필요한 것처럼 우리가 하나님을 바로 이해하고 알아가기 위해서는 성경이 필요하다는 것이다. 그러므로 하나님의 말씀이야 말로 하나님을 깨닫는데 확실한 수단이다. 무엇보다 참된 신앙이 우리에게 빛을 발하도록 하기 위해서는 성경의 제자가 되지 않고서는 누구도 올바르고 건전한 교리를 조금도 맛볼 수 없다.[78] 그러므로 성경은 우리를 하나님께로 인도하는 안내자

---

75) Ibid., 59-75.
76) Ibid., 79-80.
77) Ibid.
78) Ibid., 82.

요, 교사이다. 그리고 우리가 하나님을 순전하게 바라보기를 전심으로 바란다면 하나님의 말씀에로 나아가야 한다. 그렇지 않고 성경을 떠나게 되면 오류에 빠질 수밖에 없다.[79]

칼빈은 당시에 잘못된 성경관을 주장하는 그룹들을 만났다. 그 중 하나가 로마 가톨릭인데 이들은 교회 권위를 성경의 권위보다 위에 두었다. 이에 대해 칼빈은 교회가 성경을 받아들였기 때문에 교회 권위가 성경에 앞선다는 로마 가톨릭의 주장을 거부하면서, 성경의 권위는 교회가 아니라 하나님께로부터 온 것이라고 했다. 로마 가톨릭은 역사적으로 어떠한 책이 정경에 편입되어야 하는가는 교회 결정에 달려 있었기 때문에 성경의 권위는 전적으로 교회 권위에 좌우된다고 가르쳐왔다. 그리고 이들은 교회 권위를 성경 위에 두었다. 따라서 이들은 교회가 하나님의 말씀을 넘어서 제정하는 것은 무엇이든지 하나님의 말씀으로 인정해야 한다고 주장한다. 그러나 칼빈은 하나님의 영원하고 침범할 수 없는 진리가 사람들의 결정에 따라 성경의 무게를 좌우할 수 있다는 논리를 거부한다. 물론 교회가 성경을 받아들인 것은 맞다. 그렇지만 교회가 성경을 받아들였기 때문에 정경으로써의 권위를 갖는 것이 아니라 성령의 영감으로 기록되었기 때문에 교회가 받아들였을 뿐이다. 그러므로 성경을 기록한 저자가 교회나 사람이 아니라 성령의 내적 증거를 통한 성령이심을 주장했던 것이다.

그리고 무엇보다 사도 바울이 교회가 "사도들과 선지자들의 터 위에 세우심을 입었음"을(엡 2:20) 지적하면서 선지자들과 사도들의 가르침이 교회의 '터' 라면 마땅히 교회가 존재하기 이전에 이미 그 가르침이 권위를 지니고 있었다는 사실을 강조하고 있다. 따라서 하나님께서는 진리를 오직 성경의 기록 속에 보존하사 영구히 기억하기를 기뻐하셨으므로(참조. 요 5:39), 성경을 마치 하나님의 살아 있는 말씀이 직접 들리는 것처럼 여길

---

79) Ibid.

때에야 비로소 신자들이 성경의 완전한 권위를 인정하게 된다고 하였다.[80] 그렇지만 칼빈이 교회 권위 자체를 무시한 것은 아니다. 다만 교회가 성경과 성령의 권위 밑에 있고, 성령의 도구인 교회의 권위는 정당하고, 존중되어야 한다고 주장했다.

또 하나의 그룹은 열광주의자들이었다. 이들은 성경을 버리고 다른 길을 통해서 하나님께 도달할 수 있다고 상상하는 자들이었는데, 칼빈은 이들을 '광란의 상태에 있는 광신자들'이라고 했다. 이들은 성령의 우월성을 매우 과시하면서 성경을 읽는 행위 자체를 거부하였으며, 여전히 성경을 따르는 자들의 단순함을 조롱했다. 그러나 칼빈은 사도 바울이 삼층천까지 이끌렸음에도(고후 12:2) 율법과 선지자들의 가르침으로 교훈 받기를 그치지 않았을 뿐 아니라 탁월한 교사인 디모데에게 성경을 읽는 일에 전념하라고 권면한 사실을 지적하며 다음과 같이 말하고 있다.

> 우리에게 약속된 성령은 전혀 들어보지도 못한 새로운 계시를 만들어 내거나 어떤 새로운 종류의 교의를 조작해 내어서 우리로 하여금 이미 인정된 복음의 교의에서 떠나게 만드는 그런 분이 아니시고, 오히려 복음으로 말미암아 제시되는 바로 그 교의를 우리 마음에 인쳐 주시는 그런 분이신 것이다.[81]

루터와 칼빈의 성경관은 본질적으로는 일치하지만, 강조점과 관점에서 차이가 발견된다. 루터는 '경전 중에 경전'(Kanon im Kanon) 내지, 기독론의 원리가 강하게 작용하여 예수 그리스도를 통해서 성경을 보려고 했으며, 성경 말씀을 성령보다 더 강조했다. 다시 말하면, 루터에게는 복음과 그리스도라는 잣대로 성경을 읽으려고 했다. 이에 반해 칼빈에게는 복

---

80) Ibid., 85-86.
81) Ibid., 109.

음이든지 율법이든지 모두 하나님의 말씀으로서 모든 성경은 동등한 가치를 가진다.[82] 무엇보다 칼빈은 항상 성경 말씀과 성령의 밀접한 상호관계의 균형을 견지하기를 원했다. 그리고 우리가 성경을 읽을 때 무엇보다 성령의 내적 조명이 필수적이라는 사실을 강조하고 있다.

> 의심에 싸이거나 동요하지 않고 또한 지극히 사소한 장애물에 넘어지는 일도 없이 양심을 위하여 최선의 것을 예비해 두기를 바란다면, 성경이 진리라는 확신의 근거를 인간의 추리나 판단, 혹은 이성보다도 더 높은 것에, 즉 성령의 은밀하신 증언에 두어야 할 것이다.[83]

즉, 오직 하나님만이 그의 말씀에 대해서 적절히 증언하실 수 있기 때문에 그 말씀이 사람들의 마음에 받아들여지기 위해서는 먼저 성령의 내적인 증거에 의해서 확증되어야 한다는 것이다. 성령께서 마음에 빛을 조명하여 주시기까지는 언제나 의심의 바다 속에서 이리저리 떠다닐 수밖에 없기 때문에 신자들은 성경을 읽을 때 성령의 조명하심을 위해 기도해야 할 것이다.

2) 삼위일체 하나님

기독교 신학사에서 가장 중요하면서도 수많은 논쟁이 되었던 삼위일체론을 정립하는데 가장 큰 기여를 한 신학자는 칼빈이다. 그의 삼위일체론은 중세 말기와 종교개혁 초기에 일어났던 삼위일체 하나님에 대한 그릇된 사상을 전하는 이단들에 맞서 싸우면서 가장 성경적인 하나님을 이해하는 길을 열어 놓았다.[84] 칼빈은 삼위일체론을 성서주석들 속에서도 언급하

---

82) 대한예수교장로회 총회교육부 편, 277.
83) 존 칼빈, 89.

고 있지만, 《기독교 강요》에서 집중적으로 다루고 있다.

칼빈은 《기독교 강요》 제1권 13장에서 성경은 태초부터 하나님이 한 본질이시며 그 안에 삼위(三位)가 계신다는 사실을 가르치고 있다.[85] 그 하나님은 창조사역과 구속사역을 하시기 전에도 영원 전부터 계셨다. 다시

---

[84] 칼빈이 삼위일체론으로 맞서 싸워야 했던 대표적인 반(反) 삼위일체론자들로는 다음과 같다. 이들은 일반적으로는 지식이 있고 뛰어난 인물들이었지만, 실상은 신학적인 훈련을 전혀 받지 않은 사람들로서, 지극히 '이성적'이요, '논리적'인 이해를 추구하고 있었다.

첫째, 세르베투스: 그는 스페인 출신으로 의학을 공부하다 신학으로 방향을 전환했다. 스페인은 오랫동안 이슬람이 점령하고 있었는데, 그 영향으로 그는 사벨리우스주의를 받아들인 것으로 보인다. 그는 《삼위일체에 대한 오류들에 관하여》(De Trinitatis Erroribus, 1531)와 《삼위일체에 관한 두 권의 대화록》(Dialogorum de Trinitate libri duo, 1532)을 출판했는데, 모두 벨리우스주의적인 양태론적 단일신론을 벗어나지 못했다. 세르베투스와 칼빈과의 관계에 대해서는 앞 부분인 "2. 요한 칼빈의 생애"를 참조하라.

둘째, 죠지오 비안드라타(Giorgio Biandrata, 1516-1585): 삐드몽의 의사로 산부인과와 여성병 전문가였던 그는 삼위일체를 거부한 유니테리언으로서 제네바에서 쫓겨난 후 폴란드 지역에서 세를 형성하였다. 적어도 성육신하신 예수 그리스도는 신성을 갖지 않았다고 생각하는 점에 있어서는 세르베투스의 입장에 충실한 제자였다.

셋째, 그리발디(Matthias Gribaldi, 1506-1564): 당대에 매우 잘 알려진 법학자로 세르베투스의 저술에 신뢰를 더 두는 인물이었다. 그는 삼위일체는 성서에서 발견되지 않는, 헬라인들이 도입한 사색적인 개념이라고 주장하였다. 그는 세르베투스와 같이 그리스도는 종속적인 신이라고 주장하였다.

넷째, 죠반니 파올로 알치아티(Giovanni Paolo Alciati, 1515/20-1573): 그도 역시 칼빈을 삼신론자라고 공박하다가 제네바에서 추방되었다.

칼빈은 이러한 중요한 이단자들 외에도 그리스도의 인성만을 통한 구원을 주장한 스탄카로(Stancaro)의 주장, 이신칭의를 오해하여 그리스도의 의가 우리 안에 내주하여 실질적인 칭의를 주장한 오시안더(Andreas Osiander, 1498-1552) 주장, 제롬 볼섹(Jerome Bolsec, ?-1584)의 예정론 비판 등 여러 이단적인 주장들과 오류들을 적극적으로 비판하면서 종교개혁 세력이 추구해야 할 올바른 신학의 방향을 제시하였다.

[85] 존 칼빈, 144.

말하면, 하나님의 본질은 존재론적으로 사역보다 선행하신다. 그러나 칼빈에 의하면, 우리는 하나님의 본질을 바로 알기 위해서 성경에 계시된 그의 사역으로부터 출발해야 한다. 즉, 하나님의 사역은 인식론적으로 하나님의 본질보다 선행한다는 것이다. 칼빈의 삼위일체론은 반 삼위일체론자들, 특히 세르베투스를 통해서 발전되었지만, 그의 삼위일체론은 본질적으로 그의 초기부터 말기까지 일관성을 유지하고 있다. 칼빈은 삼위일체의 삼위성을 무시하거나 희생시킨 사벨리우스(Sabellius)를 중심한 양태론(樣態論)을 비판할 뿐만 아니라, 삼위일체의 일체성을 무시하거나 희생시킨 아리우스(Arius)를 비롯한 종속론(從屬論)을 비판했다.[86] 칼빈은 《기독교 강요》에서 한 분이신 참 하나님은 실제로, 그리고 본질적으로 삼위일체적이며, 다른 방식으로는 하나님에 대해서 아무것도 올바로 알 수 없다고 하였다.

> 그는 자신을 유일하신 하나님으로 선언하시는 한편, 동시에 분명히 삼위(三位: three persons)로 바라보도록 그렇게 자신을 제시하시는 것이다. 이를 깨닫지 못하면 하나님의 이름만 그저 헛되이 우리 머리에 맴돌 뿐 하나님에 대한 참된 지식은 얻을 수 없다.[87]

특별히 칼빈은 '위'(位, persons)라는 용어는 인간이 만들어낸 것 이외에 아무 것도 아니기 때문에 이 용어 사용을 강하게 비난하는 자들을 향해 "그 음절 하나하나가 성경에 기록되어 있지 않다고 해서 그 용어들을 가리켜 '이질적'이라고 칭한다면, 분명 그것은 성경에 나타나 있는 단어들로 표현되어 있지 않는 모든 성경 해석들을 정죄하는 부당한 법칙을 부과하는 것"[88]이라고 했다. 따라서 비록 성경에 나오지 않는 용어일지라도 이것이

---

86) 대한예수교장로회 총회교육부 편, 278-279.
87) Ibid., 145.
88) Ibid., 147.

성경의 진리를 성실하고 정직하게 전달한다면, 겸손하고 조심스럽게, 그리고 적당한 때에 그 용어를 사용할 수 있다고 주장했다. 무엇보다 칼빈은 고대교회에서 아리우스가 그리스도의 신성을 무너뜨리려고 했을 때 '동일본질'이라는 용어는 성경의 진리를 잘 변호해 주었으며, 사벨리우스가 성부와 성자와 성령의 구별을 없애려고 했을 때 '위격'이라는 용어는 성경의 가르침을 보호하기 위해 꼭 필요한 것이었다고 말하였다.[89]

그럼에도 칼빈은 성경에 명확하게 언급되지 않은 신학적인 용어들의 한계를 인정한다. 그리고 이런 용어들에 집착하려고 하지 않았다. 더구나 자신은 하찮은 단어들을 문제 삼고 격렬하게 싸울 만큼 까다로운 사람이 아니라면서 삼위일체라는 용어를 사용함에 있어서 다음과 같이 자신의 뜻을 밝혔다.

> 사실, 나는 모든 사람들이 성부·성자·성령이 한 하나님이시지만 동시에 성자는 성부가 아니시고, 성령도 성자가 아니시며, 그들이 각기 고유한 특성을 지니신다는 이 믿음에 동의한다면 위의 용어들이 차라리 묻혀지는 것이 좋겠다고 생각한다.[90]

위의 글에서 보듯이 칼빈은 삼위일체와 같은 용어들은 대단히 유용하지만 반드시 고집할 필요가 없는 비본질적인 것이라고 생각했다. 그에게 있어서 정말 중요한 것은 삼위일체와 관련된 용어들이 아니라 그 내용이었

---

89) Ibid., 148; 사실 칼빈은 한 개인이나 한 종교회의에서 결정한 어떤 신경이나 신앙고백이라도 성경을 능가할 수 없기 때문에 특정한 문서에 서명하는 것을 좋아하지 않았다. 칼빈의 이러한 자세 때문에 정적들로부터 아리우스주의자라는 등의 터무니없는 비난을 받았다. 칼빈은 초대교회의 한 개인이나 종교회의가 만든 신앙고백이나 문서가 비신앙적이라고 생각하여 그런 것이 아니라 이러한 행위는 성경 자체의 권위를 짓밟는 것이라고 생각했기 때문이었다.
90) Ibid., 149.

다. 따라서 어떤 용어든지 그것이 성경의 진리를 보다 분명하게 설명해 준다면 그것으로 만족한 것이었다. 그렇지만 교회 역사를 통해 '삼위일체', '동일본질', '위격' 과 같은 용어들만큼 성부, 성자, 성령 하나님을 잘 설명해주는 용어가 없었기 때문에 차용하여 사용한 것이다. 그에게 삼위일체는 성경의 진리였으며, 성경의 하나님을 가장 잘 드러내주는 표현이었다.

칼빈도 삼위일체 하나님을 설명한다는 것은 유한한 인간의 이성으로는 분명히 어려운 것이라는 사실을 인정하고 있다. 그는 이 신비가 너무나 크기 때문에 우리로서는 이를 살핌에 있어서 최고의 공경과 신중함을 기울여야 한다고 했다.[91] 칼빈에게 삼위는 각각이 구별된 하나님이지만 서로가 상호내주의 관계를 통해 하나로 연합되어 있다. 그는 동방 교부들이 강조하던 상호내주(perichoresis)라는 개념을 통해 삼위의 내적 통일성을 확보하였다. 이처럼 서로가 서로에 대해 상호 침투하는 관계를 통해 셋은 하나이다. 따라서 칼빈은 성부는 창조자요, 성자는 구속자요, 성령은 성화를 가져다주는 분이라는 식의 전통적인 신성 분업이론을 거부했다. 오히려 칼빈은 삼위를 개별적으로 나눈 것이 아니라 통전적으로 생각했다.[92] 따라서 그는 나지안주스의 고레고리의 진술을 통해서 삼위일체 하나님을 설명하고 있다.

> 한 분 하나님을 생각하자마자 즉시 삼위의 광채에 싸이게 되고, 삼위를 구별하여 보자마자 곧바로 다시 한 분 하나님으로 되돌아가게 된다.[93]

---

91) Ibid., 169.
92) 박경수, "삼위일체론에 대한 칼뱅의 공헌,"〈장신논단〉24(서울: 장로회신학대학교 기독교사상과 문화연구원, 2005. 12), 151.
93) Gregory of Nazianzus, *On Holy Baptism*, XI, 41; 토랜스에 따르면 칼빈의 삼위일체론은 실제로 동방의 교부들, 즉 아타나시우스, 나지안주스의 그레고리, 알렉산드리아의 키릴루스 등과 더 밀접한 관계를 가지고 있다. 그러나 폴 오웬(Paul Owen)에 따르면 칼빈은 삼위일체에 관한 라틴 서방과 헬라 동방의 차이를 잘 알고

칼빈에 의하면, 하나님의 주요 본질은 '영원성과 자존성'(自存性)이고, 그의 주요 속성은 '사랑과 공의'이다. 칼빈은 하나님의 사랑과 공의를 동전의 양면으로 파악하여 균형을 보여주고 있다. 그에 의하면, 성부, 성자, 성령 각각의 인격(persona=hypostasis=susbstentia)은 하나님의 본질(essentia=substantia)과 함께 다른 인격이 갖고 있지 않고, 다른 인격에 양도할 수 없는 자신의 고유성(proprietas)을 가지고 있다(persona= essentia+ propriietas).[94] 그러므로 '성부'와 '성자'와 '성령' 이라는 단어들 자체가 진정한 구별을 시사하며, 하나님께서 그의 사역들에 따라서 다양하게 불리는 그 명칭이 무익하다고 생각해서는 안 된다. 그러나 분명한 것은 어디까지나 삼위는 경륜적 사역에서의 구별(a distinction)이지 분리(a division)는 아니다.[95]

3) 교회론

칼빈은 《기독교 강요》(1559) 제3권에서 성령론의 틀 속에서 구원론을 다루고, 제4권에는 은혜의 수단으로서 교회와 국가를 다루고 있다. 다시 말하면, 성령의 특별사역의 영역은 선택 또는 예정(구원론과 교회론) 부분이고, 성령의 일반사역 영역은 창조 또는 섭리(국가를 비롯한 우주, 자연, 역사, 인간) 부분이다. 전자 속에서 성령의 특별사역 수단으로서는 말씀(성경), 두 성례전(세례와 성찬) 및 치리를 비롯하여 신자 개인과 직분자들(목사, 장로, 교사, 집사)이 있다. 후자 속에서 성령의 일반 사역의 수단으로서 특별히 국가 속에서 법(자연법, 국가법 등)을 비롯하여 시민 개개인과

있었고, 두 견해가 다를 때에는 서방의 편에 섰다. 그가 '필리오케'(Filioque)를 수용한 것이 그 대표적인 사례일 것이다. 박경수, "삼위일체론에 대한 칼뱅의 공헌," 150.
94) 대한예수교장로회 총회교육부 편, 279.
95) 존 칼빈, 170.

공직자들이 있다. 무엇보다 칼빈은 초기에 로마 가톨릭과의 갈등으로 교회의 영적인 면을 강조하였고, 후기에는 재세례파와의 갈등으로 교회의 제도적 측면을 강조했다.[96] 특히 그는 재세례파로부터 교회의 순수성과 거룩성의 중요성을 깨달았지만 가라지를 배제한 알곡만으로 구성된 순수한 교회에 대한 재세례파의 교회 개념은 거부하고, 알곡과 가라지가 포함된 가시적인 교회에 기초하여 교회의 순수성과 거룩성을 이해하고, 여기에 기초하여 교회의 권징과 치리를 시행했다.

칼빈의 교회론은 어거스틴을 비롯하여 교부 전통으로부터 영향을 받았고, 루터, 특히 부쳐의 영향을 많이 받았다. 그는 부쳐의 사직분론(목사, 교사, 장로, 집사)을 도입하였고, 외콜람파디우스로부터 비롯된 교회의 고유한 치리를 부쳐를 통해서 물려받기도 했다. 그러나 칼빈은 자신의 신학과 마찬가지로 그의 교회론도 성경과의 대화 속에서 전개하고 있다.[97] 칼빈은 교회의 중요성을 누구보다 강조했다. 그리하여《기독교 강요》에서 모든 경건한 자들의 어머니로서의 연합을 유지해야 할 참된 교회의 필요성을 다음과 같이 말하고 있다.

> 그리스도께서 우리의 것이 되시며, 또한 우리가 그의 베푸시는 구원과 영원한 복락에 참여하게 되는 것은 바로 믿음으로 말미암는 것이다. 그러나 우리가 무지하고 게을러서—게다가 기질이 변덕스럽기까지 하여—우리 속에서 믿음을 낳고 키워가고 그 목표에 이를 수 있도록 외부의 도움이 필요하기 때문에 하나님께서는 이러한 도움의 수단들을 더해 주셔서 우리의 연약함을 보살피는 것이다. 그리고 복음을 전하는 역사가 흥왕하도록 하기 위하여 그는 이 보배를 교회 안에 간직하셨다.[98]

---

96) 대한예수교장로회 총회교육부 편, 289-290.
97) 최윤배, "칼빈의 교회론: 교회의 본질을 중심으로,"〈한국기독교신학총론〉 49 (1) (서울: 한국기독교학회, 2007. 01), 94.

위의 글에서 볼 수 있는 것처럼 칼빈은 교회 목적과 기능이 그리스도인의 신앙을 성장시켜 주고, 우리의 연약함을 보살펴 주며, 예수 그리스도의 복음 전파의 역사가 왕성하도록 하기 위함이다. 이런 의미에서 그는 교회를 어머니로 표현했다. 즉, 한 생명이 어머니의 태속에서 잉태되고 태어나 어머니 가슴의 젖으로 양육되며, 보살핌 가운데서 성장하는 것처럼 교회도 그와 같다. 그래서 하나님께서는 자녀들을 교회의 품속으로 모으셔서 유아와 어린아이의 상태에 있는 동안 교회 도움과 사역을 통하여 그들을 가르칠 뿐 아니라, 또한 이들이 장성하여 마침내 믿음의 목표에 도달하기까지 어머니와 같은 보살핌을 통하여 인도하신다는 것이다.[99]

그런데 칼빈이 이해한 어머니로서의 교회상에는 '하나님의 적응'(accomodatio Dei)이라는 사상이 깊이 깔려 있다. 어머니가 아이를 낳아 양육하고, 교육하기 위해서 항상 자신을 아이의 눈높이에 맞춘다. 하나님도 자신의 자녀들을 양육하시고, 교육하시기 위해 사람의 눈높이에 맞추시고 적응시키신다. 하나님은 우리의 무지와 태만과 경솔함과 약점 때문에 교회라는 기관을 주시고, 목사와 교사를 통한 설교와 성례를 통해 복음의 말씀을 전해 주신다. 교회는 그리스도의 복음의 말씀을 맡아서 여러 수단들과 질서들을 통해서 신자들에게 신앙의 양식을 공급한다. 어머니로서의 교회는 특별히 신자들에게 양육과 교육과 훈계와 지도와 보호의 책임이 있다면, 신자들은 하나님의 육아원인 교회, 하나님의 학교인 교회, 하나님의 훈련소인 교회를 떠나지 말고, 하나님께서 마련해주신 어머니로서 교회의 모든 도움의 수단들을 활용해야 한다.[100] 그렇기 때문에 칼빈은 우리가 연약하기 때문에 평생토록 교회라는 학교의 학생들로 있어야 하고 벗어나면 안 된다고 한 것이다. 나아가서 어머니의 품인 교회를 떠나서는 죄 사함이

---

98) 존 칼빈, 《기독교 강요(하)》, 원광연 옮김(고양: 크리스챤다이제스트, 2010), 9.
99) Ibid., 10.
100) 최윤배, 101.

나 구원에 대한 소망을 가질 수 없다고 했다.[101] 즉, 교회 밖에는 구원이 없다는 것이다.[102] 이와 같은 내용에 근거하여 프랑수아 방델은 칼빈에게서 교회의 목적을 다음과 같이 적절하게 요약하였다.

> 교회의 목적은 우리가 하나님의 부르심에 응하기 위한 도구이자, 우리의 성화에 필요한 도움이 되는 것이다. 복음의 전파와 가르치는 사역의 제도는 신앙을 일깨우고, 교회 공동체 구성원들의 집단적인 성화를 증진시키려고 하는 것이다. 칼빈은 이것을 '신앙의 일치'(le consentement de la foi)라고 불렀다. 즉 신앙과 외적 질서 안에서의 완전한 일치이다. 성례의 주요 기능은 신자들의 신앙을 계속 유지시켜 주고, 그들로 하여금 개별적 성화에 이르도록 도와주는 일이다.[103]

한편, 칼빈이 이해한 교회의 목적과 기능은 다양하다. 교회의 가장 기초적인 목적은 구원의 제도로서 목적이지만, 이것을 위해서 교회는 신앙의 성장, 신자 개인과 공동체의 성화, 복음 전파, 교회의 다양한 대외적 책임,

---

101) 존 칼빈, 《기독교 강요(하)》, 14; 어머니로서의 교회상은 칼빈의 독창적인 사상이 아니라 이미 고대 교부들 가운데 키프리아누스(Thascius Caecilius Cyprianus, 200-258)와 어거스틴(Sanctus Aurelius Augustinus, 354-430)에게서도 발견되는 전통적인 교회상이다. 그리고 가깝게는 루터와 쯔빙글리에게서도 찾아볼 수 있다.
102) 칼빈이 교회 밖에는 구원이 없다고 말했을 때 이것은 교회가 그 자체로 구원의 능력을 소유하고 있다는 말이 아니라. 하나님께서 교회를 세우고 말씀과 성례를 통해 구원하는데, 이런 하나님의 구원의 방편에 참여하지 않는 자들에게는 구원이 전달되지 않는다는 것이다. 그렇기 때문에 그는 "하나님의 은밀한 예정에 따라 (어거스틴이 말한 것처럼) 많은 양들이 밖에 있으며 많은 이리들이 안에 있다"고 말했던 것이다. 즉, 교회 자체가 그 자체로 구원의 권한을 가지고 있는 것이 아니라 구원은 하나님의 예정에 근거한 것으로 전적으로 하나님의 권한에 속한 것임을 강조한 것이다. 최윤배, 101-102.
103) Francois Wendel, *Calvin: sources et évolution de sa penée religieuse* (Paris: Presses Universitaires de France, 1950), 22-222.

사회와 정치의 올바른 질서 회복, 창조 질서의 회복 등에 봉사한다. 그리고 교회의 모든 목적은 종말론적으로 하나님 나라의 구현과 직접적으로 관계된다. 이런 의미에서 칼빈은 교회를 하나님 나라의 전조(前兆)로 이해하고 있다. 교회 자체가 하나님 나라는 아니지만, 교회는 하나님의 나라를 지향하고, 하나님 나라와 아주 밀접한 관계 속에 있다. 교회는 하나님 나라를 실현하기 위해 매우 중요한 도구이다. 그러므로 칼빈이 이해한 교회의 최종적인 목적과 기능은 하나님 나라의 실현이다.[104]

특별히 칼빈은 말년에 제네바 아카데미를 세워 후진들을 양성했던 것처럼 교회 교육을 강조했다. 그는 교회라는 학교의 학생들로서의 교회 교육을 통해 장성한 사람으로 자라기를 힘써야 함을 강조하고 있는 것이다. 즉, 하나님께서는 물론 자기 백성들을 한 순간에 완전하게 만드실 수 있지만, 하나님은 신자들이 오직 교회 교육을 통하여 장성한 사람들로 자라나기를 원하신다는 것이다. 이것을 위해 하나님께서는 교회에 목사를 두셨다. 칼빈은 고대의 백성들을 천사들에게 맡기지 않고 땅에서 교사들을 세워 이들로 하여금 천사들의 직분을 수행하도록 한 것처럼 오늘날에도 하나님은 인간적인 수단을 통하여 우리를 가르치시기를 원하신다.[105] 무엇보다 칼빈은 교회에서 목사들을 통해 가르치는 것은 다음과 같은 이중적인 유익이 된다고 했다.

> 한편으로는 우리가 그의 보내신 사역자들의 말을 들으면서 마치 하나님께서 말씀하시는 것처럼 듣는지를 아주 합당한 테스트를 통하여 시험하셔서 우리의 순종을 입증하시며, 또 다른 한편으로는 우리의 연약함을 그런 방식으로 배려하시는 것이기도 하다. 곧 하나님께서는 우리

---

104) Otto Weber, 《칼빈의 교회에 대한 올바른 이해: 교회관》, 김영재 역(서울: 풍만출판사, 1995), 41-42.
105) 존 칼빈, 《기독교 강요(하)》, 14-15.

에게 친히 뇌성을 발하셔서 놀라서 도망하도록 하기보다는 해석자들을 통하여 인간적인 방식으로 우리에게 말씀하셔서 우리를 그에게로 이끄시기를 원하시는 것이다.[106]

그런데 간혹 가시적인 교회 안에서 말씀을 전하는 설교자들을 무시하거나 거부하는 사람들이 있다. 이러한 사람들을 향해 칼빈은 말씀을 가르치도록 부르심을 받은 자들이 미천하기 때문에 그로 인하여 말씀의 권위가 손상된다고 생각하는 사람들은 자기들의 감사할 줄 모르는 마음을 스스로 드러내는 것 이외에 아무것도 아니라고 하였다. 그러므로 하나님의 명령에 따라서 친히 그의 입으로 선포하시는 구원의 도리를 순종으로 받아들이기를 싫어해서는 안 된다고 가르치고 있다.[107]

4) 성찬론

루터로부터 시작된 종교개혁은 16세기 중반으로 들어서면서 신학적으로나 교회적으로, 그리고 정치적으로 종교개혁이 시작되었을 당시보다 훨씬 더 복잡하고 혼란스러웠다. 그 이유 가운데 중요한 요인은 성찬론에 대한 이해에서 비롯되었다. 성찬에 대한 이해는 종교개혁 이후 프로테스탄트 내의 신학적인 중심에 서 있었을 뿐만 아니라 종교 행위에 대한 실천적인 대상으로써 현실 신앙생활에 직접적인 영향을 미치는 문제였다. 이것은 칼빈이 1548년 6월 26일에 불링거에게 보낸 편지 내용에서 여실히 확인할 수 있다.

취리히 교회는 스트라스부르크에 머물며 공부하는 자기 지역의 출신 학생들에게 그들이 출석하는 그곳 교회에서 시행되는 성찬에는 참여하

---

106) Ibid., 16.
107) Ibid., 16-17.

지 못하게 하였다는 것이다.[108]

더구나 1529년 말부르크 담화에서 합의하지 못한 루터와 쯔빙글리와의 성찬론에 대한 갈등은 결과적으로 1555년 9월 28일에 아우크스부르크에서 체결된 로마 가톨릭과 함께 루터파교회는 합법적인 지위를 인정받았지만, 쯔빙글리와 칼빈을 비롯한 다른 프로테스탄트 진영은 인정받지 못했다. 그런데 프로테스탄트가 이처럼 분열되고 있을 때 교회 일치를 위해 노력한 사람이 바로 칼빈이었다. 그는 1541년에 쓴 《성만찬에 관한 소론》(*Kleiner Abendmahlstraktat*)에서 지금까지의 성찬 논쟁과 관련하여 루터와 쯔빙글리 양 진영들에 대한 공통적인 오류를 지적하면서 무엇보다 이들이 서로를 이해하기 위한 입장들을 진지하게 경청하는 인내가 부족했음을 지적했다. 더구나 루터가 1544년 8월에 《성찬에 대한 짧은 신앙고백》(*Kurzes Bekenntnis vom Abendmahl*)을 통하여 쯔빙글리와 외콜람파디우스, 그리고 동역자들에 대한 새로운 비방과 함께 논쟁을 재개했을 때도 칼빈은 화해를 위해 더욱 실천적인 노력이 필요하다는 것을 절감하였다. 그리하여 그는 1544년 11월 25일에 불링거에게 보낸 서신에서 루터를 향한 분노의 자제를 권하면서 특별히 종교개혁과 관련하여 루터의 중대한 역할과 의미에 대해 역설하였다. 칼빈은 1549년에 불링거와의 만남을 통해 성찬의 합의를 이루고, 「일치신조」(*Consensus Tigurinus*)를 통하여 스위스 내의 개혁주의 교회들의 일치를 가져오게 하였다.[109]

---

108) W. Baum, E. Cunitz. und E. Reuss, ed. *Ioannis Calvini opera quae supersunt omnia*, Bd. XIX, Braunschweig 1863-1900, 729.
109) 칼빈의 불링거와의 첫 만남은 1536년 초에 바젤인 것으로 알려져 있다. 이 시기는 칼빈이 도망자 신분으로 바젤에 머물면서 《기독교 강요》 초판을 저술하던 때와 같이 한다. 그리고 칼빈이 제네바에 머물게 된 이후로 1537년 9월 3일에 처음 삼위일체에 대한 신앙고백과 관련하여 칼빈의 주도 아래 제네바 목회자회와 취리히 목회자회 사이에 서신 교환이 이루어졌다. 이에 대한 답변서가 1537년 11월 1

이런 교회 일치를 위한 과정들을 통해 정립된 칼빈의 성찬에 대한 신학이 바로 '영적 임재설'(靈的 臨在說, Spiritual presence)이다. 칼빈의 이 견해는 루터의 '정'(正, thesis)과 쯔빙글리의 '반'(反, antithesis)이 화해되고, 그리하여 '합'(合, ynthesis)에 도달할 수 있다고 희망하였다. 칼빈은 쯔빙글리의 주석적 명료성을, 루터의 종교적 깊이와 내면성과 연관시켰다. 여기에서 '정'은 "성찬에서 육체적 임재에 관하여 그는 전반적으로 수용된 견해를 본래 그대로 남겨두려고 했다"는 루터의 가르침이었다.[110] 그리고 '반'은 "그리스도가 그의 인성으로는 하늘에 받아들여졌고 거기서 세상을 심판하러 내려올 때까지 머물게 된다"는 쯔빙글리의 가르침이었다. 따라서 칼빈은 "비록 빵과 포도주가 표징(signs)이지만 실재가 그것들과 결합되었기 때문에 주께서 성찬에 의해 자신의 몸과 피로 우리에게 주신다"는 합에 도달하려고 했던 것이다.[111]

그러므로 칼빈에 따르면, 우리가 신앙으로 떡을 먹고 포도주를 마실 때 그리스도께서 성령의 은혜와 능력을 통하여 우리를 연결되게 하신다. 그리스도께서는 그의 영이신 성령으로 성찬에 임재하는 것이지 떡과 포도주의 요소들에 현존하는 것이 아니다. 칼빈이 그리스도께서는 육적으로 현

일에 불링거 이름으로 칼빈과 파렐 앞으로 전달되었다. 이것을 계기로 칼빈과 불링거 사이에 문서적 의견 교환은 칼빈이 죽던 해인 1564년까지 계속되었다. 칼빈과 불링거 사이에 오고간 서신들은 총 285통인데, 이들은 신학적이고 정치적인 긴장이 존재했음에도 불구하고 1549년 5월 성찬에 대한 신학적 합의가 이루어진 순간까지 10년이 훨씬 넘는 시간 속에서 다양한 교류들이 있었다는 것은 두 사람 사이의 관계가 결코 가볍지 않았음을 단적으로 보여준다. 박상봉, "요한 칼빈과 하인리히 불링거의 성만찬 일치," 〈한국교회사학회지〉 27집(서울: 한국교회사학회, 2010. 12), 159-163.

110) John Calvin, "Short Treatise on the Lord's Supper," *Tracts Part 2 of Calvin's Selected Works* Vol. 2, 195.
111) 문철영, "교회 일치와 칼빈의 성찬론," 〈교회사학〉 제14권, 제1호(서울: 한국기독교회사학회, 2015), 259-260.

존하시는 것이 아니라 '영적으로' 현존하신다고 할 때, 의미하는 것은 그리스도께서 성령의 능력 가운데 우리 신앙에 현존하신다는 것이다. 칼빈은 그리스도께서 오직 가현적으로나 관념으로서만 현존함을 말하지 않는다. 칼빈은 "성령의 능력 없이 성례전은 단 한 치의 도움도 줄 수 없다"고 주장한다.[112]

칼빈은 태양을 한 가지 실례로서 사용하면서 그리스도가 영향력을 가지고 임재하신다고 주장하였다. 태양은 하늘에 있지만 그 온기와 빛이 땅 위에 임재한다. 이와 같이 성령의 광채도 그리스도의 살과 피의 영적인 교제를 우리에게 전달한다. 로마서 8장 9-10절에 의하면, 그리스도가 우리 안에 거하시는 것은 오직 성령에 의한 것이다. 우리가 실제로 그리스도의 몸을 먹고 그의 피를 마신다는 관념은 불합리하다. 오히려 참된 성찬의 참여자들은 떡과 포도즙에 참여함으로서 영적 자양분을 얻는다. 성령은 그들을 교회의 살아 계신 머리요 영적인 생명력의 근원이신 그리스도의 인격과 밀접한 관계를 맺게 하신다.[113] 그러므로 칼빈은《기독교 강요》제4권 제17장에서 다음과 같이 말한다.

> 주께서는 그의 성령을 통하여 우리에게 이런 은택을 베푸셔서 우리로 하여금 몸과 영혼이 그와 하나 되도록 하시기 때문이다. 그러므로 이러한 연결의 끈은 바로 그리스도의 영이시다. 그로 말미암아 우리가 그리스도와 하나로 연합하는 것이다. 성령께서는 그리스도 자신의 모든 품성과 소유 전체를 우리에게 전달해 주는 통로와도 같으신 것이다.[114]

---

112) 다니엘 L. 밀리오리,《기독교 조직신학개론》, 장경철 옮김(서울: 한국장로교출판사, 2007), 314.
113) 밀라드 J. 에릭슨,《조직신학 개론》, 나용화, 황규일 공역(서울: 기독교문서선교회, 2007), 317.
114) 존 칼빈,《기독교 강요(하)》, 449.

5) 예정론

칼빈 신학의 중심 주제가 무엇인가에 대한 논의는 지금도 계속되지만, 알렉산더 슈바이쳐(Alexander M. Schweitzer)는 칼빈의 사상 가운데 가장 핵심 되는 것이 예정론이며, 이 예정론은 그의 모든 사상을 집약하는 핵심 사상이라고 했다.[115] 모노(Victor Monod)는 "칼빈에게 예정은 출발점이 아니라 도착점이고, 설명의 원리가 아니라 필수적인 전제이다. 선택론은 겸손하고 살아 있는 신앙의 불완전한 지성적 산물"[116]이라고 하였다. 반면에 클루스터(Fred H. Klooster)는 예정론은 "칼빈의 중심 사상이 아님에도 불구하고 이 교리는 그의 모든 신학에 있어서 대단히 중요한 위치를 점하고 있음을 망각해서는 안 된다"[117]고 하였다. 이것은 결국 칼빈의 예정론을 바로 이해하는 것이 그의 사상을 이해하는데 중요한 열쇠가 된다는 것이다.

칼빈의 예정론은 《기독교 강요》 초판(1536)에서부터 나타나는데, 여기에서는 교회론적 맥락에서 사도신경에 나타난 교회에 대한 조항을 해설하며 전개되고 있다. 이어 제네바에서 종교개혁을 하는 중에 출판된 《교리문답서》에서는 독립된 항목으로 발전되고 있다. 칼빈이 스트라스부르크에

---

115) Francois Wendel, *Calvin: The Origins and Development of his Religion Thought*, Philip Mairet tr., (New York: Harper & Row, 1963), 263.
116) Victor Monod, "La Pédestination Calviniste," *Foi et Vie* (1909), 645; 예정론과 이중예정교리는 칼빈에만 국한된 것이 아니라 어거스틴 이후 모든 공통의 주제였음이 명백하다. 그럼에도 불구하고 칼빈이 예정론과 관계하여 가장 부각되는 이유는 무엇일까? 여기에는 여러 원인이 있다. 첫째, 대부분의 고백적 루터 신학자들은 구원을 위한 무조건적 예정을 가르쳤지만 버림받음(유기)에 대한 교리는 부정했다. 둘째, 이 때문에 칼빈주의자들은 지나치게 예정론에 얽매여 있다는 비판을 받고 있다.
117) Fred H. Klooster, 《칼빈의 예정론》, 한국칼빈주의연구원 역(서울: 기독교문화협회, 1986), 268.

서 프랑스 피난민 목회를 하면서 개정한 《기독교 강요》에는 예정에 대한 정의가 완성된 형태로 나타나는데,[118] 무엇보다 1539-1554년 판에서는 예정론 교리가 구원론의 문맥에서 다루어지고 있다. 그는 《기독교 강요》 최종판(1559년) 제3권 21장에서 "영원한 선택: 하나님은 이로써 어떤 이들은 구원에 이르도록, 또 어떤 이들은 멸망에 이르도록 예정하셨다"고 밝히면서 예정론을 선포하고, 이어서 22장에서는 성경적 증거들을 통하여 예정 교리를 확증하고 있다. 그리고 23장에서는 예정론의 교리를 공격해온 거짓된 비방들에 대해 반박한 후, 24장에서는 오히려 예정은 하나님의 부르심을 통해 확증되며, 악인은 그들에게 정해진 공의로운 멸망을 자초한다면서 유기까지 선포하고 있다.

특별히 칼빈은 《기독교 강요》에서 예정론의 필요성과 유익에 관하여 "이 영원한 선택을 알게 되기 전에는 우리는 구원이 하나님의 값없는 긍휼의 우물에서 흘러나온다는 사실을 합당한 만큼 분명하게 납득할 수 없을 것"[119]이라고 하면서 다음과 같이 말하고 있다.

> 그는 아무런 구별이 없이 모든 사람을 다 구원의 소망 가운데로 받아주시는 것이 아니라 어떤 사람들에게는 구원을 베푸시고 어떤 사람들에게는 거부하신다.[120]

---

118) 김종희, "칼빈의 예정론의 역사적 발전과정," 〈교회사학〉 제9권 1호(서울: 한국기독교회사학회, 2010), 250; 칼빈은 성경에서 말하고 있는 예정에 관하여 침묵하고 있는 것에 대해 비난하였다. 그 예로 멜랑히톤에 대한 반박을 들 수 있다. 그는 "예정에 관한 모든 언급은 회피해야 한다고 거의 주장하는 다른 사람들이 있는데, 그들은 암초를 피하듯이 그것에 관한 어떤 질문도 피하라고 우리를 가르친다"면서, "그들은 너무 낮은 수준으로 내려가서 쉽게 억제되지 않는 인간의 지력을 거의 진보시키지 못한다"고 오류를 지적했다.
119) 존 칼빈, 《기독교 강요(중)》, 원광연 옮김(고양: 크리스챤다이제스트, 2012), 510-511.
120) Ibid., 511.

칼빈은 우리의 구원이 순전히 하나님의 자비하심에서 비롯된다는 것을 분명히 하기 위해서는 선택의 과정을 거슬러 올라가 생각해야 한다고 하면서, 예정의 교리가 주는 유익을 다음과 같이 말하고 있다.

> 이 교리 이외에는 우리를 합당한 만큼 겸손하게 만들어 줄 수 있는 것이 아무 것도 없고, 또한 우리가 얼마나 하나님께 은혜를 입고 있는가를 진지하게 느끼도록 해줄 수 있는 것이 아무 것도 없기 때문이다. 그리스도께서 가르치시듯이 든든한 확신을 가질 유일한 근거가 바로 여기에 있다.[121]

위의 내용을 보면 칼빈은 예정론이 주는 세 가지의 유익이 있다고 한다. 첫째, 하나님의 은혜 앞에 우리를 겸손하게 한다. 따라서 이 예정의 교리를 가르치는 것을 거부하는 사람들은 '겸손의 근원'을 뿌리째 뽑아버리는 것과 마찬가지일 것이다. 둘째, 우리가 얼마나 하나님의 은혜를 입고 있는가를 깨닫게 해준다. 그리고 셋째, 구원의 든든한 확신을 가지게 하는 근거가 된다. 그렇기 때문에 이 교리를 숨기는 이들은 곧 기독교인들에게 '든든한 확신'의 기반을 부인하는 것과 마찬가지라는 것이다.

그런데 이와 같은 예정에 대한 칼빈의 가르침은 단순히 학문적인 관심에서 비롯된 것이 아니었다. 그는 목회적 관점에서 자신들의 독자들과 설교를 하거나 상담을 할 사람들의 영적 건강을 돌보는 마음으로 예정에 대해 서술하였다. 특별히 예정에 대한 질문이 생길 때의 단 한 가지 안전한 방법은 말씀을 통해 나타내시려는 "신적 의지의 비밀"에 자신을 맡기는 것이다. 그리고 그에게 있어서 중요한 것은 "나는 선택 받은 자인가?"라는 질문이 아니라 "나는 그리스도가 나를 위해 십자가에서 죽으시고 다시 사신 선한 소식을 믿는가?"였다. 여기서 적용할 수 있는 삼단 논법은 바로

---
121) Ibid.

"오직 선택 받은 자들만 복음을 믿는다. 나는 복음을 믿는다. 고로 나는 선택 받은 자이다"라는 것이다. 그렇지만 확신의 원천은 믿는 죄인들에게 주어진 복음의 약속이다.

그러므로 죄인된 인간에게 커다란 유익을 주는 이 예정론에 대해서 침묵하는 것은 칼빈의 입장에서 보았을 때 매우 위험한 일이 아닐 수 없었다. 따라서 이 예정론은 회중들에게 내놓고 설교해야 한다는 점을 분명히 하고 있다. 오히려 예정론을 반대하는 사람들은 마귀에게 유혹되어 이용당하는 자들이라고 공박한다.[122] 칼빈은 예정론을 옹호하기 위해 많은 성경의 증거들을 제시하고 있는데, 그 중에서도 특히 로마서와 에베소서는 칼빈이 예정론을 주장하는 근간을 이루고 있다.

한편, 칼빈은 선택(選擇, election)과 유기(遺棄, reprobation) 개념으로 예정론을 다음과 같이 설명하고 있다.

> 하나님은 각 사람이 어떻게 될 것인지에 대해서 그가 원하시는 바를 친히 그의 영원한 작정으로 말미암아 결정하셨는데, 우리는 이 하나님의 영원한 작정을 가리켜 예정이라 부르는 것이다. 모든 사람이 다 동등한 조건으로 창조함을 받은 것이 아니다. 오히려 어떤 이들에게는 영원한 생명이 미리 정해져 있고, 또 어떤 이들에게는 영원한 저주가 미리 정해져 있다. 그러므로 누구나 이 두 가지 중 어느 한 방향으로 향하도록 창조함을 받았기 때문에 우리는 사람이 생명에 이르거나 혹은 사망에 이르도록 예정되었다고 말하는 것이다.[123]

위의 글에서 볼 수 있듯이 칼빈은 '선택'과 '유기'라는 이중예정을 주장하면서 선택과 유기를 삼위일체 하나님의 영원불변한 계획과 섭리에 따

---

122) Fred H. Klooster, 272.
123) 존 칼빈, 《기독교 강요(중)》, 517.

른 행위임을 강조하고 있다. 그리고 하나님께서 창세 전에 사람의 운명을 정해놓으셨다고 했을 때 제기되는 질문 가운데 하나인 선택의 근거와 이유에 대해서 단호하게 말하고 있다. 그러므로 인간의 구원을 향한 하나님의 선택은 공로에 대한 예지에 근거하는 것이 아니라 오직 하나님의 주권적인 뜻에 근거한 것이라는 사실이다. 즉, 하나님의 선택은 인간의 공로와는 전혀 관계없는 오직 하나님의 은총의 결과이다. 한 마디로 말해서 하나님의 주권만이 유일한 선택의 근거요 이유가 된다. 그 외에 다른 어떤 근거나 이유도 있을 수 없다. 굳이 하나님의 선택의 근거를 이야기하자면 칼빈은 다음과 같이 말한다.

> 이것은 오직 하나님께서 사람 자체에게서 그들을 복 주실 아무런 이유를 찾지 않으시고 다만 그의 긍휼하심을 근거로 해서만 복을 주신다는 하나님 자신의 분명한 선언인 것이다(참조. 롬 9:16). 그러므로 하나님께 속한 자를 구원하시는 일은 하나님 자신의 일인 것이다.[124]

위의 글에서와 같이 칼빈은 선택으로부터 시작해서 우리의 구원은 전적으로 하나님 자신의 사역임을 분명하게 밝히고 있다. 그런데 하나님의 이와 같은 영원한 선택이 일어나는 것은 오직 그리스도 안에서다. 이런 점에서 칼빈은 우리의 믿음이라는 것도 하나님의 특별하신 사랑의 증표로서 그가 양자로 삼으신 자녀들을 위하여 예비하신 선물임을 강조하고 있다. 아울러 태초에 하나님으로부터 선택된 자녀들을 향한 견인(堅忍, perseverance)은 선택의 변함없는 항구성을 입증하는 것이라고 하였다.

---

124) Ibid., 534-535.

4. 나가는 글

개신교의 토대를 놓았고, 오늘에 이르기까지 개신교 신앙과 신학의 큰 줄기를 이루어왔다고 평가받는 칼빈은 여러 질병에 시달리면서도 부패하고 타락한 로마 가톨릭과 사제들에 대항하여 '오직 성경으로' 돌아가 이 땅에 성경의 참된 진리가 회복되기를 원했다. 그에게 있어서 가장 근원적이고 우선적인 권위의 근거는 성경이었다. 따라서 그가 주장했던 신학들의 규범적인 근원도 언제나 성경이었다. 칼빈에게 목회 현장은 끊임없는 갈등의 현장이었지만, 그는 이곳을 신학함의 자리로 삼았다. 그의 일차적인 관심은 언제나 눈에 보이는 교회로 하여금 교회가 되게 하는데 놓여 있었고, 이것을 위해서 성경을 해석하고, 기꺼이 펜을 들었다.

무엇보다 그는 루터가 주창했던 "믿음으로 의롭다함을 받는다"는 칭의의 개념을 넘어 서서 "그리스도인으로서 어떻게 하나님 앞에 거룩한 삶을 살아서 하나님께 영광을 돌릴 수 있는가?" 하는 성화의 문제를 중요하게 보았다. 이런 점에서 구원 받은 성도가 이 땅에서 어떻게 하나님의 영광을 드러내며 거룩하게 살아가야 할 것인가에 대해서는 무관심한 채 오직 믿기만 하면 구원을 얻는다는 '오직 믿음'만을 강조하는 오늘의 한국교회를 칼빈은 어떻게 바라볼 것인가를 생각해 볼 필요가 있다. 더구나 칼빈의 신학을 '하나님 중심'의 신학이라고 한다. 즉, 모든 영광을 오직 하나님께만 돌리는 신학이다. '오직 하나님께 영광'이라는 그의 모토가 이것을 말하고 있다. 이런 점에서 오늘 한국교회의 강단에서는 하나님의 영광보다는 인간의 행복이 더 강하게 선포되고 있는 것도 다시 한 번 생각할 문제이다.

오늘 현대 교인들은 세속적인 것에 절대 가치를 부여하며, 자신의 모든 것을 투자하고 있다. 교회도 이런 교인들의 요구에 부응하듯 세속주의나 상업주의, 물질주의에 물들어 기복주의 신앙으로 전락하고 있다. 그러므로 한국교회는 기복주의 신앙에서 벗어나 성경 중심으로 돌아가 하나님께 영광 돌리는 신앙으로 거듭나야 할 것이다. 신앙의 궁극적인 목적이 자기 만족과 자기 행복이 된다면 성경이 가르치는 메시지와는 전혀 다른 것이기 때문이다.

무엇보다 21세기 현대는 교회와 성도들이 심각한 정체성 위기를 겪고 있다. 그저 교회가 성장만 할 수 있다면 교회가 끝까지 지키려고 하는 성경에 기초한 전통 교리와 신학을 무시하거나 헌신짝처럼 버리고 있다. 교회 성장이라는 명분 아래 교단의 정체성은 어떠한 의미도 주지 못하고 있다.

그런데 문제는 칼빈의 후예라는 개혁교회와 장로교회 가운데서 이러한 현상들이 더 쉽게 일어나고 있다. 이러한 정체성의 위기는 곧 바로 신앙의 위기로 나타날 것이 분명함에도 정체성을 확립하려는 노력을 하지 않는다. 그러므로 우리는 오늘의 교회와 사회 현실 속에서 칼빈이 지향했던 오직 성경으로 돌아가 신앙의 정체성을 확립하고, 오늘의 교회가 성경으로부터 얼마나 멀어졌는지를 반성하고 거기에서부터 출발해야 할 것이다. 무엇보다 우리는 평생을 하나님 중심의 신앙으로 제네바를 거룩한 도성으로 만들려고 힘썼던 칼빈의 열정을 본받아야 할 것이다.

참고문헌

곤잘레스, 후스토 L. 《종교개혁사》. 서영일. 서울: 도서출판 은성, 1995.
김승진. 《종교개혁가들과 개혁의 현장들》. 서울: 나침반출판사, 2015.
김재성. 《개혁신학의 광맥》. 서울: 이세서원, 2004.
김재한, "부강한 프로이센의 출발점은 개방 천명한 포츠담칙령." 〈중앙선데이〉, 2015. 11. 8, 452호 28면.
김종희. "칼빈의 예정론의 역사적 발전과정." 〈교회사학〉, 제9권 1호. 서울: 한국기독교회사학회, 2010: 249-269.
대한예수교장로회총회교육부 편. 《16세기 종교개혁과 개혁교회의 유산》. 서울: 한국장로교출판사, 2003.
레인, 토니. 《기독교 사상사》. 김응국. 서울: 나침반사, 1987.
리비에르, 다니엘. 《프랑스의 역사》. 최갑수 옮김. 서울: 까치글방, 2013.
문철영. "교회 일치와 칼빈의 성찬론." 〈교회사학〉, 제14권, 제1호. 서울: 한국기독교회사학회, 2015: 255-283.
밀리오리, 다니엘 L. 《기독교 조직신학개론》. 장경철 옮김. 서울: 한국장로교출판사, 2007.
박경수. "삼위일체론에 대한 칼뱅의 공헌." 〈장신논단〉, 24. 서울: 장로회신학대학교 기독교사상과 문화연구원, 2005. 12: 139-166.
박경수. "프랑스 종교개혁 현장을 찾아(1): 위그노, 그들은 누구인가." 〈기독교사상〉, vol. 694. 서울: 대한기독교서회, 2016. 10: 248-263.
박경수. "프랑스 중교개혁의 현장을 찾아(3): 성 바르톨로뮤 축일의 학살." 〈기독교사상〉, vol. 696. 서울: 대한기독교서회, 2016. 12: 241-258.
박상봉. "요한 칼빈과 하인리히 불링거의 성만찬 일치." 〈한국교회사학회지〉, 27집. 서울: 한국교회사학회, 2010. 12: 155-197.
손두환. 《종교개혁사》. 서울: 도서출판 씨토스, 1999.
에릭슨, 밀라드 J. 《조직신학 개론》. 나용화, 황규일 공역. 서울: 기독교문서선교회, 2007.

오덕교. 《종교개혁사》. 수원: 합동신학대학원 출판부, 1998.

워커, 윌리스턴. 《기독교회사》. 경기도: 크리스챤다이제스트, 2004.

이동희. 《꺼지지 않는 불, 종교개혁가들》. 서울: 넥서스, 2015.

이오갑. "갈빈 500년: 역사 속의 칼빈과 그의 현재성." 〈신학사상〉, 145 (2009): 65-95.

이정동. 《축적의 길》. 서울: ㈜지식 노마드, 2017.

칼빈, 존. 《기독교강요 (상)》. 원광연 옮김. 고양: 크리스챤다이제스트, 2011.

칼빈, 존. 《기독교 강요(중)》. 원광연 옮김. 고양: 크리스챤다이제스트, 2012.

칼빈, 존. 《기독교 강요(하)》. 원광연 옮김. 고양: 크리스챤다이제스트, 2010.

칼빈, 존. 《기독교 강요》. 문병호 옮김. 서울: 생명의 말씀사, 2012.

켈러, 팀. 《팀 켈러의 설교》. 채경락 역. 서울: 두란노, 2016.

최윤배. "칼빈의 교회론: 교회의 본질을 중심으로." 〈한국기독교신학총론〉, 49 (1). 서울: 한국기독교학회, 2007. 01: 93-122.

Baum, W. E. Cunitz. und E. Reuss. ed. *Ioannis Calvini opera quae supersunt omnia*. Bd. XIX, Braunschweig 1863-1900.

Calvin, John. "Short Treatise on the Lord's Supper." Tracts Part 2. of Calvin's Selected Works vol. 2.

Friedmann, Jerome. "Michael Servetus: Advocate of Total Heresy." Hans-Juergen Goretz, ed. *Profiles of Radical Reformers*. Kitchener, Ontario: Herald Press, 1982.

Gonzaléz, Justo L. *A History of Christian Thought*. 3vols. 2nd ed. Nashville: Abingdon Press, 1987.

Klooster, Fred H. 《칼빈의 예정론》. 한국칼빈주의연구원 역. 서울: 기독교문화협회, 1986.

Monod, Victor. "La Pédestination Calviniste." *Foi et Vie*. 1909.

Park, Kyung-Soo. 《교회의 신학자 칼뱅》. *Kyohoieui Sinhakja Kalbaing. Calvin*

A Theologian for Church.

Praxi. *A Feasibility Study: Employing the Skills and Experience of Refugees in the International Development Sector.* London: Praxis Community Projects, 2002.

Scoville. W. C. "Minority Migrations and the Diffusion of Technology," *The Journal of Economic History,* vol. 11, No. 4(1951). 347-360.

Spitz, Lewis W. *The Reformation: Basic Interpretations.* Lexington, MA: D. C. Heath and Company, 1972.

Weber, Otto. 《칼빈의 교회에 대한 올바른 이해: 교회관》. 김영재 역. 서울: 풍만 출판사, 1995.

Wendel, Francois. *Calvin: sources et évolution de sa penée religieuse.* Paris: Presses Universitaires de France, 1950.

Wendel, Francois. *Calvin: The Origins and Development of his Religion Thought.* Philip Mairet tr., New York: Harper & Row, 1963.

존 낙스

제7장
진리를 외친 하나님의 나팔수, 존 낙스

잉글랜드 북쪽에 자리 잡고 있던 스코틀랜드는 가난한 국가였다. 거기에다 16세기의 스코틀랜드 여론은 분열되어 있었으며, 프로테스탄트에 대한 박해로 많은 이들이 대륙으로 망명하지 않을 수 없었다. 따라서 스코틀랜드인들은 종교개혁을 통하여 프랑스뿐만 아니라, 잉글랜드에게서도 독립하려는 열망을 가지고 있었다. 이러한 시대적 상황에서 예수 그리스도의 나팔수가 되어 조국의 독립과 종교개혁을 부르짖은 사람이 존 낙스((John Knox, 1514-1572)이다. 그는 16세기 스코틀랜드에서 로마 가톨릭교회의 종교 탄압과 절대왕정의 전제정치로 힘들고 고단한 삶을 살아가는 백성들의 모습을 보며 고뇌하는 가운데 이들에 맞서 저항함으로 자신의 개혁을 전개하였다.

낙스는 스코틀랜드의 정치와 종교 자유를 위해 투쟁한 정치가이며, 개혁자요, 신학자이기도 하다. 그리고 그는 스코틀랜드뿐만 아니라 유럽의 종교적, 정치적 자유를 성취하는데 기여한 프로테스탄트 종교개혁가로 평가받고 있다. 따라서 이 장에서는 장로교회 설립자로서 존 칼빈의 영향을 받아 조국에 칼빈주의 신학을 실현하려고 한 낙스에 대해 살펴보자.

1. 존 낙스 당시의 스코틀랜드 상황

16세기 스코틀랜드는 정치, 경제, 사회, 그리고 종교적으로 어려운 상황에 직면해 있었다. 대부분의 토지들은 소수 귀족들이 점유했고, 사회는 혼란이 거듭되었다. 그런가 하면, 정치가들의 윤리적인 타락과 불신, 반역과 살상으로 불안했던 시기였다. 더구나 사제들의 비윤리적이며, 비도덕적인 성적 타락과 부패는 이러한 시대적인 여건과 편승하여 백성들은 식상해 있었고, 무엇인가 새로운 삶을 갈망하고 있었다.

> **낙스 당시의 스코틀랜드 상황**
> ① 대륙으로부터 종교개혁가들의 사상과 저서가 보급됨
> ② 가난한 후진국가로 귀족들의 세력이 강함
> ③ 프랑스와 잉글랜드 사이에서 로마 가톨릭과 프로테스탄트의 대립

이와 같은 어려운 상황에서 스코틀랜드에도 종교개혁의 바람이 불어오고 있었다. 15세기 초에 존 위클리프를 추종하는 '롤라드들'[1]이 필사로 번역된 영어성경을 들고 스코틀랜드에서 복음을 증거하였고, 16세기 종교개혁기에는 윌리엄 틴데일(William Tyndale, 1494-1536)이 번역한 영어성경이 유포되어 지식인들 사이에서 읽혀지고 있었다. 뿐만 아니라 대륙으로 유학 갔던 많은 사람들이 귀국하면서 종교개혁가들의 사상과 저서들을 가지고 돌아와 무능하고 부패한 교회를 향해 개혁의 목소리를 내기 시작했다.[2] 루터의 책들은 특별히 스코틀랜드 동부 해안에서 애독되었으며, 소수

---

1) 롤라드에 관하여는 "제2장 종교개혁의 샛별, 존 위클리프"의 각주 30)을 참고하라.

는 루터의 사상을 받아들였다. 그러자 스코틀랜드 의회는 이러한 서적들을 금지하였으며, 프로테스탄트의 가르침을 전파하는 자들을 처벌하였다. 이들 가운데 비텐베르크를 방문하고 마르부르크에서 공부한 제임스 2세(1430-1460)의 증손자 패트릭 해밀턴(Patrick Hamilton, 1504-1528)은 루터 교리를 설교하다가 "루터와 사악한 이단의 가르침을 퍼뜨렸다"는 죄목으로 1528년 2월 29일 화형당했다. 그러나 해밀턴의 죽음에 국민들은 큰 감동을 받았다. 그의 순교로 개혁운동은 서서히 확대되어 갔으며, 이후에도 처형되는 희생자는 계속되었는데,[3] 1530년대에는 10여 명의 프로테스탄트 신자들이 화형당했다.

그런데 16세기가 밝았을 때 스코틀랜드는 봉건사회에다 왕권은 약했고, 귀족들의 세력이 드세었다. 즉, 당시 교회는 국토의 절반 가량을 소유하고 있었으나 교회의 많은 재산은 힘 있는 귀족들의 수중에 있었다. 그렇지만 당시 주교를 비롯한 고위 사제들이 아비뇽에서 임명된 프랑스 출신들이 많았기 때문에 국왕은 이들의 힘을 빌려 귀족들을 제압하려고 하였다. 특별히 15세기 스코틀랜드의 학문적 상황은 세인트 앤드루스(St. Andrews), 글래스고(Glasgow), 애버딘대학(Aberdeen)이 세워졌지만 대륙의 학문 중심지에는 비교되지 못하였다. 수도원은 쇠퇴하고 있었고, 주교의 일부 위임된 권한만을 행사할 수 있는 무식하고 가난한 주교 대리 아래에 있었던 교회는 일반인들로부터 조롱과 무시를 받고 있었다. 따라서 1560년 스코틀랜드에서 종교개혁이 확립되었을 때 첫째 관심은 교회 정치를 완전히 뜯어 고치는 것이었는데, 이들에게 신학과 예배 의식의 문제는 이차적인 관심사였다.[4]

그런가 하면, 16세기의 여론은 양분되어 있었다. 일부는 계속 전통적

---

2) 김승진, 《종교개혁가들과 개혁의 현장들》(서울: 나침반출판사, 2015), 167.
3) 후스토 L. 곤잘레스, 《종교개혁사》, 서영일 (서울: 도서출판사 은성, 1995), 132.
4) 윌리스턴 워커, 《기독교회사》(고양: 크리스챤다이제스트, 2004), 555.

정책을 고수하였는데 반해, 다른 이들은 변화하는 상황 가운데 잉글랜드와 밀접한 선린관계를 맺는 것이 국가를 위한 최선의 방책이라고 주장하기 시작했다.[5] 그렇지만 이 기간 동안 스코틀랜드인들에게는 세 차례에 걸친 잉글랜드와의 전투에서 패배했기 때문에 지배, 혹은 병합에 대한 공포가 자리 잡고 있었다. 이것은 곧 잉글랜드에 대한 적대감을 강화시켰고, 프랑스와 친선관계를 맺게 하였다. 무엇보다 1542년에 스코틀랜드는 솔웨이 모스에서 잉글랜드와 치열한 전투를 벌였지만 패배하였는데, 이 패배의 충격을 받은 제임스 5세는 병사하였다.

이 때 헨리 8세(1491-1547)는 에드워드 6세를 태어난 지 6일 밖에 되지 않은 제임스 5세의 딸 메리(Mary I, 1542-1587)와 결혼시켜 동맹을 맺으려고 하였다. 그러나 이러한 헨리 8세의 행동은 스코틀랜드인들의 경계심을 부추겼으며, 독립과 자유에 대한 저들의 특유한 열정을 자극하는 결과를 가져왔다. 스코틀랜드인들이 어린 메리 여왕에 대한 혼인 제의를 질색한 것은 헨리 8세가 앙심을 품고 지나치게 격렬한 방법으로 전쟁을 지휘했기 때문이었다. 더구나 당시는 스코틀랜드 백성들이 품었던 프랑스에 대한 우호적인 감정과 잉글랜드에 대한 적대적 감정의 강도가 역사상 그 어느 때보다도 격렬한 시기였다.[6] 무엇보다 스코틀랜드에서 친 프랑스파가 득세하면서 헨리의 꿈은 깨어졌다. 이들 친 프랑스파 가운데는 메리 여왕의 어머니 마리 드 기즈(Marie de Guise)와 데이비드 비톤(1494-1546) 추기경이 있었다. 이 상황에서는 잉글랜드가 스코틀랜드를 정복할 수 없다는 것이 여실히 드러났다. 더욱이 스코틀랜드와 프랑스의 동맹은 큰 위협이 되었는데, 잉글랜드가 교황과 단교하면서 더 심각해졌다. 따라서 잉글랜드와 프랑스는 스코틀랜드를 자기 세력으로 확장하기 위해 혈안이 되었다.

---

5) 후스토, L. 곤잘레스, 131-132.
6) 월터 스콧,《스코틀랜드 역사이야기 2》, 이수잔(고양: 크리스챤다이제스트, 2015), 11-18.

이때부터는 비톤 추기경이 스코틀랜드 국사를 대부분 관장하게 되었는데, 그는 유능하였지만 매정하고 잔혹하였다. 비톤 추기경은 섭정회의를 주도하던 애런 백작(Earl of Arran)을 설득하여 프로테스탄트 교리를 버리고 로마 가톨릭과 화해하게 만들었으며, 이단들—프로테스탄트들을 이때까지도 그렇게 불렀다—을 박해하는 일에 동의하도록 설득했다. 그리고 프로테스탄트에 대한 무자비한 박해가 이어졌는데, 그 중에서도 대중들을 가장 뜨겁게 선동한 사건은 조지 위샤르트(George Wishart, 1513-1546)에 대한 처형이었다. 위샤르트는 캠브리지대학교의 코퍼스 크리스티 대학에서 공부하고 가르치다가 1543년에 스코틀랜드로 돌아와 몬트로즈(Montrose)에서 희랍어 성경을 가르쳤다. 그는 설교를 통해서 교황제도가 성경적이지 않다는 것을 비판했고, 여러 도시들에서 자행되는 사제들의 비행을 고발하였다. 비톤 추기경의 명령에 따라 1546년 1월 에든버러에서 체포된 그는 세인트 앤드루스 성으로 이송되었다. 그리고 비톤의 심문에 이단자로 정죄되어, 1546년 3월 1일, 33살의 나이로 성 앞에서 화형당했다. 비톤은 공포감을 조성하기 위해 가능한 한 연기가 가장 멀리 퍼져나갈 지점을 화형장터로 결정하였다. 위샤르트의 몸은 뻣뻣한 아마포로 둘러싸였고, 불을 빨리 지피기 위해 팔다리에 서너 개의 화약 주머니를 달아 놓았다. 고통스러운 죽음을 기다리던 위샤르트는 성벽에 앉아 이 끔찍한 장면을 쳐다보는 추기경을 뚫어져라 주시하면서 호송하던 지휘관에게 다음과 같은 말을 했다.

> 성벽에 의기양양한 자세로 앉아 있는 저기 저 사람에게 하나님의 용서가 임하기를 바라오. 며칠 안에 저자는 지금의 당당함에 버금가는 엄청난 수치를 당하면서 저곳에 눕게 될 것이오.[7]

장작더미에 불을 붙이자 화약이 폭발하면서 불길이 타올라 위샤르트

---

7) Ibid., 20.

화형 당하는 조지 위샤르트

는 순교를 당했다. 그러나 존경받던 위샤르트의 처형 사건으로 비톤에 대한 반감이 극도로 고조되었다. 결국 1546년 5월 29일 당시 악명 높은 박해자이며 친프랑스적인 정치 활동으로 증오의 표적이 된 그는 세인트 앤드루스 성곽에서 로테스 두 형제인 노만과 존 레슬리, 윌리엄 키르콜디, 제임스 멜빌 등에 의해 절반은 위샤르트의 죽음에 대한 보복으로, 그리고 절반은 친프랑스 정책에 대한 반발로 잔인하게 살해되었다. 비톤을 살해한 이들은 세인트 앤드루스 성을 점령하고 동지들을 규합하였다. 그리하여 왕국 내의 프로테스탄트 신도들은 세인트 앤드루스를 신앙의 본거지로 생각하게 되었다. 그리고 이 시점에서 존 낙스가 역사의 무대에 등장하였다.

2. 존 낙스의 생애

존 낙스[8]는 농부인 아버지 윌리엄 낙스의 아들로 기퍼드(Gifford)[9]에

---

[8] 마틴 루터가 독일 종교개혁의 중심 인물인 것처럼 스코틀랜드의 종교개혁은 존 낙스를 중심으로 전개되었다. 천재성이나 아이디어에 있어서는 루터와 칼빈에 뒤진다 하여도 담대함, 행동력, 순결하고 단순한 성격은 전혀 손색이 없었다. 그의 설교는 기백에 넘쳤고, 행동은 단호하였다. 그는 하나님을 두려워했으며 인간을 두려워하지 않았다. 그는 예언자적 기질로 넘쳤으며, 엘리야가 이세벨에게 대하듯 메리 여왕을 공격하였다.

서 1513년과 1515년 사이에 출생하였다.[10] 싱클레어(Sinclair) 가 출신이었던 어머니는 낙스가 갓난 아기였을 때에 세상을 떠났다.[11] 낙스는 하딩톤 지역에 영지가 있었던 보스웰(Bothwell) 백작과 만난 자리에서 자신의 조상들과 아버지는 백작의 선조들을 대대로 섬겼으며 어떤 조상은 보스웰 가문의 군기 아래 싸우다 죽었다고 말했다. 실제로 낙스의 아버지도 1517년, 제임스 4세가 잉글랜드 군에게 대패한 '플로든 전투'에서 전사한 것으로 추정된다.[12] 낙스의 동생인 윌리엄은 잉글랜드와의 교역을 하면서 성공한

---

9) 낙스가 태어난 곳에 대해서는 두 가지 의견이 존재한다. 하나는 하딩톤 마을 안에 있는 기퍼드 게이트에서 태어났다고 한다. 베자는 《아이콘스》(Icones)에서 낙스가 스코틀랜드의 이스트 로티안(East Lothian)의 하딩톤에서 멀리 떨어지지 않은 기퍼드 출신인 것으로 기록하고 있다. 그런데 낙스는 제네바에 거주할 때 스스로를 가리켜 하딩톤 출신이라고 했다. H. Cowan, "When was John Knox Born?" Records of the Scottish Church History Society, I (1926), 248-250; 다른 하나는 오랫동안 지지 받았던 것으로 이스트 로티안 주의 하딩톤 마을에서 그리 멀지 않은 기퍼드 마을에서 태어났다고 한다. 데이비드 캠벨,《존 낙스와 떠나는 여행》, 이용중 옮김(서울: 부흥과개혁사, 2006), 11.
10) 존 낙스의 생애에 있어서 그가 언제 태어났는지에 대해서는 정확하게 알 수 없다. 낙스의 출생 연대는 1905년에 그의 출생 400주년 기념식을 행할 때까지는 John Spottiswoode의 History of Church of Scotland를 근거로 1505년이라고 보았다. 그러나 데오도르 베자(Theodore Beza, 1519-1605) 및 기타 다른 이들이 언급한 바에 의하면 1513년에서 1515년 사이에 태어난 것으로 보인다. H. Cowan, 221; 김승진은 우드브리지(John D. Woodbridge)의 글을 빌려 낙스가 1513년에서 1514년에 하딩톤에서 태어났다고 밝히고 있다. 김승진, 174: John D. Woodbridge, ed., Great Leaders of the Christian Church (Chicago: Moody Press, 1988), 248-250; 윌리스턴 워커는 낙스가 태어난 시기를 더 넓게 잡아서 1505년과 1515년 사이 하딩톤 혹은 그 근처에서 태어났다고 기록하면서 그의 어린 시절을 분명하지 않다고 했다. 윌리스턴 워커, 556; 마틴 로이드 존스는 낙스가 1514년에 하딩톤에서 태어났다고 했다. 마틴 로이드 존스, 이안 머리, 《존 낙스와 종교개혁》, 조계광 옮김(서울: 지평서원, 2011), 10.
11) Thomas Thomson, "Where was knox born?," Proceedings of the Society of Antiquiries of Scotland, vol. III (Edinburgh, 1862), 67.
12) 데이비드 캠벨, 12.

에딘버러 대학교에 세워진 낙스 동상[14]

것으로 보인다.[13] 낙스가 구체적으로 어떤 교육을 받았는지에 대해서는 전혀 알 수 없지만, 하딩톤에 있는 지방학교에서 공부했을 것이다.[15]

그리고 그는 하딩톤에서 세인트 앤드루스대학[16]으로 진학한 것으로 보이는데, 이곳에는 낙스의 고향 출신의 신학자로 유럽 전역에서 명성을 떨치고 있었던 존 메이저(John Major, 1479-1550)가 있었다. 그러나 세인트 앤드루스 졸업생 명단에는 낙스의 이름이 보이지 않는데, 이것은 졸업 기록이 사라진 것으로 보

---

13) 최선, 《존 낙스의 정치사상》(서울: 도서출판 그리심, 2008), 44.
14) 에든버러대학교의 뉴 칼리지 안에 위치한 낙스의 상은 1514년 설을 따르고 있고, '왼손'에 성경을 든 채 '오른손'을 높이 들고 설교하는 모습을 하고 있다. 반대로 그가 담임목사로 섬기던 로얄 마일(Royal Mile)의 세인트 자일즈교회(St. Giles Cathedral) 안에는 '오른손'에 성경을 가지고 '왼손'을 들며 설교하는 모습을 그리고 있다. 동상 하단부에는 다음과 같은 글이 적혀 있다: "존 낙스가 조국에 가져다 준 혜택을 기억하는 스코틀랜드인들이. 1896년에 세움"; 그런데 종교개혁자들의 동상을 보게 되면 그들은 한결같이 손에는 자신들의 성경책을 들고 있고, 제네바 식의 옷을 입고 있다.
15) 스탠포드 리이드, 《존 낙스의 생애와 사상》, 박영호, 서영일 옮김(서울: 기독교문서선교회, 2016), 51; 존 메이저는 세인트 앤드루스 대학에 중요한 영향을 준 인물이다. 그가 파리에서 돌아올 당시에는 이미 냉철한 지성인이요, 정력적인 문필가로서 몽떼귀대학에서 이름을 날리고 있었다. 또한 종교회의에 의해 주도되는 교회정치제도의 마지막 주창자로서, 신약 주석가로서의 그의 입장에서 볼 때에 당시 교회 내의 상태를 호의적으로 평가하기란 불가능했다. 당시 사제들의 교훈과 생활을 신랄하게 공격했던 윌리엄 아르스를 옹호한 메이저의 입장을 기록했던 낙스의 기록을 살펴보면 이 사실을 알 수 있다. 결과적으로 메이저 당시의 세인트 앤드루

인다.[17] 분명한 것은 낙스가 라틴어를 훌륭하게 구사하였고, 헬라어와 히브리어를 알았을 뿐만 아니라 초대 교부들의 글에도 익숙했다. 이것으로 보아 낙스는 훌륭한 대학교육을 받은 것으로 보인다.

낙스가 사제 서품을 받았는지에 대해서도 알 수 없지만 사제로 처음 언급되는 1540년 이전일 것으로 추정된다.[18] 그리고 낙스는 교황 공증인(일종의 법률가)이라는 요직에서 일한 것으로 보아 법률 문서들을 공증할 수 있는 자격을 가지고 있었다. 1543년 3월 27일자의 법률 문서에서 자신을 "세인트 앤드루스 교구의 성찬 사제 겸 교황 공증인 존 낙스"라고 표현했다.[19] 뿐만 아니라 1540-1543년에 사무엘 스톤가의 커어(Ker)를 위해 법률관계 업무를 담당했으며, 동시에 윌리엄 브라운필드의 가정 교사직도 맡았다. 또한 사무엘 스톤은 로티안의 중심부에 자리 잡고 있어서 오르미 스톤의 존 콕크번과 롱니드리의 더글라스 등의 영지와 멀지 않은 것을 생각하면 당시 두 지방 영주의 자녀들을 가르쳤을 가능성도 있다. 이것으로 볼 때 그는 안정되고 편안한 생활을 누리고 있었을 것이다.[20]

스의 분위기는 젊은이들로 그때의 기성교회, 기성 정치 조직들을 매우 비판적으로 볼 수밖에 없도록 만드는 것이었다고 할 수 있다. Ibid., 52.
16) 김승진은 《종교개혁가들과 개혁의 현장들》에서 낙스가 글래스고대학교(Glasgow)에서도 공부했다고 기록하고 있다. 김승진, 174; 그런데 1522년에 등록한 학생들 가운데 "John Knox"라는 이름이 있지만 그의 출생 연도를 1514년으로 잡았을 때 8세 밖에 되지 않기 때문에 이 주장은 가능성이 별로 없는 것 같다.
17) 데이비드 캠벨, 12-13.
18) 마틴 로이드 존스는 낙스가 1536년에 세인트 앤드루스 대학을 졸업하고 사제 서품을 받았다고 말하고 있다. 마틴 로이드 존스, 이안 머리, 10; 낙스가 1540년에 "존 낙스 경"(Sir John Knox)으로 불리는 교황 휘하의 공증인으로서 등장하는 것을 보면 그때까지는 이미 그가 학업을 마친 것이 분명한 것으로 보인다. 어떤 이들은 경(Sir)이라는 호칭을 보고 그가 빠르면 1536년경에 이미 사제로서의 서품을 받지 않았겠는가 하고 짐작하기도 한다. 스탠포드 리이드, 55-56.
19) 데이비드 캠벨, 13.
20) 스탠포드 리이드, 56.

그러나 이러한 유복한 시절은 계속되지 못했다. 낙스가 공중한 서류들 가운데 후기인 1543년 3월 27일자를 보면 "그리스도를 통한 신실한 증인, 그리스도에게 영광을 돌릴지어다"라는 구절이 나타나는데, 그가 프로테스탄트로 개종했을지 모른다는 것을 시사해주고 있기 때문이다. 그러나 1543년경 낙스가 거주하고 있던 로티안 지방이 교회 내에서 급격한 개혁을 추구하는 온상이 되었지만, 그가 이미 프로테스탄트였는지, 혹은 변신하는 과정에 있었는지에 대해서는 단언할 수 없다.[21]

1543년 낙스는 공증인을 그만 두고 롱니드리 출신인 휴 더글라스의 두 아들 프란시스와 조오지, 그리고 존 콕크번의 아들인 알렉산더 등을 가르치기 위해 사무엘 스톤가를 떠나 라이스에서 하딩톤 사이의 해안도로에 있는 롱니드리에 자리 잡았다. 이곳에서 그는 친영 프로테스탄트파들과 함께 할 수 있었다.[22] 즉, 더글라스와 콕크번은 로마 가톨릭이 억압하려고 했던 프로테스탄트들로서 잉글랜드와 긴밀한 관계를 맺고 있었기 때문이다. 그렇기 때문에 낙스가 이들과 함께 살면서 아이들을 가르치기로 한 결정은 그도 개혁 신앙을 받아들인 것을 보여주는 일이라고 할 것이다.[23]

한편, 다수의 종교개혁자들과 같이 낙스도 자신의 영적 체험과 회심에 대해서는 기록을 남기지 않았다. 어쩌면 오랜 시간을 매우 점진적으로 진행된 것인지도 모른다. 그가 세인트 앤드루스대학에서 보냈던 시간들이 이러한 결정을 내리는데 큰 도움을 주었다는 것은 틀림없는 일이다. 이곳에서 알렉산더 세튼(Alexander Seton)의 설교와 존 메이저의 가르침 등에 대한 낙스의 기록을 보면 이들의 말을 주의 깊게 들었을 뿐 아니라 내심 동조하고 있었음을 알 수 있다. 그런가 하면, 칼더우드는 낙스가 도미니크파 수도사 출신으로 프로테스탄트로 회심한 토마스 길리암(Thomas Gwilliam)

---

21) Ibid., 57.
22) Ibid., 65.
23) 데이비드 캠벨, 13.

위샤르트를 경호하는 낙스[24]

으로부터 "최초로 진리의 말씀을 맛보았을 것"이라고 주장하고 있다.[25] 그런데 낙스의 시종 리차드 반나타인의 증언에 의하면, 낙스가 임종할 때 부인에게 요한복음 17장을 읽어달라고 부탁을 했다. "내가 처음 내 신앙의 닻을 내린 말씀이 바로 이 말씀이오."[26] 여기에서 발견할 수 있는 것은 낙스의 회심은 점진적으로 이루어진 것이 아니라 요한복음 17장을 읽고 내린 결단의 선물이라고 보아야 할 것이다.

낙스에게 가장 많은 영향을 끼친 사람은 순교자 조지 위샤르트였다. 그가 잉글랜드에서 돌아와 비밀리에 성경을 강해하기 위해 프로테스탄트 귀족집을 방문했다가 이곳에서 아이를 가르치고 있던 낙스와 만나게 되었을 것이다. 그런데 위샤르트의 반(反) 로마 가톨릭적인 설교는 지지 세력을 자극하였고, 던디(Dundee)에서는 그에 대한 암살 미수 사건이 일어났

---

24) https://continuingreformation.files.wordpress.com/2015/10/knox-defending-george-wishart〈with-a-sword.jpg. 2017년 8월 1일 검색.
25) D. Calderwood, *The History of the Kirk of Scotland*, T. Thomson, ed, (Edinburgh, 1842), Ⅰ, 155, 160.
26) 데이비드 캠벨, 13.

다. 때문에 위샤르트가 로티안에 머무는 5주, 즉 그가 죽기 전 마지막 5주 동안 낙스는 이 개혁가를 보호하기 위해 큰 칼을 들고 경호하였다. 그리고 1545년 12월 초 위샤르트가 마지막 설교를 전하고 체포될 때까지 낙스는 그를 보호하려고 하였다.

그러나 위샤르트는 낙스에게 "희생은 하나로서 충분하다"면서 아이들에게로 돌아가라고 하였다. 위샤르트의 처형과 그와 함께 보낸 마지막 5주간이 낙스로 하여금 개혁가의 길을 걷게 하는데 가장 중대한 영향을 미쳤을 것이다. 또한 위샤르트의 죽음으로 낙스는 추기경과 이들이 대표하는 모든 것들을 깊이 증오하게 되었다. 이것은 낙스 뿐만 아니라 스코틀랜드 프로테스탄트들에게 두려움을 주기보다는 오히려 분노를 촉발하게 만들었다. 그리고 이것은 결국 비톤이 1546년 5월 29일에 살해되고, 다음날 시체가 창문 밖에 내 걸렸다. 이와 함께 세인트 앤드루스 성은 친 프랑스 왕실에 반대하는 프로테스탄트들에 의해 점령되고, 사람들이 합세하면서 성 안에는 120명에서 150명 가량의 사람들이 몰려들었다.[27]

1547년 4월에서 8월까지의 짧은 기간은 낙스 생애에 커다란 변화를 가져왔다. 그는 위샤르트의 처형에 격분하여 비톤을 살해한 사람들이 세인트 앤드루스 성으로 피신하여 들어갈 때 자신이 가르치던 학생이며, 반군 지휘자의 아들을 그곳으로 안전하게 데려다주기 위하여 1547년 4월 10일에 합류하였다. 당시 섭정 통치자였던 애런 백작과 해밀턴 대주교는 1547년 1

---

27) 비톤 추기경을 살해한 음모자들은 대주교를 암살했을 뿐만 아니라 한 나라의 수상을 죽인 행위였기 때문에 그것은 곧, 신성모독에 반역죄까지 범한 것이 되었다. 따라서 정부와 교회에서 행할 수 있는 처벌이 그들을 기다리고 있었다. 그러므로 이들은 살기 위해서 충분한 보급품들이 있고, 견고하게 방비되어 있던 성을 점령한 채 이것을 수비하는 것이 최선의 방책이라고 생각하였다. 또 한 가지, 마침 세인트 앤드루스 성 안에는 있던 애런 백작의 아들을 인질로 확보하였으니 그들로서는 값진 협상 조건을 발견한 셈이었다. 때문에 그들은 세인트 앤드루스 성을 점령했던 것이다. 스탠포드 리이드, 87-88.

월 말까지 성을 공격했지만 애런의 아들이 성 안에 인질로 잡혀 있었기 때문에 함락하는데 실패했다. 그리고 양측의 휴전은 그해 6월까지 계속되었다.[28] 낙스는 한 때 위샤르트가 순교당한 후 해밀턴 추종자들의 박해를 피해 학문 탐구를 위해 독일로 가려는 계획을 가지고 있었다. 그는 잉글랜드 종교개혁은 국왕이 교황을 대치했을 뿐 진정한 개혁이 되지 못한다고 느꼈기 때문이다.[29] 그런데 이러한 그의 계획은 세인트 앤드루스에 도착하자마자 이곳의 사건에 깊숙이 연루되면서 포기해야만 했다. 결국 그는 1547년 4월 설교자 존 러프(John Rough)의 권유로 설교자 칭빙을 받고 카스틸리안들[30]의 목회자가 되었으며,[31] 이후부터는 스코틀랜드의 종교개혁을 위한 가장 중요한 대변자가 되었다. 그런데 스코틀랜드 귀족과 대부분의 국민들은 프랑스에 의존하는 것을 잉글랜드에 복종하는 것만큼이나 싫어했다. 따라서 프로테스탄트와 국가의 독립은 함께 맞물려 있는 듯했고, 낙스가 지도자가 된 것은 이러한 이중적 투쟁 상황에서였다.[32]

---

28) 데이비드 캠벨, 16.
29) 스탠포드 리이드, 96-97.
30) '카스틸리안'(Castillians)이라는 말은 세인트앤드루스 성 안에 있던 프로테스탄트들을 지칭하는 말이다.
31) 낙스가 세인트앤드루스에서 했던 첫 번째 설교의 본문은 다니엘 7:24-25이었는데, 요한계시록의 네 번째 괴물의 머리에 솟은 10개의 뿔, 혹은 왕국들 후에 다시 솟아난 조그만 뿔, 곧 왕국에 관한 이야기였다. 그는 로마 제국의 잔재에서 솟아난 로마교회야말로 신약이 가리키는 적그리스도라는 입장을 계속 유지했다. 그 후에는 여러 교황들의 사생활에 대하여 말하고, 또한 오직 믿음에 의해서만 의롭다고 하심을 얻는다는 신약의 가르침에 위배되는 각종 로마교회의 교리 등을 취급하였다. 그리고는 누구든지 자기의 성경 해석과 의견을 달리하는 자들은 설교 후에 이 문제에 관한 토론을 할 것이며, 그 자리에서 자기의 견해야말로 성경 기자들의 뜻과 일치한다는 것을 증명하겠다는 말로써 설교를 끝맺었다. 스탠포드 리이드, 102.
32) 스코틀랜드의 섭정이었던 마리 드 기즈가 자신의 딸 메리 스튜어트가 1558년에 프랑스의 왕자였던 프랑수아 2세와 결혼했을 때 두 개의 조약을 체결했다. 하나는 공식적인 조약으로서 스코틀랜드는 계속해서 독립국가의 지위를 유지하게 되어 있었지만, 또 다른 하나는 비공식적 비밀조약으로써 메리 스튜어트가 왕위 계승자를 남

갤리선에서의 낙스

한편, 세인트 앤드루스의 로마 가톨릭에 도전하는 세력이 점점 확산되자 로마 가톨릭 사제들과 왕실 권력가들은 프랑스 왕실에 도움을 요청했다. 그리하여 그해(1547년) 7월 중순경 프랑스는 반란을 진압하기 위해 함대를 보냈고, 이에 스코틀랜드 정부는 다시 이 성에 강력한 대군을 파견하였다. 결국 성에서 저항하던 카스틸리안들은 7월 31일에 항복할 수밖에 없었다. 이때 프랑스는 원래의 약속을 어기고 주모자들을 비롯하여 120명에 달하는 포로들을 갤리선(Galley)의 노예로 만들었는데,[33] 이때 낙스도 체포되어 약 19개월 동안 혹독한 노예생활을 하였다.[34] 그는 배 밑바닥에서 노를 저어야 하는 육체적인

겨두지 않고 죽었을 경우에 프랑스 왕이 스코틀랜드의 왕을 겸하게 한다는 것이었다. 그리고 섭정 마리 드 기즈가 자신의 권력을 강화하기 위해 점점 많은 프랑스 군대를 불러들였으며, 정부의 요직에 프랑스인들을 앉혔다. 데이비드 캠벨, 80.

33) 낙스에 의하면 프랑스의 지휘관 레온 스트로찌(Leon Strozzi)는 항복하면 일단 프랑스로 데리고 가서 스코틀랜드에 돌아가지 않는다는 조건으로 해방시켜 줄 것을 약속했다. 그리고 어쩌면 포로가 된 이들 가운데는 프랑스 국왕 아래에서 봉사할 것을 계획하고 있었는지도 모른다. 이것은 이미 많은 사람들이 프랑스 군에 복무하고 있던 당시의 스코틀랜드 귀족들이 흔히 취하던 길이었다. 그래서 이들이 디엡페 근처의 페캉프에 입항했을 때, 곧 자유의 몸이 될 것을 확신하였다. 그러나 배가 계속 루앙을 향해 항해하는 것을 본 그들은 실망에 잠길 수밖에 없었다. 스탠포드 리이드, 112.

34) 낙스가 탔던 프랑스 군함은 노틀담이었는데, 이 배는 여름에는 루우엥에 주둔하여 잉글랜드 해적들의 침입을 막았으며, 겨울철에는 그 본거지를 낭트에 두었다. 이 배는 1547년 가을 낭트를 향해 떠났다. 그런데 낭트는 시민들 가운데 상당수가 프로테스탄트 신앙을 받아들이고 있었으며, 낭트 또한 스코틀랜드 탐험을 위한 본거지였음을 생각해 볼 때 낙스는 이곳에 있는 프로테스탄트 신도들과 연락을 취했을 가능성도 있다. Ibid., 114.

노동뿐만 아니라 정신적으로도 갖가지 고통에 시달리면서, 하나님의 사람으로 연단 받는 가운데 다시 설교자로 설 수 있기를 소망했다.[35] 프랑스는 1532년부터 중범죄인들을 갤리선으로 보냈는데, 이것은 낙스와 동료들이 가장 악질적인 죄수들과 섞여 살았다는 것을 의미한다. 동시에 갤리선 감독자들은 죄수들을 로마 가톨릭으로 개종시키려고 하였다. 그러자 스코틀랜드인들은 미사 참여가 강요될 때면 바닥에 드러누워 승복할 수 없다는 의사를 분명히 하였다. 그때마다 심하게 얻어맞으면서도 바벨론에 포로로 잡혀간 이스라엘인들이 신앙을 지킨 모범을 따른다고 생각했다. 당시 낙스의 고통이 어떠하였는가는 다음 고백에서 짐작할 수 있다.

> 내가 갤리선에서 당한 고통들은 나의 심장으로부터 울음을 자아내게 했다.[36]

이와 같이 어려운 핍박 속에서도 낙스는 신앙과 유머를 통해 지도력을 확보한 것으로 보인다. 프랑스인들은 스코틀랜드 신자들에게 마리아 초상화에 입을 맞추도록 강요하였다. 낙스가 반항하는데도 억지로 들이밀자 이 그림을 들여다보는 체 하다가 강물에 집어던졌다.

그녀 보고 스스로를 구원하도록 하자. 그녀는 몸이 가벼우니까. 헤엄

---

35) 김승진, 174-175; 이때 갤리선에 끌려간 포로들은 어떤 반응을 보였을까? 이에 대해 스탠포드 리이드는 다음과 같이 말하고 있다: "의심할 것도 없이 많은 이들은 그래도 총독과 마리 드 기즈(Marie de Guise)의 수중에 떨어지지 않은 것을 다행스럽게 생각했음에 틀림없다. 만약 그렇게 되었다면 형장의 이슬로 사라졌을 것이다. 동시에 프랑스 측에서 볼 때 이들의 위치도 불확실한 것이 사실이었다. 이들은 전쟁 포로가 아니었고, 프랑스 왕에 대한 반역자도 아니었다. 따라서 프랑스군은 이들을 투옥할 법적 근거가 전혀 없었다. 그래서 확실한 보장이 있는 것은 아니었으나, 일말의 희망을 버리지 않고 있었다"(스탠포드 리이드, 111).
36) Ibid., 116; 낙스는 갤리선에서의 노예생활 중 신장염과 위궤양 때문에 밤에 잠을 이루지 못하여 낮에 목회자 임무를 수행하는 데 큰 지장을 받았다.

치기를 배우라고 해보자.[37]

그는 1549년 3월, 잉글랜드 에드워드 6세(1537-1553)의 중재로 험난했던 갤리선에서 풀려났다. 자유의 몸으로 고향으로 돌아갈 수 있었지만 당시 상황으로 볼 때 지혜로운 일이 아니라고 판단했다. 그렇다고 대륙으로 유학을 가기에도 불안하기는 마찬가지였다. 따라서 적당한 곳은 잉글랜드라고 생각되는데, 그 이유는 당시 잉글랜드에는 캔터베리 대주교인 토마스 크랜머(1489-1556)의 주도 아래 국교회(성공회)를 변화시키려고 각국으로부터 개혁가들을 모으고 있었기 때문이다.[38] 따라서 로마 가톨릭과 결별하고 국교회를 받아들인 정부가 다스리는 잉글랜드로 건너온 그는 1549년 4월에 버윅 교구 목사로 임명받고, 이곳에서 계속 공부하면서 성경 연구와 주석을 읽는데 집중하였다.

낙스가 1552년에 쓴 《버윅의 회중들에게 보내는 편지》(Letter to the Congregation of Berwick)를 보면, 한층 더 깊은 칼빈의 신학적 영향이 드러나는 것을 알 수 있다. 예를 들면, 낙스는 그리스도인들의 주관적 반응보다 객관적인 그리스도의 구속사역에 큰 비중을 두고 있다. 동시에 그는 "하나님의 한량 없는 선하심과 오직 그의 자비"에서 비롯된 예정 교리를 강조하고 있다. 믿음에 의한 의롭다 하심의 교리가 설명되는 그의 성찬교리는 순수 칼빈주의적인 것이었다. 따라서 1552년 가을 경 이미 낙스는 완전한 개혁주의적 입장을 밝히기 시작했는데, 이것은 그의 생애에 영향을 미칠 중대한 사태의 발전이었다.[39]

---

37) Ibid., 116.
38) Ibid., 135.
39) Ibid., 146-147; 낙스가 언제 칼빈의 신학을 알게 되었는지에 대해서는 정확히 알 수 없다. 그러나 프랑스 갤리선에서 노예생활을 할 때라고 생각할 수 있다. 각주 32)에서 밝혔듯이 낙스는 배가 루앙과 낭트에 정박했을 때 육상에 머무는 시간이

한편, 1551년 여름에 낙스는 뉴캐슬의 세인트 니콜라스교회로 사역지를 옮겼다. 그리고 1551년 12월 18일, 추밀원에 의해 궁중목사 6명 중 한 사람으로 임명되었다. 이제는 간섭받지 않은 채 자유롭게 북쪽에서 활동할 수 있었는데, 이곳은 수도의 정치적, 종교적 책략들이 미치지 못하였기 때문이다. 뿐만 아니라 국경에 가까운 버윅과 뉴캐슬의 위치는 낙스에게 스코틀랜드와 잉글랜드의 국경 양쪽에서 자유로운 활동을 할 수 있었다. 그런데 1552년 봄 노스움버랜드 공작[40]이 북부지방의 방위를 점검하기 위해 오자 낙스의 생활은 전환기를 맞는데, 공작이 낙스를 런던으로 데려갔기 때문이다.[41] 낙스가 런던에 도착했을 때 이곳의 상황은 1549년에 보았던 것과는 상당히 변해 있었다. 자신을 갤리선에서 구하려고 많은 노력을 기울였고, 석방된 후에 북쪽으로 파견해 주었던 서머셋 공은 노스움버랜드의 파벌에 의해 1552년 1월 22일 처형당한 뒤였다. 대략 1552년 8월경 런던에 도착했을 때는 크랜머와 노스움버랜드와의 세속적이고 종교적인 갈등이 치열하게 일어나고 있었다. 무엇보다 그는 같은 해 연말 첼시(Chelsea)에 있는 노스움버랜드 관저에서 로체스터 주교직을 제의 받았지만 거절하였다. 이때의 거절은 목회에 대한 책임감과 당시 잉글랜드 예식서에 대한 거부감 때문으로 보인다.[42]

1553년 7월 6일, 에드워드 6세가 폐병으로 세상을 떠나자 스페인으로

있었다. 그런데 이곳은 이미 칼빈의 신학사상이 전파되어 있었기 때문에 개혁주의자들을 만났을 것이다.

40) 노스움버랜드 공작(The Duke of Northumberland)이 서머셋을 처형하고 전권을 장악한 후 부하들을 귀족으로 봉하고, 이전보다 더 신속하고 과격하게 종교개혁을 추진해 나갔다. 그러나 공작과 친구들은 끊임없이 교회 재산을 욕심냈으며, 후퍼가 감독직에 임명 받은 대가로 감독 구내의 수입 일부를 공작에게 바쳐야 했을 정도로 욕심이 많은 자였다.

41) 스탠포드 리이드, 159-161.

42) H. R. Sefton, *John Knox* (Edinburgh: St Andrews Press, 1991), 6-11.

출가한 그의 이복 누나인 메리 튜더(Mary Tudor, 1516-1558)가 7월 10일에 여왕으로 즉위했다.[43] 메리 튜더는 어머니의 신앙인 로마 가톨릭에로의 복귀 선언과 동시에 박해를 시작하여 스미스 필드(Smith field)의 형장을 피로 물들게 만들었다. 의회에서 12월 1일 이후《제2 공동기도서》사용을 금한다는 법률을 통과시켰으며, 대부분의 프로테스탄트 감독들은 이미 투옥 당했다. 이때 가장 중죄인의 목록 속에 포함되어 있었을 낙스는 잉글랜드를 떠나지 않을 수 없었다. 그렇지만 기즈가 정권을 잡고 있는 스코틀랜드로 돌아가는 것은 죽음을 의미했기에 스위스로 향하였다. 그는 1549년 3월 갤리선에서 풀려난 후 1554년까지 약 5년 동안 잉글랜드 생활을 통해 많은 것을 배웠으며, 잉글랜드 종교개혁을 위해 상당한 노력을 하였다. 이 시간은 낙스를 위해 필요한 지적, 영적 성숙기였다고 할 수 있을 것이다.[44]

낙스는 많은 친구들을 빼앗기고, 사랑하는 애인 마조리 보우스(Marjorie Bowes)[45]와 떨어져야 하는 우울한 심정으로 프랑스로 떠났다. 그가 잉

---

43) 에드워드 6세가 사망한 후 헨리 8세와 아라곤의 캐더린 사이에서 태어난 메리가 왕위를 차지하였다. 메리는 충실한 로마 가톨릭 신자였다. 만약 헨리의 주장대로 그가 교회의 수장인 동시에 캐더린의 결혼이 무효라면 메리는 사생아였으므로, 왕위 계승에 문제가 되었다. 따라서 개인적 확신과 정치적 필요에 의해 메리는 가톨릭을 수복해야 할 입장에 있었다. 그녀는 가톨릭 복고 정책으로 프로테스탄트와 성공회를 탄압하여 '블러디 메리'(피의 메리)라는 별명이 붙었다. 참고로 헨리 8세는 6명의 여인과 결혼했는데, 아라곤의 캐더린에게서 메리, 앤 볼레인에게서 엘리자베스, 그리고 제인 세이모어에게서 에드워드 6세를 낳았다.
44) 스탠포드 리이드, 193.
45) 마조리 보우스는 노햄 성 장군의 딸인데 낙스가 뉴캐슬에서 사역할 때 1553년 1월에 약혼했다. 당시의 나이는 약 19살 가량이었으며, 낙스의 첫 번째 편지를 보면 그녀의 상식에 대해 깊은 신뢰를 가졌던 것으로 알 수 있다. 그녀는 아버지와 친척들의 반대에도 한 푼 없는 망명객인 낙스와 약혼했을 만큼 성실한 아내였다. 두 사람이 버윅에서 결혼했고, 두 사람 사이에는 나다나엘(Nathaniel)과 엘리에젤(Eleazar)이라는 두 아들을 낳았다. 스탠포드 리이드, 250,288; 한편, 1560년에 그녀가 사망했을 때 칼빈은 그녀를 가리켜 "가장 사랑스러운 아내"(most sweet wife) 라면서

글랜드에서 집필한 최후의 작품이 된 시편 제6편 강해에서 그때의 심정을 밝히고 있다.

> 나는 일찍이 그 어떤 다른 나라들도 내가 조국 스코틀랜드를 사랑하는 것만큼 사랑할 수는 없으리라고 생각한 적이 있었다. 그러나 하나님을 나의 양심의 증인으로 하여 밝히는 바이지만, 현재 잉글랜드 땅에서 벌어지고 있는 비극들은 스코틀랜드에서의 그것들보다도 두 배나 더 나의 마음을 슬프게 한다.[46]

1554년 1월 28일 낙스는 다시 프랑스 땅 디엡페에 발을 디뎠다. 그리고 2월 마지막 날에 "런던, 뉴캐슬 및 버윅에 있는 신도들에게 보내는 경건한 편지"를 작성한 후 3월에 제네바로 갔다.[47] 이곳에서 칼빈을 비롯하여 취리히의 불링거를 만났다. 이들이 나눈 중요한 논제는 "미성년자로서 부왕의 왕위를 계승한 이도 합법적인 군주로 인정하고 순종해야 할 것인가? 여인이 일국을 통치하는 경우, 이 권리를 남편에게 양도할 수 있는가? 우상숭배를 강요하는 집권자에게도 마땅히 복종해야 할 의무가 있는가?"와 같은 것들이었다. 낙스가 칼빈의 생각과 달리 불경건하고 우상숭배하는 통

낙스를 위로하였다. J. Calvin, *Opera qui superstunt Omnia*, C. Baum et al., ed., (Brunswick, 1878), XVIII, 434.

46) 스탠포드 리이드, 192.
47) 낙스가 프랑스를 떠난 시점에는 논란이 있다. 낙스가 쓴 "런던, 뉴캐슬 및 버윅에 있는 신도들에게 보내는 경건한 편지"가 비텐베르크의 니콜라스 도오케스에 의해 1554년 5월 8일 인쇄되어 시중에 나타났다. 이틀 후(5월 10일)에 그가 스위스에 있는 모든 교회들을 방문한 후에 디엡페로부터 "잉글랜드에서 고난당하고 있는 형제들에게" 주는 편지를 작성했다는 것은 시기적으로 문제가 있다. 특별히 칼빈 서간문집 영국판을 보면 이 편지의 날짜가 3월 9일인데, 만약 낙스가 2월 28일 디엡페를 떠났다면 가능한 날짜라고 할 수 있다. 그런데 라틴어 원어에는 분명히 "7칼. 마르티우스"(7 Kal. Martius)라고 되어 있는데, 이것은 즉 2월 23일이다. 스탠포드 리이드, 197-198.

치자들에 대항하여 국민이 군대를 일으킬 수 있는 권리가 있다는 혁명적인 견해를 발전시킨 것은 바로 추방 기간 동안이었다.

칼빈과 불링거에게서 시원한 대답을 듣지 못한 그는 잉글랜드 사태를 알아보기 위해 비텐베르크를 거쳐 4월 초에 디엡페로 돌아왔다. 그렇지만 이곳에서 그를 기다리고 있는 소식은 우울한 것뿐이었다. 잉글랜드에서의 사태는 악화되어가고 있었다. 에드워드 치하에서 임명되었던 성공회 감독들은 로마 가톨릭을 따르는 메리에 의해 가택 연금되거나 혹은 투옥된 상태에서 기다리고 있는 형편이었다. 더욱 그를 가슴 아프게 하는 일은 수많은 평신도들, 특히 귀족들이 로마 가톨릭을 열렬하게 지지하고 있다는 사실이었다. 그럼에도 한 가닥 희망을 준 것은 에드워드 치하에서 프로테스탄트로 개종한 인물들 중에는 박해 속에서도 계속 믿음을 지키는 사람들이 있다는 것이다. 이들은 비밀리에 모여 기도회를 갖고, 성경을 공부하며, 서로를 위로하고 격려하였는데, 이것은 곧 후에 나타날 청교도들의 프로퍼싱(prophesying: 예언회—잉글랜드 국교회가 성경에 바탕을 둔 철저한 개혁을 하지 않음에 반발했던 청교도들의 소규모 집회) 모임의 전신이라고 할 수 있다.[48]

낙스는 이들에게 도움과 위안을 줄 방안을 찾다가 1554년 5월 10일과 31일 디엡페에서 "잉글랜드에 있는 고난 받는 형제들에게 주는 두 개의 위안 서신"(The Comfortable Epistles to his Afflicted Brethren in England)을 썼다. 이 내용은 교회는 그리스도의 부활 이전과 이후에 박해로 말미암아 환난을 당하는 상태에 있으나 하나님께서는 결국 승리하게 이끌어 주신다는 주제이다. 그러므로 잉글랜드의 프로테스탄트들도 궁극적인 승리의 소망을 잃지 말아야 한다는 것으로 다음은 그 한 부분이다.

---

48) Ibid., 206-207.

그러므로 주 안에서 사랑하는 형제들이여, 현재 외면에 나타나는 모습을 보지 말고, 소망을 계속 간직하라. 하나님께서는 당신 자신의 영광을 위해서도 이 비루한 적들을 물리치실 것이며, 결국 이 자들을 영원히 멸망할 심판이 내리고야 말리라.[49]

낙스는 이 서신들을 작성한 후 잉글랜드로 귀환할 기회를 찾고, 안 될 경우에는 잉글랜드에 남아 있는 교인들과 연락을 하기 위해 수개월 간 머물렀다. 그러나 소식들이 점점 암담해짐에 따라 해협을 건넌다는 계획이 불가능한 것을 깨달았다. 이것은 자신만 위험할 뿐 아니라 친지들까지도 위험에 빠뜨릴 것이 분명했기 때문이다. 그는 7월 20일에는 "잉글랜드에서 하나님의 진리를 고백하는 이들에게 주는 성실한 권면"(a Faithful Admonition to the Professors of God's Truth in England)이라는 팸플렛을 발행했다. 이 글에서는 지난 6주 동안 그의 사상에 급격한 변화가 생겼음을 알 수 있다. 메리 여왕이 반대자들을 숙청하기 위해 수단 방법을 가리지 않을 것이 분명해짐에 따라 낙스의 반응도 거칠어졌다. 따라서 이 팸플릿이야말로 낙스의 종교·정치사상에서 전환점을 보여주는 사건이라 해도 좋을 것이다. 일단 《성실한 권면》이 출판되는 것을 본 낙스는 더 이상 잉글랜드를 위해 할 수 있는 일이 없다고 판단했다. 그리하여 헬라어와 히브리어를 더 공부하여 성경을 깊이 이해하기 위해 8월 초 제네바로 향했다.

낙스는 1554년 11월 초 칼빈의 권유를 받고 프랑크푸르트의 잉글랜드

---

49) John Knox, *The Works of John Knox*, Ⅲ. ed., David Laing (Edinburgh: The Wodrow Society, 1885), 233.
50) 당시 프랑크푸르트 회중들이 작성한 예배양식은 《공동기도서》에 규정된 수많은 예법들을 배격했다. 즉, 목사에게 큰소리로 응답한다든지, 연도(Litany), 중백의(surplices)를 비롯한 기타 교직자들의 제복은 폐지되었고, 성찬식 때에 예품을 받기 위해 무릎 꿇는 행위도 없앴다. 새로운 예배 형식은 목사가 신앙고백을 반복함으로써 시작한다. 그 후 회중들의 소박한 곡조로 시편을 찬송하는데 이는 제네바

난민교회 목회자로 부임하였다. 이때 그는 《제2차 공동기도서》 사용 여부를 둘러싼 논쟁에 휩쓸리게 되었다.[50] 즉, 1555년 3월에 리처드 콕스와 그의 일행들이 프랑크푸르트에 도착하면서 논쟁이 시작되었다. 낙스는 청교도와 잉글랜드 국교도의 타협 예전을 도입했다. 그러나 옥스퍼드대학 총장을 지냈고, 잉글랜드 국교회의 지도자로 1548년 「성찬 규례」 초안을 작성했으며, 1549년과 1552년에 「공동기도서」 작성에 참여한 콕스가 「공동기도서」에 따라 예배할 것을 고집했다. 소위 프랑크푸르트 논쟁으로 불리는 이 사건에서 두 사람의 입장은 팽팽했다. 녹스는 성경에 따라 예배드릴 것을 주장했고, 콕스는 성경에서 금하지만 않으면 얼마든지 인간이 고안해낸 것으로도 예배를 드릴 수 있다고 주장한 것이다.[51]

한편, 스코틀랜드의 섭정자인 마리 드 기즈가 프로테스탄트 지도자들을 박해했지만, 스코틀랜드 여러 곳에서는 소위 개혁신앙에 근거한 성경공부와 예배를 드리기 위해 모이는 지하 조직같은 교회들이 생겨나고 있었다. 그리고 글렌카이른 백작, 아르길(Argyll) 백작의 아들이던 로른 경, 던의 어스킨 모레의 백작 제임스 스튜어트 경, 메리 여왕의 이복동생이었던 세인트 앤드루스의 수도원장 등이 1557년 3월 10일에 제네바로 편지를 보내 낙스에게 스코틀랜드로 돌아와 주기를 촉구하였고, 1557년 12월 3일에는 에든버러의 퍼어스에 모여 로마 가톨릭을 포기하고 그들 가운데 있는 개신교 목회자들을 보호하겠다는 취지로 "우리는 하나님의 은혜를 힘입어 가장 복된 하나님의 말씀과 교회를 보전하고 발전시키자"는 "제일 계약"(The First Bond)에 서명했다. 여기에서 "회중의 대표자들"(The Lords of

---

모습을 따른 것이다. 다음에 목사는 성령의 조명을 기도한 후 설교를 한다. 설교 후에 목사는 모든 사람들, 특히 잉글랜드를 위해 기도한다. 그후 회중들이 다른 시편을 하나 부르고, 축도로 모든 순서를 마친다. 스탠포드 리이드, 223.
51) 이동희, 《꺼지지 않는 불, 종교개혁가들》(서울: 넥서스, 2015), 184-185.
52) 윌리스턴 워커, 557.

the Congregation)이라는 별명이 유래했다.[52]

1555년 8월 스코틀랜드에 도착한 낙스는 약 1년간 고국에서 자라나는 프로테스탄트 신도들을 격려하고 위로한 후, 제네바 회중들로부터 돌아와서 목회를 맡아달라는 청빙을 받고, 아내 마조리와 장모, 신복 제임스 영(James Young), 학생 페트릭(Patrick) 등과 함께 1556년 9월 13일 제네바로 다시 돌아왔다. 그리고 1557년부터 1558년 겨울에 10주 동안 스코틀랜드를 다시 방문한 후 봄에 제네바로 돌아온 그는 시민권을 받고 다시 설교와 저술, 출판 등의 목회에 전념하기 시작하였다.

낙스의 혁명에 관한 일련의 저술들 가운데 최초의 출판은 《첫 번째 나팔소리》(First Blast of the Trumpet)인데, 디엡페에서 작성한 원고를 출판하기 위해 제네바로 가져왔다. 이 책의 가장 주요한 내용은 여자들이 국가를 통치하는 것은 잘못된 일이며, 특히 남편이 다른 나라 통치자일 때 그 통치권을 양도해주는 것은 옳지 않다는 것이었다. 실상 낙스는 메리 튜더가 왕위에 오를 때부터, 혹은 이미 그전부터 이 문제에 대해 큰 관심을 갖고 있었다. 그래서 유럽에 도착하자마자 칼빈, 불링거 등의 인사들에게 이것에 관한 자문을 구했지만 회피하는 듯한 답변을 들었을 뿐이었다. 결국 1558년경에는 스스로 다음의 결론에 도달했다.

> 자연의 빛에 의해 확실히 조명된 규칙과 법률들에 의하여, 하나님께서 창조하신 만물의 질서에 의하여, 여인들을 향한 저주와 비하에 의하여, 하나님의 율법과 법령들의 해석자인 바울의 입에 의하여, 동시에 하나님의 교회에서 가장 큰 존경을 받아온 저자들의 지혜에 의하여, (여인들의 지배는) 가장 자연에 어긋날 뿐 아니라 하나님의 뜻과 율법에 역행하는 것임이 뚜렷이 밝혀지고 있다. 여인이 국가와 제국들을 손아귀에 넣고 남성들을 지배한다거나, 국가, 영지, 지방, 도시의 통치자가 된

---

53) *The Works of John Knox*, IV, 389.

다는 것은 하나님을 모욕하지 않고는 향해질 수 없는 행위이다.53)

이런 낙스의 글은 당시 유럽을 통치하고 있던 여성들에 대한 맹렬한 공격이었다. 이 여성들은 곧 스코틀랜드의 섭정 마리 드 기즈, 잉글랜드의 메리 튜더, 그리고 프랑스의 캐더린 드 메디치였다. 그런데 출판하던 시기는 별로 좋지 않은 때였다. 왜냐하면 잉글랜드에서 책을 출판하자마자 메리 튜더가 사망하고 엘리자베스가 그 뒤를 이었기 때문이다. 그 책은 물론 이복 언니를 겨냥한 것이었으나 엘리자베스로서는 그 내용을 적대시할 수밖에 없었다. 왜냐하면 이 책에 나타난 이론들이 반여성적이었으므로 자신에게도 적용될 수 있었기 때문이었다. 낙스는 몇 번이고 본의를 해명했으나 엘리자베스로서는 충분하지 못했으며, 따라서 둘 사이에는 동맹관계가 끝내 실현되지 못하였다.54)

1558년 11월 17일, 메리 튜더가 죽고 엘리자베스가 잉글랜드의 여왕이 되었다.55) 그리고 종교적인 이유로 왕국을 떠났던 많은 인사들이 대륙으로부터 귀국하였는데, 이들은 대륙에서 경험한 쯔빙글리와 칼빈주의 사상을 가지고 돌아왔다. 그런데 엘리자베스가 잉글랜드 여왕이 되자 스코틀랜드의 메리 스튜어트(Mary Stuart, 1542-1587)는 엘리자베스를 불법적 서출의 찬탈자라고 비난하면서 자신이 잉글랜드 왕위 계승자라고 선언했다. 이러한 상황에서 스코틀랜드의 독립 운동가들과 프로테스탄트들은 신속히 성장하여 점차 하나로 뭉쳤다. 그리고 낙스는 이제 조국에서 하나님의 나팔을 그 어느 때보다도 훨씬 더 진지하고, 효과적으로 불겠다는 결심으로

---

54) 후스토 L. 곤잘레스, 135-136.
55) 메리 튜더가 자기 자신의 신념과 정치적 필요로 로마 가톨릭 신도였던 것과 같이, 엘리자베스는 비슷한 이유로 프로테스탄트일 수밖에 없었다. 만약 잉글랜드의 교회 수장이 교황이라면 헨리 8세와 캐더린의 결혼이 유효한 것이며, 따라서 캐더린이 살아 있을 때 앤 볼레인에게서 출생한 엘리자베스는 사생아가 되기 때문이다.

1559년 1월 제네바를 떠나 5월 2일 라이스에 도착하였다. 당시 글래스고에서 낙스가 돌아왔다는 소식을 들은 섭정 기즈는 낙스를 반란자라고 선언하였다. 낙스는 던디에 간 후 이곳 출신의 몇몇 신도들을 거느리고 퍼어스의 프로테스탄트 진영에 합류하였다. 이제 그는 이곳에서 중심인물이 되었는데, 이때의 상황을 다음과 같이 기록하고 있다.

> 하나님께서 이 나라에 무슨 역사를 일으키실지 확실히 알지는 못한 채, 단지 전투의 규모가 거대하리라는 것만 짐작하고 있었다. 왜냐하면 사단이 너무도 사납게 날뛰고 있었기 때문이었다.[56]

섭정 기즈가 5월 10일까지 스터링의 법정으로 출두하지 않은 설교가들을 범법자로 정죄한다는 소식이 퍼어스의 프로테스탄트들에게 전해지자 이들은 분노하기 시작했다. 그리고 도착한 지 9일 후 낙스가 퍼어스에서 미사의 우상숭배성에 대한 설교를 하자 청중들의 감정이 격앙된 상황에서 신교도들의 예배 뒤에 사제가 미사를 집례했을 때 난동이 일어났다. 이들은 도시의 수도원을 파괴했는데, 섭정은 당연히 이 행동을 명백한 반란으로 간주했다. 따라서 섭정은 프랑스 원군의 힘으로 프로테스탄트의 지도자들을 공격하였다. 처음에는 분전했던 프로테스탄트들은 물량 부족으로 전투를 계속할 수 없었다. 그러자 이들은 프랑스가 스코틀랜드의 프로테스탄트를 분쇄한다면 잉글랜드는 프랑스와 동맹관계에 있는 로마 가톨릭 수중에 떨어지게 될 것이고, 그렇게 된다면 엘리자베스의 왕위가 위험하게 될 것이라는 점을 들어 잉글랜드에 원군을 요청하였다.

1559년 7월 10일, 프랑스의 앙리 2세가 죽고 대신 메리 스튜어트의 남편 프랑수아 2세가 왕이 되었다. 프랑스 지원 부대가 스코틀랜드 섭정에게

---

56) W. Croft Dickinson, *A New History of Scotland*, vol. IV (Edinburg, 1961), 21, 28.

낙스가 손을 흔들며 설교하는 모습을 담은 에든버러 세인트 자일스교회의 스테인드글라스[57]

파견되자, 프로테스탄트측은 상황이 불리해졌다. 뿐만 아니라 1560년 1월 이후 낙스는 뒷전으로 밀려나고 있었다. 이것은 낙스가 1월 29일 레일톤에게 보낸 서신에서 설명한 바와 같이 지도층에서는 낙스의 사상이 지나치게 극단적이라고 달가워하지 않고 있었기 때문에 모든 공적 행사의 참석을 거부하고 공부에만 몰두하고 있었다.[58] 이와 같은 상황에서 1560년 1월 잉글랜드로부터 원군이 도착했지만 1560년 6월 11일 섭정 기즈가 죽자 전쟁은 중단되고, 6월 16일부터 프랑스측과 잉글랜드측 사이에 회담이 시작되었다. 그리고 조약의 최종안은 1560년 7월 6일에 잉글랜드와 프랑스 간에 체결되어 프랑스인은 정부 요직에서 모두 물러났다. 혁명은 잉글랜드 도움으로 승리했지만, 스코틀랜드의 독립은 상실하지 않았고 혁명의 영감을 고취시킨 사람은 낙스였다.[59]

---

57) 낙스는 이곳에서 1559년부터 1572년까지 설교하면서 장로교회 전통을 세웠다.
58) *The Works of John Knox*, IV, 105.
59) 윌리스턴 워커, 557-558; 이전 4월 27일에 라이스에서 '맹약'을 체결한 프로테스탄트 지도자들 가운데 약 50명은 협상자들에게 요구 조건들을 제시하였는데 이 조항들은 후에 에든버러 조약에 첨가되었다. 그 내용은, 모든 외국군들은 스코틀랜드 영토에서 철수하고, 왕과 여왕이 본토 출신의 귀족들, 신하들을 통해 통치하도록 해야 한다는 것이었다. 스탠포드 리이드, 333-334.

조약이 성립되자 전국적으로는 기쁨에 들뜨게 되고, 이를 감사하기 위해 세인트 자일스교회(St. Giles church)에서 성대한 예배를 드렸다. 그리고 1560년 8월 1일 소집된 의회에서 개혁을 위한 작업에 본격적으로 착수하게 되고, 세인트 자일스교회 목사직을 맡게 된 낙스는 예언서 학개를 본문으로 설교를 하였다. 학개 선지자는 포로생활에서 막 돌아온 이스라엘 민족들에게 자신들의 집짓기를 일단 중단하고 하나님의 전을 짓자고 외친 바 있었다. 스코틀랜드에 성전을 재건해야 한다는 낙스의 강력한 주장은 상당한 논란을 불러일으켰다.[60] 여러 이유가 있었지만 가장 큰 문제는 경제적인 것이었다. 귀족들은 교회 재산을 차지하려고 했고, 낙스의 동료들은 이 재산으로 국립교육제도를 확립하고 교회를 유지하려고 했다.[61]

이러한 이유로 의회에서 진전이 없자 낙스를 비롯한 친구들은 교회의 전면적 개혁을 요구하는 청원서를 제출하였다. 찬반 이론이 한창 진행된 이후, 의회는 낙스와 다섯 명의 목사에게 신앙고백서를 부탁했다. 이들은 4일 만에 칼빈주의적 신앙고백서를 제출했으며, 8월 17일 채택되어 1주일 후에 발효되었다. 이와 함께 제출한 두 개의 법안에 의해 스코틀랜드 영토 안에서는 미사가 폐지되고, 3번 위반하면 사형이었다. 이로써 교황은 스코틀랜드에서의 권리를 완전히 상실하였다. 프랑스에 있는 왕과 왕비는 이 승인을 거절했지만 국민 대다수가 지지했다. 그리하여 오직 하나님의 힘에 의지하여 낙스가 굳게 확신한 승리는 성취되었다. 이제 스코틀랜드는 최소한 공식적으로나마 프로테스탄트 국가가 되었으며, 이를 위한 낙스의 공은 지대하다고 해야 할 것이다. 이에 대해 스코틀랜드의 역사가 디킨슨(Dickinson)은 다음과 같이 논평하고 있다.

회중 측의 군대가 프로테스탄트 귀족들의 후원과 또한 이들 대부분을

---

60) Ibid., 334-335.
61) 후스토 L. 곤잘레스, 136.

차지하였던 소귀족들 및 자유 시민들에 의존하고 있었던 것은 사실이다. 그러나 동시에 다른 모든 이들이 낙심할 때에 홀로 꿋꿋이 섰던 지도자야말로 낙스였다는 것 역시 사실이다. 또한 그는 자기의 이상이야말로 옳은 것이라는 확신에서 우러나오는 영감으로써 주위에 있는 다른 이들에게까지 영감을 베풀어 주었던 것이다.[62]

이제 낙스의 동료들은 개혁 사업 완수를 위해 매진했다. 1560년 12월 20일 최초의 스코틀랜드 '총회'(General Assembly)로 인정되는 모임이 열리고, 여기에서 낙스는 의장이 되었다. 다음 해 1월에는 《제일 권징서》(First Book of Discipline)를 의회에 제출했다. 이것은 비록 '장로교적' 체계가 완전히 발전된 것이 아니었지만 칼빈이 만든 체제를 나라 전체에 적용하려는 주목할 만한 문서였다. 교구마다 회중이 동의한 목사와 장로들이 있어야 한다. 목사와 장로가 규율위원회를 구성했는데 이것이 후일 출교권을 가진 당회(session)로 발전했다. 대도시의 노회(presbyteries)가 생겼고, 목사 단체와 회중 단체들로 구성된 노회 위의 대회(synods), 그리고 이 위에 '총회'(Assembly)가 있었다. 시대적 요청과 초보적 교회로 두 가지 제도가 더 생겼다. 목사가 없거나 일이 과중한 교회에 '독경사'(readers)를 두었고, 영적 권위는 없지만 교구 조직을 감독하고 교역자 후보를 추천하는 행정권을 가진 '감독'(auperintendents)이 있었다. 이러한 교회 기구적 특징 외에도 《제일 권징서》는 국민교육과 빈민 구제를 위하여 탁월한 계획을 수립했다. 낙스는 옛 교회 재산으로 교회, 교육, 빈민들을 도우려고 하였다. 그러나 《제일 권징서》는 의회의 저항을 받았다. 그 이유는 귀족들이 교회 재산을 차지하려고 했지만, 낙스와 동료들은 국립 교육 제도를 확립하고 교회를 유지하려고 했기 때문이었다.

1560년 12월 낙스는 "가장 사랑하는 아내"인 마조리가 두 아들을 남겨

---

62) 스탠포드 리이드, 336-3367.

메리 여왕과 존 녹스의 대면[63]

놓은 채 세상을 떠남으로 개인적 슬픔은 극에 달하였다. 무엇보다 두 아들을 양육할 책임을 맡아야 했던 그로서는 자신의 공적 책임들과 계속되는 여행을 감안한다면 심각한 부담이었을 것이다. 그리하여 1564년 3월 26일 열렬한 추종자들 가운데 한 사람이었던 오칠트리 경(Lord Ochil-tree)의 딸인 마가렛 스튜어트(Margaret Stewart)와 재혼하였다.[64]

낙스는 하이커크(High Kirk)교회의 목회자이었지만 총회의 사명으로 먼 지방까지 여행하는 일들이 자주 있었다. 그런데 1561년 8월 20일 프랑스에 있던 메리 스튜어트가 13년 만에 귀국하여 홀리루드 궁에서 미사를 드린 사건이 있었다. 뿐만 아니라 10월 중에는 프랑스 전역에 걸쳐 프로테

---

63) Robert Inerarity Herdman, 1561년 작.
64) 당시 낙스의 재혼은 많은 사람들에게 관심을 끌었다. 그것은 당시 낙스의 나이가 50살이었는데 신부 나이가 17살이어서 너무 어리기도 했지만, 그녀는 샤텔헤랄트 공작과 메리 스튜어트 여왕과 먼 친척이었기 때문이었다. 그녀는 세 딸을 낳았다. 그런데 낙스가 재혼한 날짜에 대해 스탠포드 리이드는 1563년이라고 밝히고, 마틴 로이드 존스는 1564년이라고 밝혔다. 그리고 김승진은 1564년 3월 26일이라고 주장했다. 스탠포드 리이드, 388; 마틴 로이드 존스, 이안 머리, 12; 김승진, 177.

스탄트들인 위그노들이 로마 가톨릭에 의해 처참한 박해를 당하고 있다는 소식이 전해졌다. 이 소식을 들은 메리가 홀리루드 궁에서 파티를 열고 춤을 추었을 때 낙스는 로마 가톨릭의 승리를 자축하기 위함이라고 생각했다. 그리하여 강단에서 왕실의 경박성과 허영을 공격하였는데, 이것은 메리의 개인적인 즐거움을 방해하기 위해서가 아니라 하나님의 백성들이 고통당하는 것을 보고 기뻐하고 있다고 생각했기 때문이었다. 메리는 낙스가 자신을 공격하고 있다는 소식을 듣고 그를 홀리루드로 소환하였다. 1561년 9월 4일에 두 사람은 친위병들이 둘러싸고 있는 자리에서 대면했지만 공통점이 거의 없었다. 메리 여왕과 면담을 마친 후 낙스는 하나님의 명분에 대해 군주들의 잘못된 행위와 부정에 반대하는 설교를 계속하였다. 낙스는 "주님의 명하신 나팔"을 부는 하나님의 나팔수로서 이미 수많은 업적을 이룩하였으며, 승리의 순간까지 충실하게 그를 응원한 소지주들과 자유시민들의 변함없는 지지를 받고 있었다.

낙스는 만 59세가 되던 해인 1571년 5월 7일 세인트 앤드루스에 도착하여 다음해 8월까지 머물렀다. 몇 주간 동안 휴식을 취한 후, 7월에는 교구 교회에서 다니엘서를 본문으로 설교하였다. 낙스는 스스로에게 생명이 남아 있는 한 설교를 멈추지 않을 생각이었다. 이것이 하나님께서 부르셔서 맡기신 사명이니 최선을 다해 책임을 완수할 각오였다. 그리고 언제나 그의 설교는 듣는 사람들의 가슴 속에 큰 반응을 불러일으켰다. 그는 본문을 강해하는 것으로 설교를 시작하였다. 그러나 반 시간쯤 지난 후에는 이 강해를 실제 상황에 적용하기 시작하였다. 바로 이 시간부터 그의 설교에는 불이 붙기 시작하였는데, 제임스 멜빌(James Melville)은 다음과 같이 전하고 있다.

그는 너무도 정열적이고 뜨겁게 불타올라, 마치 강단을 조각조각 부수고, 이 속에서 날아오르려는 듯 보였다. 나는 너무도 떨리고 두려워서

필기하기 위한 펜을 제대로 잡고 있지 못할 지경이었다.[65]

　1572년 8월 24일, 성 바돌로메 축제날 저녁에 프랑스에서 일어난 끔찍한 학살로 낙스는 메리와 그 지지자들을 더욱 강력한 비판했다. 이 무서운 사건이 그녀의 친척들에 의해 꾸며지고 자행되었다면, 메리가 로마 가톨릭 측의 귀족들과 사제들의 힘을 빌어 스코틀랜드에서 이와 같은 끔찍한 일들이 반복되지 않겠는가 하는 의구심을 가졌다. 낙스와 가족은 8월 23일 라이스에 도착했으며, 며칠 후에는 에든버러에 도착하여 금세공업자인 모스맨의 저택(현재, '존 낙스의 집'으로 알려진 곳)에 머물렀다. 그리고 성 바돌로메 축제일 저녁 프랑스에서 벌어진 학살사건 진상이 전해진 9월 초에는 극렬하게 프랑스 국왕을 비난했다. 그의 비판이 얼마나 극렬했든지 프랑스 대사는 추밀원에 불평을 제기하였다. 그렇지만 설교자들이 강단에서

세인트 앤드루스 성에서 설교하는 낙스[66]

---

65) James Melville, *The Diary of Mr. James Meville, 1556-1601* (Edinburgh, 1829), 21, 26.

추밀원을 비판한다 해도 억제할 수 없는 문제라고 답변하였다.

1572년 11월 9일 낙스는 마지막으로 공적 생애를 장식하였는데, 툴부스에서 설교를 마친 후 세인트 자일스교회로 가서 후임인 로우슨(Lawson)의 임명을 위해 설교했다. 이틀 후에는 걷잡을 수 없는 기침으로 더욱 몸이 약해지게 되었다. 11월 24일 월요일 정오쯤에 아내에게 고린도전서 15장을 읽어주도록 부탁하여 부활의 소망 중에 자신의 죽음을 준비한 후, 다섯 시간 후에 그녀에게 다시 "내가 처음으로 닻을 내린 곳을 읽어주시오"라고 요청했는데, 요한복음 17장이었다. 그는 잠들기 시작하여 저녁기도가 끝난 후 약 11시 경에 고요히 숨을 거두었다. 이것이 세상에서의 마지막 잠이었다. 섭정이었던 모오톤 백작과 귀족들과 시민들에 의해 운구된 낙스는 11월 26일 세인트 자일스교회의 묘지에 묻혔다.[67] 멜빌에 의하면 무덤을 덮는 가운데 섭정이 "여기 이 자리에는, 그의 전 생애를 통해 인간의 얼굴을 두려워하지 않았던 인물이 누워 있다"[68]고 외쳤다고 한다.

낙스는 키가 작았고, 오늘의 기준으로 보았을 때 외모는 뛰어나지 않았다. 그렇지만 그는 강인하고 단호한 사람이었으며, 그의 눈에는 하나님께 대한 두려움을 불러일으키는 위엄이 서려 있었다. 무엇보다 그에게는 뜨거운 열정이 있었다. 맨몸으로 복음의 나팔을 불어 잉글랜드와 프랑스의 위협으로부터 스코틀랜드의 신앙과 독립을 지켜낸 사람이 낙스였다. 이와 같은 낙스에 대해 영국의 역사가인 프루드는 다음과 같이 묘사를 했다.

이 섬나라의 종교개혁 역사 전체에 걸쳐서 낙스보다 더 위대한 인물은

---

66) https://www.highlandtitles.com/2014/09/lochleven-castle-and-the-last-queen-of-scotland-part-2. 2017년 8월 1일 검색.
67) 그의 시신은 이 교회 남쪽 묘지에 묻혔을 것으로 추정되며 지금은 노란색의 사각 표지만이 그 위치를 나타내고 있다. 낙스는 칼빈처럼 '우상화' 될 수 있는 자신의 무덤을 만들지 말 것을 유언으로 남겼다고 한다.
68) 스탠포드 리이드, 356.

찾을 수 없다.[69]

3. 존 낙스의 신학사상

낙스는 분쟁을 일삼기를 좋아하는 거친 귀족들의 음모와 궤휼 속에서 나라의 자주권이 위협 받는 스코틀랜드라는 시대적 상황에서 살았다. 뿐만 아니라 개혁운동이 단지 정치적인 성격의 움직임으로 전락하여 그가 믿는 복음이 훼손되는 결과를 초래할 수 있다는 위험성도 내다보았다. 그렇기 때문에 그는 조국 스코틀랜드에서 진리를 외치는 하나님의 나팔수로서의 삶을 살았다. 무엇보다 그는 칼빈이 자신의 생애에서 가장 영향을 준 인물이라고 분명하게 밝히면서 스코틀랜드에서도 칼빈 신학을 연구하도록 장려하였다. 그리고 스코틀랜드에 장로교회의 전통을 세우고, 전 세계로 퍼져나가게 하였다. 그렇지만 칼빈과 칼빈주의와의 관계를 연속성과 불연속성에서 보아야 하는 것처럼 칼빈과 낙스와의 관계도 이런 입장에서 살펴보아야 할 것이다.

1) 성찬론

낙스는 칼빈과 불링거가 성찬에 관한 합의에 도달한 것을 보고 스위스에서 진행되고 있는 종교개혁과 비슷한 모습을 따르기로 하였다. 그리하여 그는 칼빈의 '영적 임재설'에 따른 성찬을 받아들였다. 이러한 내용은 1560년에 낙스가 주도하여 작성한 《스코틀랜드 신앙고백》(*The Scots Confession*)에서 분명하게 밝히고 있다. 즉, 제21장 성례전에서 복음의

---

[69] James Anthony Froud, *History of England* (vols. 12), London, 1856-1870, Vol. X., 455.

시대에 살고 있는 그리스도인들은 세례와 주 예수의 만찬, 혹은 식탁—그의 몸과 피의 교제—이라는 두 개의 성례전을 가지고 있다고 밝히고 있다. 그러면서 성례전을 단순히 상징에 불과하다고 주장하는 사람들의 허망됨을 전적으로 정죄한다면서 다음과 같이 밝히고 있다.

> 로마 가톨릭 사람들이 가르치고 믿듯이 떡이 그리스도의 몸으로 변한다거나, 즙이 그의 피로 변한다고 우리는 상상하지 않는다. 우리들이 성찬을 올바로 받음으로 예수 그리스도의 몸과 피에 연합하게 되는 것은 성령에 의한 것이다. 이 성령은 우리의 신앙을 통하여 우리로 하여금 눈에 보이고, 육적이고, 지상적인 모든 것을 초월케 하시고, 나아가서 우리를 위하여 이미 십자가에 달리사 피흘리셨고 지금은 하늘에 계시사 아버지 존전에서 우리를 위하여 기도하고 계시는 그리스도 예수의 살과 피를 먹고 살게 하신다.[70]

위의 내용처럼 낙스는 떡과 즙이 그리스도의 몸으로 변한다고 주장하는 로마 가톨릭의 화체설을 부인하고, 성령의 영적 임재설을 받아들였다. 즉, "신자들은 주의 상에 올바르게 참여함으로 자연인이 이해할 수 없는 그리스도 예수와의 연합에 들어간다"[71]는 것이다. 그런데 이 연합은 성례를 베푸는 순간에만 잠깐 이루어지는 것이 아니며, 성례 자체만의 힘에 의한

---

70) 이형기, 《세계개혁교회의 신앙고백서》(서울: 대한예수교장로회 총회 출판국, 1991), 55; 〈스코틀랜드 신앙고백서〉는 예언자적 성격을 강하게 띠고 있다. 낙스의 갤리선에서 보내야만 했던 시간과 박해로 인해 전투적이고 투쟁적이다. 뿐만 아니라 이 신앙고백은 스코틀랜드의 민족적이고 토착적인 고백이다. 무엇보다 이 신앙고백은 그 고백이 나타나게 되는 시대적인 격동기의 정신을 나타내고 있다. 그리고 이 신앙고백은 그 말이나 목적에서 신학적이기보다는 실천적이다. 대한예수교장로회 총회 교육자원부, 《개혁교회의 신앙고백》(서울: 한국장로교출판사, 2007), 320.
71) 이형기, 56.

것도 아니라 예수의 정당한 제도와 분리될 수 없는 성령은 하나님의 신비스러운 행동의 열매를 신자들에게서 박탈하시지 않는다.

한편, 낙스는 복음이 진실로 설교되어야 한다는 점을 특히 강조하는 한편, 성례가 정당하게 집행되는 것에 대해서도 열과 성의를 모두 쏟았다. 이를 위한 최종적이요, 절대적인 법칙은 다름 아닌 신약성경, 특히 그리스도의 명령과 모범이었다. 그리고 이러한 목적을 성취하기 위해성찬 예배(Communion Service) 양식을 개발하였다. 그가 남긴 예배 순서에 의하면, 먼저 요한복음 13장 16절에 기초한 설교를 행하고, 그 후에는 믿음을 위해 기도하였으며, 고린도전서 11장 17-31절에 있는 성찬에 관한 바울의 말씀을 낭독했다. 그 후에 회개하지 못한 죄인들에게 성찬에 참여하지 못하도록 경고하고, 신자들의 참여를 촉구하였다. 다음에는 고백의 기도와 용서의 약속으로 성경이 낭독되었다. 이어서 회중 전체를 위해 기도를 올린 후, 식탁에 앉은 교인들에게 보통 빵과 포도주로 된 예품들을 분배하였다.[72]

낙스는 1552년에 개정되는 《공동기도서》에서 성찬식 때 무릎을 꿇는 것에 대하여 반대하였다. 그 이유는 성찬이 "그리스도 예수께서 제정하신 대로, 또한 바울이 실행하신 대로" 실행되어야 한다고 생각했기 때문이었다. 아무리 국왕이 규정한 것이라도 틀린 것은 틀린 것이었다. 낙스는 예품을 받기 위해 무릎을 꿇는 것은 숭배 행위로써 받아들여질 수 있으니, 아직 제대로 개혁주의를 이해하지 못하는 성직자들은 이를 이용하여 성찬을 계속 미신적이며, 우상숭배적으로 집행시킬 수 있다는 것이었다. 특별히 낙스는 다음과 같은 이유로 무릎 꿇는 것에 반대했다.

1. 무릎 꿇는 것은, 즉 경배와 예배를 암시한다.

---

72) 스탠포드 리이드, 149.

2. 그러므로 교황주의자들은 자기들과 프로테스탄트들 사이에 진정한 차이는 없다고 주장할 것이다.
3. 그리스도께서는 마지막 만찬 시에 앉아 계셨으며, 이것이, 즉 성찬을 모독한 것이라고 볼 수는 없다.
4. 앉는 것은 두려움이 아니라 희열의 표식이다.
5. 구약에 나타난 '예언적 교회'(Prophetical Church)에서 사람들이 서 있었던 것에 비교해 볼 때 앉아 있는 것은, 즉 그리스도의 사역의 완성을 기념하는 것이라 할 수 있다.[73]

낙스는 《공동기도서》에서 성찬식을 할 때 무릎을 꿇는 규정이 들어가자 이 의식에 숭배하는 의미가 없다는 것을 명시하는 주서(主書, Rubric)를 달도록 하였다. 그리고 가을에 42개 신조를 작성할 때에도 성찬식에서 무릎을 꿇는 《공동기도서》 내용이 성경과 일치한다는 조항이 들어가자 이 신조의 교리는 성경과 일치해야 한다고 규정하도록 수정하였다.[74] 그리고 버윅 성도들에게 다음과 같은 편지로 권면하였다.

> 사랑하는 형제들이여, 소요나 선동이 없이 관리들과 군주들에게 순종해야 한다는 것을 기억하라. … 종교의 중요한 교리에 대하여 인간이 아니라 하나님에게만 순종하여야 한다. 그러나 칼이나 폭력에 의하여 하나님의 진리를 옹호하려고 하지 마라. … 나는 나의 이전의 교리를 취소하지 않는다는 것을 알린다. … 그러나 나는 한 가지를 지키기 위하여 관리들에게 반대할 의사는 없다. 왜냐하면 그들은 종교의 다른 중요한 교리에서 일치하기 때문이다.[75]

---

73) *The Works of John Knox* IV, 148.
74) Stanford Reid, 《존 낙스의 생애와 사상》, 서영일 역(서울: 기독교문서선교회, 1991), 119-120.
75) Peter Lorimer, *John Knox and the Church of England*(London: Henry S. King

위의 내용을 보면 낙스의 궁극적인 관심이 외부적 예식보다는 기본적인 원칙들에 있음을 시사하고 있다. 원칙들이 분명한 이상, 예식에 관한 문제들은 비록 마음에 들지 않더라도 참고 순응하려고 했다. 무엇보다 기본적인 신앙노선에서 의견의 일치를 보고 있는 이들과 분쟁한다면, 이것은 함께 힘을 합쳐 로마 가톨릭과 무신론자들에게 대항해야 할 개혁가들의 힘을 약화시키는 결과를 초래하게 된다는 것을 알고 있었기 때문이었다.

《스코틀랜드 신앙고백서》에서 낙스는 로마 가톨릭이 성물을 숭상하고 존경하며 행렬을 지어 길과 마을을 누비면서 특별한 함에 넣어 보존하는 것은 그리스도의 성례를 남용하는 것이라고 했다. 그렇기 때문에 우리는 로마 가톨릭처럼 성물을 예배하거나 영예롭게 하려고 보존해서는 안 된다. 더욱이 로마 가톨릭이 성례의 한 부분인 봉헌된 잔을 평신도들에게 나누어 주지 않는 것은 하나님을 모독하는 것이라면서 이종성찬을 주장했다. 한 걸음 더 나아가 낙스는 성례전이 올바르게 베풀어지기 위해서는 목사뿐만 아니라 성례를 받는 자들까지도 성례전이 제정된 목적을 잘 이해해야 한다고 가르치고 있다.

2) 국가론

낙스는 스코틀랜드가 친프랑스와 친잉글랜드 사이에서 귀족들의 끊임없는 분쟁을 경험했다. 이 분쟁으로 그는 프랑스 군함의 갤리선을 타고 포로생활을 하고, 잉글랜드와 스위스에서 망명생활을 해야만 하는 어려움을 겪었다. 그렇기 때문에 국가관에 관심이 많았던 그는 국가에 의해 교회 훈련을 보다 힘 있게 해줄 것을 기대했다. 그는 왕실은 하나님의 그릇으로서 의의를 가지고 있다고 생각했기 때문에 진리에서 배반되는 국가를 반대했

& Co, 1875), 263.

고, 군주와 정부는 국민에 대하여 책임이 있다고 강조하였다.[76] 그런데 낙스의 국가에 대한 초기 이론은 제국들, 왕국들, 영토들 및 도시들은 하나님의 거룩한 뜻에 의해 임명되고 제정되었기 때문에 백성들이 순종함으로써 모든 공직자들은 하나님의 영광을 드러내야 한다는 견해를 가지고 있었다. 이것은 《스코틀랜드 신앙고백서》 제24장을 보면 알 수 있다.

> 누구든지 정당하게 제정된 정권에 반항하거나 그것을 전복시키려고 음모하는 사람은 단지 인류의 원수가 될 뿐만 아니라 하나님의 뜻에 반항하는 것이다. 한걸음 더 나아가 우리는 국가의 공직에 있는 사람들을 사랑해야 하고, 존경해야 하며, 두려워하고, 이들에게 영예를 돌려야 한다.[77]

그런데 낙스의 국가에 대한 견해가 점점 과격해지는 것을 보게 된다. 낙스는 칼빈의 영향을 받았음에도 국가관은 칼빈보다 훨씬 과격한 저항 사상을 가지고 있었다. 즉, 칼빈과 달리 교회와 국가는 분리될 수 없다는 생각을 했다. 따라서 낙스는 스코틀랜드 사람들은 언약 백성이기 때문에 언약적 사상의 관점에서 종교개혁과 국가 통치자를 향하여 저항할 수 있다는 주장을 하였다. 이것은 어떤 의미에서 칼빈과 낙스가 직면했던 시대적 상황이 달랐기 때문이라고 보아야 할 것이다. 칼빈은 조국인 프랑스를 떠나 제네바에서 망명생활을 하면서 종교개혁을 진행하였다.

반면에 낙스는 조국에서 어려운 시대적 상황을 겪었다. 다시 말하면, 오랫동안 섭정에 의해 통치가 되면서 귀족들 간에 친프랑스와 친잉글랜드로 나뉘어서 다투었다. 그리고 로마 가톨릭과 프로테스탄트 양측이 주도권을 놓고 치열한 싸움을 하고 있었다. 무엇보다 잉글랜드와 프랑스에서 프

---

76) 정정숙, 《존 낙스의 교육사상 연구》(서울: 총신대학교, 1986), 148.
77) 이형기, 59.

로테스탄트 세력들이 모진 박해와 어려움을 당하는 모습을 보았다. 그런 가운데 낙스는 조국이 하나님께서 부여해 준 통치권자의 잘못된 종교적 사상과 하나님의 언약 사상을 위반했기 때문에 국가의 위정자를 대상으로 저항한 것이다. 이런 의미에서 낙스만의 독특한 정치사상의 투쟁으로 로마 가톨릭과 저항하면서 장로교 체제의 종교적 정치사상의 핵심적인 영향을 미친 것은 주목할 만한 것이다.

낙스의 국가에 대한 저항권 문제도 이런 상황에서 이해해야 할 것이다. 즉, 메리 튜더는 잉글랜드 여왕으로 즉위하면서 프로테스탄트들에게 말할 수 없는 핍박과 탄압을 하였다. 이러한 상황을 고려할 때 낙스는 더 적극적이고 급진적인 저항을 할 수밖에 없는 길을 선택하였다. 특별히 그는 참된 종교를 탄압하고 우상숭배를 행하는 여성 통치자 정부를 인정하지 않았다. 따라서 그는 마리 드 기즈, 캐더린 드 메디치, 메리 튜더 등을 향해서 "사정없이 나팔을 불어대"면서 여인들의 지배는 가장 자연에 어긋날 뿐 아니라 하나님의 뜻과 율법에 역행하는 것이라고 하면서 다음과 같이 주장했다.

> 여인이 국가와 제국들을 손아귀에 넣고 남성들을 지배한다거나 국가, 영지, 지방, 도시의 통치자가 된다는 것은 하나님을 모욕하지 않고는 행해질 수 없는 행위이다.[78]

낙스는 귀족들에게 하부 통치계급으로서 우상숭배를 방지할 책임이 있으며, 국왕의 뜻을 거스르더라도 진정한 기독교를 수립해야 할 의무가 있음을 밝혔다. 그들은 하나님에 의해 주어진 권한으로서 "하나님께서 직접 저주하신 존재들의 영예를 박탈하고, 사형에 처할 권리"가 있다고 하였다. 또한 교황청은 사제가 모든 인간들과 국가들 위에 위치한다고 주장했

---

78) *The Works of John Knox*, IV, 389.

으나 사실은 사제도 이 법칙에 예외가 될 수 없다고 하였다. 따라서 귀족들에게는 행동을 취해야 할 의무가 있는데, 그것을 이행하지 않을 때에는 메리 튜더 아래서 잉글랜드 귀족들이 당한 운명을 면치 못할 것이라고 경고했다. 무엇보다 자신을 실망시킨 귀족들에게만 이 문제를 맡길 수 없다고 판단한 낙스는 이제 '스코틀랜드의 평민들'을 권면하기 위해 펜을 들었다. 그는 모든 인간들은 죄 속에 있는 존재이며 오직 그리스도를 향한 믿음을 통해 구원을 얻어야 함은 동일한 것이므로, 통치자들과 똑같이 평민들도 복음을 믿어야 한다고 지적했다. 따라서 이 문제에 잘못이 있을 때에는 평민들도 개혁을 요구할 권리가 있다는 것이다. 낙스는 귀족들에게 전제군주들을 제거할 권리가 있다고 선언했으며, 동시에 통치 계급들이 진정한 '개혁교회'를 건설하지 못할 경우 '평민'들이 수행할 수 있다고 하였다.[79] 그가 퍼스에 편지를 보내 대학들이 강단을 좌우해서는 안 된다고 경고하고, 오히려 교회가 대학들을 통솔해야 한다고 했던 것도 같은 맥락에서라고 보아야 할 것이다.

    이와 같은 낙스의 사상은 스코틀랜드의 '회중의 지도자들'에게 영향을 미쳐 '귀족 동맹'을 더욱 강화시켰다. 그리고 이러한 상황이 지속되면서 스코틀랜드의 섭정 기즈 정권은 귀족들의 반란으로 무너졌다. 따라서 스코틀랜드 개혁교회는 교회와 국가에 대하여 교회의 머리가 오직 그리스도이심을 강조했다. 교회가 국가에 예속되는 대신 교회를 통한 그리스도의 통치가 국가에 미쳐야 한다고 강조한 것은 '신정정치'를 표현한 것이다. 그래서 낙스와 개혁자들은 로마 가톨릭의 교황 정치제도를 반대했다. 이들은 회중에 의해서 선출된 목사와 장로로 구성된 당회와 노회 및 총회 조직이라는 장로교 정치제도를 성경적 교회 정치제도로 받아들이고 이것을 정착시켰다.

---

79) 스탠포드 리이드, 269-271.

3) 정치론

낙스는 총 5권으로 된 Works에서 스코틀랜드 국민들에게 프랑스와 동맹의 위험성을 경고하면서 민족주의에 호소하고 있다. 특별히 종교개혁을 진행하는 동안 로마 가톨릭을 강요하는 국가 권력에 대해 어떤 입장을 취할 것인지를 놓고 상당한 고민을 하였고, 시간이 지나면서 자신의 정치사상이 정립되었다. 따라서 낙스가 쓴 Works에서 그의 정치사상을 크게 두 가지로 요약할 수 있다.

첫째, 저항 사상이다. 낙스는 스코틀랜드에서 종교개혁을 할 때 1559년 5월에 귀국하여 자신의 개혁을 지지하는 세력들과 함께 섭정인 기즈에 맞서 무력 항쟁을 하였고, 잉글랜드의 도움을 받으면서 전쟁에 승리하여 종교개혁을 성취하였다. 그리고 개혁이 성공한 후인 1561년에 로마 가톨릭을 신봉하던 메리 스튜어트가 프랑스에서 귀국하여 왕궁에서 미사를 드리려 하자 이에 강력하게 저항하였고, 결국 귀족들의 반란으로 메리 스튜어트가 1567년에 잉글랜드로 망명하면서 갈등은 끝났다.

그러나 낙스가 처음부터 강력하게 무력으로 저항한 것은 아니었다. 초기에 그는 국가 권력에 대한 순종을 주장했지만 무력 저항을 인정하는 입장으로 선회하였다.[80] 즉, 낙스는 잉글랜드의 에드워드 6세가 통치할 때까지는 정치 권력에 순종을 강조하는 입장을 취했다. 그가 1547년에 갤리선의 노예가 되어 루앙(Rouen) 성에 갇혀 있는 동안 발나바스(Balnavas)가 쓴 《신앙 의인론》(Justification by faith)을 검토하고 자신의 의견을 첨가시켰는데, 이 논문의 12장을 요약하며 정치적 정의의 문제를 다음과 같이 다루고 있다.

---

80) 이은선, "요한 낙스와 정치와 교회의 관계," 〈교회와 문화〉 vol. 35(2015), 110.

사람의 정의는 정치와 종교 의식의 영역으로 나누어진다. 정치적 정의는 하급 신분에 속하는 사람이 상사에게 순종하는 것이다. 백성들이 군주에게 순종하는 것은 백성의 명령이기 때문에 지켜야 한다.[81]

위의 내용에서 볼 수 있듯이 이 시기에 낙스는 교회의 전통적인 입장에 따라 군주에게 순종해야 한다는 입장을 밝히고 있다. 물론 25장에서 "백성들은 군주가 신의 명령에 어긋나지 않는 한 순종해야 한다"는 단서를 붙이고는 있다. 그러나 에드워드 6세가 죽고 메리 튜더가 즉위하자 잉글랜드의 정치는 급변하기 시작하였다. 메리 튜더는 철저한 로마 가톨릭 교도로서 잉글랜드를 로마 가톨릭 국가로 만들려고 프로테스탄트들을 탄압하기 시작했다. 이와 같은 사태에서 낙스가 이때부터 가장 관심을 기울인 것이 프로테스탄트들을 탄압하는 로마 가톨릭 통치자들을 만난 신도들이 어떻게 행동할 것이냐 하는 문제였다.[82]

그는 1553년 7월 19일에 메리 튜더가 잉글랜드 여왕으로 즉위한 후 프로테스탄트를 탄압하고 많은 사람들이 순교당하자 1554년 1월에 프랑스 디엡페로 망명하였는데, 이때부터 저항의 문제를 심각하게 숙고하기 시작했다. 실제로 그는 1월 말 잉글랜드에 있는 성도들에게 '권고문'(Admonition)이라는 편지를 보냈는데, 여기에서 이스라엘 왕의 뜻에 반하여 바벨론에게 항복하라고 권했던 예레미야와 같이 "하나님의 예언자는 때로 왕의 뜻에 반하여 모반을 가르칠 수도 있다"[83]고 하였다. 그는 평민들에게 보내는 편지에서 귀족들이 임무를 올바로 수행하지 않으면 백성들이 스스로 나서야 한다고 하면서 다음과 같이 촉구했다.

---

81) *The Works of John Knox* Ⅲ, 18.
82) 최선, "John Knox의 정치사상 연구," 〈역사신학논총〉 vol. 13집(2007), 269.
83) *The Works of John Knox* Ⅲ, 184.

여러분은 단지 백성이지만 합법적으로 상급자들에게(왕이든, 영주든, 통치자든, 권력자든) 그들이 여러분에게 참된 설교자를 보장할 것을 요구할 수 있다. 이 점에서 여러분의 상급자들이 의무를 소홀히 하거나, 혹은 그들의 전제정치 속에서 그들의 전제 정치가를 보존하는 역할을 한다면 여러분은 여러분의 도시들, 마을들, 혹은 촌락들에서 여러분 자신을 위하여 설교자들을 매우 정당하게 세울 수 있다. 여러분은 그들을 박해하려는 모든 사람들에 대항하여 보호하고 유지할 수 있다.[84]

둘째, 계약사상이다. 낙스의 정치적 사상은 구약성경에 제시된 계약 이념이었다. 그의 계약사상은 스코틀랜드 민족의 충성 서약 결속과 친숙하며 구약의 계약 사상과도 연결된다. 충성 서약과의 연결에서 구약의 계약은 유대인들과 관련될 뿐만 아니라 예수 그리스도를 고백하는 이방인들에게도 관련되어 그들도 하나님과 이스라엘 민족과 만들었던 동일한 동맹과 계약에 구속되게 만든다. 그는 계약 교리에서 계약관계 속에 있는 사람들이 계약의 의무에 충실해야 한다는 것을 강조하고 있다. 그리고 계약관계의 보존에서 중요한 것은 모든 형태의 우상숭배를 거부하고 숭배자를 처벌하는 것이다. 그는 계약 의무에서 흑백 논리의 명쾌한 입장을 취하면서 중간지대를 남겨놓지 않는다. 낙스는 하나님의 명령에 의해 지시된 것이 아니면 모든 것이 우상숭배이고, 마땅히 우상숭배는 폐지되어야 한다. 그는 1564년에 레팅톤의 메이랜드 경과 대담에서 다음과 같이 말하였다.

> 백성들은 왕들이 하나님의 명령에 어긋나는 한 가지의 일을 할 때마다 합법적으로 그들에게 반대할 수 있을 뿐만 아니라, 그들은 하나님의 명령에 따른 그들의 판단을 시행할 수 있다. 왕들이 살인자, 간음자, 혹은 우상숭배자라면 그들은 왕으로서가 아니라 범법자로서 저항 받는 것이

---

[84] Ibid., 534.

고, 백성들은 그들의 판단을 시행하는 것이다.[85]

낙스는 계약사상을 중심으로 종교개혁을 진행하였다. 다시 말하면, 낙스의 국가관은 계약 국가론이다. 계약 국가론은 하나님과 백성의 계약, 왕과 백성의 계약, 그리고 하나님과 왕의 계약이 성사된다. 하지만 중요한 문제가 발생하는데 그것은 통치권자가 하나님과의 계약을 파기하고 계약의 주권을 잘못 사용하고 우상숭배를 했다면, 이것은 저항사상의 정치적 불복종운동으로 전개되었고, 스코틀랜드의 정치적 상황은 개혁자들의 저항을 부를 수밖에 없었다. 그 한 예로, 스코틀랜드가 종교개혁을 성취한 후에 프랑스에 머물고 있던 메리 스튜어트 여왕이 1561년 8월 20일에 귀국한 후 첫 주일에 궁정에서 미사를 드리자 낙스로부터 거센 비난을 받게 된다. 이에 대해 추밀원에서는 8월 25일에 당시의 종교 현황을 그대로 유지한다고 결정하였는데, 이것은 여왕에게 미사를 허용한다는 결정이었다. 이러한 타협적 결정에 대해 낙스가 계속 경고하는 가운데 여왕이 낙스를 소환하여 9월 4일 양자 간에 면담이 이루어졌다. 이때 메리 스튜어트는 자신은 로마 가톨릭이 참다운 교회라고 판단하기 때문에 그 교회를 보호할 것이라고 입장을 표명하면서 "당신은 힘을 가지고 있는 백성들이 그의 군주에게 저항할 수 있다고 생각하는가?"라고 물었다. 이에 대해 낙스는 다음과 같이 대답하였다.[86]

군주가 하나님에 의해 부과된 한계를 범한다면 백성들도 저항할 수 있다.[87]

---

85) John Knox, *History of Reformation in Scotland* II, ed., William Croft Dickinson (London: Thomas Nelson nd Sons, 1949), 452.
86) 이은선, 130-131.
87) John Knox, *History of Reformation in Scotland* II, 17.

즉, 낙스는 하나님과 통치자 사이에는 하나님이 왕에게 참된 종교를 지키도록 부과한 한계가 있으며, 이것을 범한다면 백성은 저항할 수 있다고 한 것이다. 여기에서 한계란 이스라엘 왕들이 하나님과 맺었던 계약을 수행할 의무가 있었던 것과 같이 국왕들이 지켜야 할 의무였다. 이와 같은 낙스의 정치사상은 19세기까지 스코틀랜드와 잉글랜드에 지대한 영향을 끼쳤으며, 유럽과 미국의 정치적 이념에도 영향을 주었다. 낙스의 종교개혁을 돌아보면 그가 계약의 교리를 단순히 신학적 개념으로만이 아니라 정치사상적 이론으로서도 발전시켰음을 발견할 수 있다.[88]

알렌(J. W. Allen)이 말하듯이 낙스는 16세기 정치사상에서 주요한 인물 가운데 한 사람으로 평가되지 않을 수 없다. 낙스는 칼빈의 영향을 받아 정치사상을 체계화시켰는데, 그의 이 사상은 저항과 계약사상이 주축이 되었다. 한편, 낙스는 칼빈의 정치사상과 베자의 정치사상을 놓고 토론했을 것이다. 왜냐하면 당시 제네바에는 메리 튜더의 박해를 피해온 잉글랜드 피난민들이 있었고, 이들은 소위 말하는 사적인 법률 논쟁에 기초하여 민주적 이념을 발전시켰다. 낙스는 제네바에 머무는 동안 이 사상을 연구하였고, 1559년 스코틀랜드로 돌아와서 곧 그의 정치사상에 따른 실천을 추구했다. 구체적으로 말하면 다음과 같다.

하나님과 왕은 계약관계가 성립된다. 따라서 왕이 하나님과 계약을 위반했을 때 백성은 왕을 인정하지 않았다. 왜냐하면 백성은 하나님과 계약하고, 왕과 계약을 갖는다. 하지만 왕과 백성 간의 계약보다, 상위 계약인 하나님과 백성의 계약이 더 중요하다. 이러한 계약사상이 뚜렷했기 때문에 낙스의 정치사상은 부패한 왕권에 저항할 수 있었다. 그러므로 백성들은 정치적인 문제에 있어서 하나님의 법칙에 복종해야만 했다.[89]

---

88) 최선, "John Knox의 정치사상 연구," 268.
89) 홍치모, 《칼빈과 낙스》(서울: 성광문화사, 1991), 171.

4. 나가는 글

지금까지 살펴본 바와 같이 낙스는 강인한 성격의 소유자이며 스코틀랜드를 진심으로 사랑한 사람이었다. 그는 하나님의 나팔수로 오직 하나님의 영광만을 위한 삶으로 전 생애를 드린 종교개혁자였다. 마틴 로이드 존스는 그를 가리켜 청교도주의의 설립자라고 했다. 토마스 칼라일(Thomas Carlyle)은 《영웅과 영웅 숭배자》(Heroes and Hero Worshippers)에서 낙스를 가리켜 "낙스는 스코틀랜드와 뉴잉글랜드와 올리버 크롬웰(Oliver Cromwell)의 믿음, 곧 청교도주의의 설립자이자 제사장이었다"고 소개했다. 무엇보다 그는 글래스고와 세인트 앤드루스대학의 교육 개혁자였고, 스코틀랜드에서 종교개혁을 주도한 인물로써 장로교 제도의 완성자였다. 이것은 그가 스코틀랜드를 넘어 역사의 전 과정에 영향을 미쳤다는 것을 말하는 것이다. 그리고 제네바에는 위대한 종교개혁자들의 이름을 새긴 기념비가 있는데, 여기에 낙스의 이름도 포함되어 있다. 이것은 칼빈과 파렐 등의 종교개혁자들과 당당히 어깨를 겨루고 있음을 말하는 것이다. 그럼에도 오늘 우리는 낙스에 대해 잘 알지 못하든가, 아니면 극히 미약하게 알고 있을 뿐이다. 그러나 한국 개신교계의 약 70%를 차지하고 있는 장로교회가 낙스에 의해 출발되었다는 사실을 안다면 부끄러워해야 할 것이다.

대부분의 종교개혁자들이 그러했듯이 낙스도 조국인 스코틀랜드의 시대적 상황을 놓고 아파하고 고뇌하는 가운데 종교개혁을 이끌었다. 그리고 한 사람이 바로 섰을 때 스코틀랜드의 교회가 달라졌고, 세계 역사가 변화되었다는 것을 이 시점에서 깨달을 수 있다. 사실 종교개혁을 모르고는 스코틀랜드 역사를 바로 이해할 수 없다.

스코틀랜드의 현재가 종교개혁의 결과라는 것은 분명하고도 확실한 사실이기 때문이다. 낙스가 종교개혁을 일으키기 이전의 스코틀랜드는 스스로를 놓고 보아도 애처로울 정도로 무식하고 낙후되고 무지했다. 그러나 오늘의 스코틀랜드는 교육과 지식과 문화로 유명한 나라이다. 스코틀랜드의 농부들은 탁월한 문화의 지성과 교양과 능력을 갖추고 있다. 그들에게 이런 놀라운 결과를 가져온 원인은 바로 낙스의 종교개혁이었다. 이것은 우리로 하여금 종교적인 이유와 상관없이 그 자체로 종교개혁의 의미를 되새겨야 할 분명한 이유가 된다.

참고문헌

곤잘레스, 후스토 L. 《종교개혁사》. 서영일. 서울: 도서출판사 은성, 1995.
김승진. 《종교개혁가들과 개혁의 현장들》. 서울: 나침반출판사, 2015.
대한예수교총회교육자원부. 《개혁교회의 신앙고백》. 서울: 한국장로교출판사, 2007.
로이드 존스, 마틴. 이안 머리. 《존 낙스와 종교개혁》. 조계광 옮김. 서울: 지평서원, 2011.
리이드, 스탠포드. 《존 낙스의 생애와 사상》. 박영호, 서영일 옮김. 서울: 기독교문서선교회, 2016.
스콧, 월터. 《스코틀랜드 역사이야기 2》. 이수잔. 고양: 크리스챤다이제스트, 2015.
워커, 윌리스턴. 《기독 교회사》. 고양: 크리스챤다이제스트, 2004.
이동희. 《꺼지지 않는 불, 종교개혁가들》. 서울: 넥서스, 2015.
이은선. "요한 낙스와 정치와 교회의 관계." 〈교회와 문화〉 vol. 35 (2015): 109-138.
이형기. 《세계개혁교회의 신앙고백서》. 서울: 대한예수교장로회총회출판국, 1991.
정정숙. 《존 낙스의 교육사상 연구》. 서울: 총신대학교, 1986.
최선. 《존 낙스의 정치사상》. 서울: 도서출판 그리심, 2008.
최선. "John Knox의 정치사상 연구." 〈역사신학논총〉 vol. 13집 (2007): 258-289.
캠벨, 데이비드. 《존 낙스와 떠나는 여행》. 이용중 옮김. 서울: 부흥과개혁사, 2006.
홍치모. 《칼빈과 낙스》. 서울: 성광문화사, 1991.
Calderwood, D. *The History of the Kirk of Scotland*. T. Thomson, ed. Edinburgh, 1842.

Calvin, J. *Opera qui superstunt Omnia.* C. Baum et al., ed., Brunswick, 1878.

Cowan, H. "When was John Knox Born?." *Records of the Scottish Church History Society.* I (1926).

Dickinson, W. Croft. *A New History of Scotland.* vol IV. Edinburg, 1961.

Froud, James Anthony. *History of England.* (vols. 12). London, 1856-1870.

Knox, John. *The Works of John Knox.* III. ed., David Laing. Edinburgh: The Wodrow Society, 1885.

Knox. John. *History of Reformation in Scotland* II. ed., William Croft Dickinson. London: Thomas Nelson nd Sons, 1949.

Lorimer, Peter. *John Knox and the Church of England.* London: Henry S. King & Co, 1875.

Melville, James. *The Diary of Mr. James Meville. 1556-1601.* Edinburgh, 1829.

Sefton, H. R. *John Knox.* Edinburgh: St Andrews Press, 1991.

Thomson, Thomas. "Where was knox born?." *Proceedings of the Society of Antiquiries of Scotland.* vol. III. Edinburgh, 1862.

Reid, Stanford. 《존 낙스의 생애와 사상》. 서영일 역. 서울: 기독교문서선교회, 1991.

Wright, W. D. "John Knox and Early Fathers." in *John Knox and British Reformation.*

Woodbridge, John D. ed., *Great Leaders of the Christian Church.* Chicago: Moody Press, 1988.

종교개혁자들의 삶과 신학

지은이   오주철
펴낸이   정덕주
발행일   2017년 9월 8일
펴낸곳   한들출판사
         서울시 종로구 대학로 19(기독교회관 1012호)
         등록 제2-1470호. 1992년
홈페이지 www.handl.co.kr
이메일   handl2006@hanmail.net
         전화 02-741-4070
         전송 02-741-4066

ISBN   978-89-8349-716-1 93230

* 잘못된 책은 바꾸어 드립니다.

이 책의 국립도서관 출판예정도서목록(CIP)은 서지정보유통지원시스템 홈페이지
(http://seoji.nl.go.kr)와 국가자료공동목록시스템(http://www.nl.go.kr/kolisnet)에서 이용하실
수 있습니다.(CIP제어번호: CIP2017022950)